H. 6397

Frontispice Sacré.
Constaté le 28 janvier
1930.

histoire 4942.

Cat. Denyon — 22853.

ESSAI
DE L'HISTOIRE
DU REGNE
DE
LOUIS LE GRAND,

Jusques à la Paix Générale 1697.

Par M. LE GENDRE, Chanoine
de l'Eglise de Paris.

A PARIS, RUE S. JACQUES,
Chez JEAN GUIGNARD, devant la Ruë du Plâtre,
à l'Image S. Jean.

M. DC. XCVII.
AVEC PRIVILEGE DU ROY.

DEUX Hommes excellens travaillent à l'Histoire du Roy. C'est pour leur Ouvrage que le Public doit reserver son admiration ; ceci n'est qu'un Essai. Je le presente aux Connoisseurs pour profiter de leurs lumieres, & je suis prest à réformer ce qu'il ne leur plaira pas : Ils sçavent ce qu'une Histoire coûte à l'Auteur. Que ne faut-il point pour y réüssir ? Un stile vif, coulant, pur, naturel; une fidelité exacte, beaucoup d'esprit & de jugement ; une sage intrépidité pour démasquer le Vice, pour faire justice à la Vertu. Ce concours de talens rend l'Histoire si difficile, que je tremblois à entreprendre celle-ci, sans pouvoir me déterminer, si un Ami homme de bon esprit ne m'eût fait revenir de mon étonnement, & ne m'eût presque persuadé que cette haute perfection n'est qu'une belle chimere, & un de ces termes imaginaires, que les Sciences proposent pour nous animer au travail, aprés lesquels on court toûjours, & que l'on n'attrape jamais. Mais si en général il est si difficile de bien écrire l'Histoire, com-

ã ij

bien l'eſt-il davantage d'écrire l'Hiſtoire du Temps, & de lui donner ce bon goût, cette agréable variété, & tous ces autres ornemens qui font eſtimer les Anciens. Leur éloquence brille en ces magnifiques Harangues que nous liſons dans leurs Ouvrages, ſous le nom de ces Capitaines, qui avant que de donner bataille, prouvent à leurs Troupes la juſtice de la cauſe qu'elles vont défendre, pour leur inſpirer le deſir & l'eſpérance de la gagner. Nos Princes & nos Généraux ne haranguant point, l'Hiſtorien moderne n'a plus cette occaſion de faire paroître ſon Eſprit, ni l'avantage de varier par ces diſcours étudiez qui éblouïſſoient le Lecteur, le recit trop uni & trop continû de Combats & de Siéges qu'on a ſouvent à raconter dans le cours d'une longue Guerre. Quand les Anciens nous repréſentent, ou les Miniſtres de quelque Prince qui déliberent ſur un deſſein, ou des Senateurs aſſemblez ſur quelque affaire importante, l'Hiſtorien develope tous les replis de cette affaire, il enviſage toutes ſes faces, & dans les differens avis, il découvre tous les reſſorts de la plus fine Politique. Cet air de myſtere & de profondeur plaît à bien des gens, qui n'eſtiment un Hiſtorien, qu'autant qu'il ſemble creuſer dans les évenemens, qu'autant qu'il en fait venir les cauſes de loin, & qu'il donne à ce qu'il raconte, un tour critique & malin. Prévention aſſez ordinaire à la plûpart du monde, qui s'imagine que les Princes ne font rien par humeur, & ſans quelque vûë cachée ; comme ſi on étoit moins homme pour être dans une grande place. La paſſion fait agir les hommes ; elle les fait agir tous & preſque toûjours. Quoiqu'il en ſoit, tout homme qui écrit & qui donne au Public l'Hiſtoire du Temps, ne peut, quand il le voudroit, ſatisfaire ces Politiques. Quel eſt le Particulier, qui puiſſe ſçavoir au vrai tous les ſecrets du Cabinet, qui ordinairement ne ſe découvrent qu'avec le temps ; & quel ſeroit le téméraire, qui oſeroit les publier, quand il en auroit connoiſſance ? Ainſi tout ce qu'on peut faire, quand on donne un Eſſai de l'Hiſtoire du Temps, c'eſt d'arranger le mieux qu'on peut tous les évenemens du Regne, de les preſenter au Lecteur liez, ſuivis, mis en leur place, & de lui en apprendre les causes autant qu'on peut les sçavoir. C'est le dessein de cet Ouvrage, & d'aider à ceux qui le lisent, à se former une idée juste du Regne du Roy, & à fixer eux-mêmes quel rang ce Prince doit tenir parmi ces Hommes rares, que Dieu fait naître de temps en temps pour la felicité des Peuples, & pour la gloire des Etats. Depuis plus de trente ans l'Europe admire le Roy, ses Ennemis le loüent, & l'union de tant de Puissances tant de fois liguées contre lui, & toûjours vaincuës, est un Eloge aussi sincere qu'éclatant, moins de ses forces que de son mérite & de ses Vertus.

PRIVILEGE DU ROY.

LOUIS par la Grace de Dieu, Roy de France & de Navarre: A nos amez & féaux Conseillers les Gens tenans nos Coûrs de Parlement, Maîtres des Requêtes ordinaires de nôtre Hôtel, Grand Conseil, Baillifs, Sénéchaux, Prévôts, leurs Lieutenans, & à tous autres nos Justiciers & Officiers qu'il appartiendra, SALUT. Nôtre bien amé LOUIS LE GENDRE, Prêtre, Docteur en Theologie, Chanoine de l'Eglise de Paris, Nous a fait remontrer qu'il a composé un Livre intitulé, *Essai de l'Histoire du Regne*, qu'il desireroit donner au Public, & faire imprimer, s'il en avoit nôtre permission, c'est pourquoi il a recours à Nous, & Nous a tres-humblement fait supplier lui vouloir accorder nos Lettres sur ce nécessaires. A CES CAUSES, desirant favorablement traiter l'Exposant, Nous lui avons permis & accordé, permettons & accordons par ces Presentes, d'imprimer, faire imprimer, vendre & debiter en tous les lieux de nôtre Roïaume ledit Livre, en telle marge & caractere, & autant de fois que bon lui semblera, durant le temps de *huit années* consécutives, à compter du jour qu'il sera achevé d'imprimer pour la premiere fois, pendant lequel temps Nous faisons tres-expresses défenses à tous Imprimeurs, Libraires, & autres, d'imprimer, faire imprimer, vendre & distribuer ledit Livre, sous prétexte d'augmentation, correction, changement de titre, fausses marques ou autrement, en quelque maniere que ce soit ; & à tous Marchands Etrangers d'en apporter, ni distribuer en ce Roïaume d'autres impressions que de celles qui auront été faites du consentement de l'Exposant, à peine de *quinze cens livres* d'amende, payable par chacun des contrevenans, & applicable un tiers à Nous, un tiers à l'Hôpital Général de nôtre bonne Ville de Paris, & l'autre tiers à l'Exposant, ou à ceux qui auront droit de lui, de confiscation des Exemplaires contrefaits, & de tous dépens, dommages & interests ; à condition qu'il sera mis deux Exemplaires dudit Livre dans nôtre Bibliotheque publique, un en celle du Cabinet de nos Livres en nôtre Château du Louvre, & un en celle de nôtre tres cher & féal le Sieur Boucherat, Chevalier, Chancelier de France, avant que de l'expofer en vente ; à la charge auffi que l'impreffion en fera faite dans le Roïaume, & que ledit Livre fera imprimé fur de beau & bon papier & de belle impreffion, & ce, fuivant ce qui eft porté par les Reglemens faits pour la Librairie & Imprimerie, les années 1618. & 1686. enregiftrez en nôtre Cour de Parlement de Paris, à peine de nullité des Prefentes, lefquelles feront regiftrées dans le Regiftre de la Communauté des Imprimeurs & Libraires de nôtre bonne Ville de Paris. SI VOUS MANDONS ET ENJOIGNONS que du contenu en icelles, vous faffiez joüir pleinement & paifiblement l'Expofant, ou ceux qui auront droit de lui, fans fouffrir qu'il leur foit fait aucun empêchement. Voulons auffi qu'en mettant au commencement ou à la fin dudit Livre une copie des prefentes, ou extrait d'icelles, elles foient tenuës pour bien & deuëment fignifiées, & que foi y foit ajoûtée, & aux copies collationnées par l'un de nos amez & feaux Confeillers-Secretaires, comme à l'Original. Commandons au premier Huiffier ou Sergent fur ce requis, de faire pour l'exécution d'icelles tous exploits, faifies & actes néceffaires, fans demander autre permiffion, nonobftant toutes oppofitions, Clameur de Haro, Chartre Normande, & Lettres à ce contraires : CAR tel eft nôtre plaifir. DONNE' à Paris le 3. jour de May, l'an de Grace mil fix cens quatre-vingt-feize, & de nôtre Regne le cinquante-troifiéme. Par le Roy en fon Confeil, CHUBERE'.

Ledit Sieur Abbé LE GENDRE a cedé fon droit de Privilege à JEAN GUIGNARD, Marchand Libraire, fuivant l'accord fait entr'eux.

Regiftré fur le Livre de la Communauté des Libraires & Imprimeurs de la Ville de Paris, le 14. de Novembre 1697.
Signé, P. AUBOUYN, *Syndic.*

Achevé d'imprimer pour la premiere fois le 23. de Nov.

ESSAI

ESSAI
DE L'HISTOIRE
DU REGNE
DE
LOUIS LE GRAND.

LIVRE PREMIER.

IL y avoit long-temps que Loüis XIII. & Anne d'Autriche étoient mariez ensemble sans avoir eu d'enfans, quand la Reine accoucha d'un fils à Saint-Germain en Laie le cinquiéme Septembre 1638. à onze heures, vingt-deux minutes avant

SA NAISSAN-
CE.

midi. Par tout le Roïaume ce furent des réjoüiſſances qui ne ſe peuvent guére exprimer, & l'on fut beaucoup moins ſenſible à l'éclat des Victoires que l'on venoit de remporter, qu'à l'eſpérance des biens qu'on avoit lieu de ſe promettre de la naiſſance d'un Dauphin. La Reine étant ſterile, le Roy mal-ſain, on n'avoit vû juſqu'alors que cabales & que factions ; & à peine avoit-on coupé une des teſtes de cette hydre, qu'il en renaiſſoit une autre. La naiſſance du Prince diſſipa ces troubles; cependant Loüis XIII. n'aïant ſurvêcu que quatre ans & neuf mois aprés, on eut d'autant plus ſujet de craindre de nouveaux orages, que les Grands étant mécontens, les Parlemens aigris, & les Peuples preſque ruïnez, tout menaçoit de ſedition & de revolte pendant la Minorité.

L'Armée Imperiale taillée en piéces prés de Rhinfeld: l'Armée Navale d'Eſpagne défaite, &c.

Troubles de la Minorité

Jules Mazarin, Cardinal.

La Regente d'ailleurs aïant donné ſa confiance au Cardinal Mazarin qu'elle choiſit pour premier Miniſtre, on n'en fut point content; parce qu'étant Etranger, & devant ſon élévation au Cardinal de Richelieu, on craignoit qu'on ne viſt regner les maximes hautaines de l'un ſous le Miniſtere de l'autre ; du moins ce fut le prétexte dont se servirent en ce temps-là ceux des Grands, qui vouloient broüiller : mais le nouveau Ministre sçut d'abord si bien les gagner par des graces & par des promesses, que tout fut tranquille les cinq premiéres années ; & l'Etat loin de succomber sous l'effort de nos Ennemis, devint plus florissant que jamais. Nos Armées remporterent cinq Victoires sur terre, deux autres sur mer, & prirent dix ou douze Places ; mais cette prosperité ne fut pas de longue durée. L'ambition des Grands, leur avidité excessive, leurs haines & leurs jalousies, le faux zele de quelques Parlemens soutenu des acclamations & de la confiance du Peuple, qui suit toujours aveuglément les impressions que l'on lui donne, quand une fois il s'imagine qu'on cherche à le soulager ; la timidité du Ministre, & cette funeste politique de ne faire du bien qu'à ceux qui se faisoient craindre ; ce concours fatal d'interests & de passions avoit semé de tous côtez tant de divisions & de troubles, que l'Etat n'a jamais souffert une plus violente secousse.

Victoires de Rocroy, de Rotewil, de Fribourg, de Nortlingue, de Lens, de Cartagene, de Castellamare, &c.

Dans ces malheureux temps on eut d'autant moins de foin de l'éducation du Roy, qu'on n'avoit prefque d'autre reffource, que de mener ce jeune Prince de Province en Province, & de le montrer à fes Peuples pour les tenir dans le devoir, ou par un refte de refpect ou par de derniers efforts d'une autorité languiffante.

<small>HEUREUX PRÉSAGES DE SA JEUNESSE.</small>

Le Roy cependant ne laiffoit pas de fe former; & par un heureux naturel il étoit à douze ans pofé, retenu, fans gouft ni attache pour ces amufemens dont on égaie les enfans, ne prenant plaifir qu'à bien apprendre fes exercices, & qu'à entendre raconter des actions extraordinaires. C'étoit fon plus grand plaifir; & quand dans ce qu'on difoit il y avoit du rare & du merveilleux, on voïoit tout d'un coup briller dans fes yeux l'impatience de fe fignaler. Plein de cette idée il ne foupiroit qu'aprés l'âge; & lors qu'il fçut que fon Armée étoit prefte de combattre celle du Prince de Condé, il pria, il preffa fi fort, qu'il falut, pour le fatisfaire, le placer fur une hauteur pour voir du moins une partie du combat.

<small>Il voit la Bataille de Saint-Antoine le 2. Juillet 1652.</small>

Le Prince de Condé avoit été pendant six ans le Heros & l'appui de la Minorité : C'étoit lui qui avoit gagné les Batailles de Rocroy, de Fribourg, de Nortlingue & de Lens ; & ce fut lui encore, qui dans les premiers Troubles fut assez heureux ou assez habile pour bloquer Paris avec sept ou huit mille hommes. Il y avoit du grand & du sublime dans ce Prince ; un courage à affronter tous les perils, une capacité sans bornes dans le métier de la Guerre : Il n'avoit point d'égal un jour de bataille, soit à choisir les meilleurs postes, à ranger ses troupes, les soutenir, les rassurer, soit à pousser une attaque avec vigueur, soit enfin à se posseder dans le fort même de la mêlée, & à prendre ses avantages selon les révolutions & les incidens du combat : mais ces ames si élevées ne sont pas toujours capables de moderation. Un naturel boüillant, & de mauvais conseils lui aïant fait prendre les armes, il avoit assemblé des Troupes, & aprés bien des mouvemens, il s'étoit posté à Saint-Cloud, dont le Pont lui pouvoit servir à éviter, dans l'occasion, un combat inégal. Pour défaire le Prince

Loüis de Bourbon, II. du nom, Prince de Condé.

1649.

à platte-couture, on voulut l'enfermer entre les deux Armées commandées par les Maréchaux de Turenne & de la Ferté. Le Prince, s'en étant douté, partit de Saint-Cloud, dans le dessein d'aller camper au bout du Pont de Charenton, où aïant pour retranchemens les Rivieres de Seine & de Marne, il eût été bien difficile de pouvoir le forcer. Le plus court chemin étoit de traverser Paris ; mais craignant que ses Troupes ne desertassent dans la Ville, ou qu'on ne lui en refusast les portes, il prit par les dehors ; & en côtoïant les Fauxbourgs, il marchoit à grands pas, quand le Vicomte de Turenne se mit à ses trousses, & chargeant son Arriere-garde, l'obligea à faire alte, & à se resoudre au combat. Par bonheur pour le Prince, il trouva à la teste du Fauxbourg Saint-Antoine quelques retranchemens : il s'en saisit, & rangea ses Troupes derriere à mesure qu'elles arrivoient. A peine fut-il en bataille, que l'Armée qui le poursuivoit, vint fondre sur lui, & affronter ces barricades avec d'autant plus de bravoure, que le Roy devoit en estre témoin. Comme il n'avoit

Henri de la Tour-d'Auvergne, Vicomte de Turenne.

alors guére plus de treize ans, ceux qui étoient auprés de lui, ne pouvoient affez admirer cette intrepidité naiffante, avec laquelle, fans s'émouvoir, il regardoit le combat. C'étoit un plaifir de voir fes inquiétudes, fes tranfports & fes mouvemens, tantoft treffaillant de joïe, quand fes Troupes victorieufes fembloient forcer celles du Prince, & tantoft rougiffant moins d'indignation que de honte, quand pouffées par celles du Prince, elles paroiffoient reculer. L'action fut fanglante ; jamais l'animofité n'eft plus vive que dans les Guerres civiles. Tous les Braves des deux Armées, acharnez les uns fur les autres, s'efforcerent, dans ce premier choc, de remporter, par leur valeur, l'honneur de la Victoire. Elle balança une heure ou deux, fans pancher de côté ni d'autre. Enfin les Troupes du Roy taillerent en pieces l'Armée du Prince. Alors elles marcherent en bataille le long de la grande Ruë, & s'avançoient dans le Fauxbourg, quand le Prince, aïant rallié tout ce qui lui reftoit de gens, ou de qualité ou d'élite, repouffa les Victorieux, & les remena battant jufqu'à la grande barri-

cade. Ce flux & reflux de victoire & de défaite eût peut-être duré long-temps, l'attaque & la refiftance étant à peu prés égales ; mais le Vicomte de Turenne aïant forcé deux autres Ruës, & fait entrer des Troupes fraîches, le Prince étoit fans reffource, & pris de tous côtez, fi Paris n'eût ouvert fes portes, & fi le Canon de la Baftille n'eût obligé l'Armée du Roy à fe retirer du Fauxbourg. Le Prince de Condé s'étoit fait admirer en d'autres occafions: cependant les gens du métier decident tous, que celle-ci eft le plus beau jour de fa vie, & que cette défaite l'auroit comblé de gloire, fi on pouvoit en acquerir portant les armes contre fon Roy ; aïant fait face de tous côtez aux endroits les plus dangereux, & toujours confervé autant de fang froid dans le commandement, que de feu dans l'execution. Le Vicomte de Turenne, quoique victorieux, fembloit même porter envie à la capacité & au courage du vaincu. Sur le recit qu'on en faifoit, le Roy ne put fe laffer de loüer la valeur du Prince. Durant un jour ou deux il ne s'entretint d'autre chofe, tant il avoit, dés
fon

son Enfance, de passion pour la gloire, & de desir d'en acquerir.

Un si beau feu croissant en lui de jour en jour, en vain on lui representa, d'un côté toutes les fatigues que la guerre fait essuïer, de l'autre la necessité de ménager une santé aussi précieuse que la sienne ; on ne put plus le retenir, ni empêcher que tous les ans il n'allast à l'Armée, & qu'il ne se trouvast à tous les Sieges qu'on fit en Flandre jusqu'à la paix des Pyrenées. Dans le Camp il étoit d'un air de gaïeté, qu'il n'avoit point par tout ailleurs, toujours levé de grand matin, s'exposant indifferemment aux injures du temps, toujours en action ; tantôt faisant le tour du Camp & en visitant tous les postes, tantôt faisant des revuës, se donnant des inquiétudes & tous les soins de General, voulant tout sçavoir & connoître tout en détail. Cette application produisit déja de grands biens. Le service s'en fit beaucoup mieux, & les Troupes qui étoient alors dans un extrême desordre, commencerent peu à peu à se discipliner par sa vigilance & par son exemple. Quand les Sujets aiment le Prince ; quand le Prin-

IL VA A L'AR-MÉE.

HISTOIRE DU REGNE

ce en est estimé, son exemple a plus de pouvoir que les loix & les châtimens.

Comme il faisoit déja l'entretien de toute l'Europe, la Reine Christine de Suéde, qui pour lors demeuroit à Rome, fit un voïage en France, pour voir si la Renommée ne flattoit point ce jeune Prince. Cette Heroïne, fille unique de Gustave-Adolphe, qui conquit en deux ans deux cent lieuës de Païs, & fit trembler par son genie, autant que par ses victoires, jusques à ses amis : cette Princesse, dis-je, avoit regné sept ou huit ans, avec d'autant plus d'éclat, qu'elle n'avoit rien à desirer de ce qui peut contribuer à faire une grande Reine ; de l'esprit, du courage, l'ame élevée, une eloquence vive, qui couloit de source ; elle aimoit les Sciences & les Lettres. Elle parloit parfaitement toutes les Langues de l'Europe. Ces avantages joints au secours de ses Ministres, gens habiles & de réputation, devoient, ce semble, lui faire croire qu'elle seroit toute sa vie aimée de ses peuples, reverée de ses ennemis, & estimée de tout le monde. Ces esperances, aussi solides que pompeuses, avoient de quoi la

LA REINE CHRISTINE DE SUEDE VIENT EN FRANCE POUR LE VOIR.

Elle y fit deux voïages, l'un en 1656. l'autre en 1657. & elle ne s'en retourna qu'en 1658.

Son pere étoit mort en 1632. mais elle ne regna par elle-même, que sept ou huit ans.

Le Chancelier Oxenstirn.
Le Comte Magnus de la Garde.

satisfaire ; cependant elle avoit mieux aimé brillerparmi les Sçavans dans l'empire du Bel-Esprit, que de tenir parmi les Rois un rang distingué. Il est rare de rencontrer dans les Personnes de son Sexe ce que les Princes les plus celebres ont eu d'extraordinaire & de superieur : lasse de commander elle avoit quitté la Couronne, non par légereté & par inquiétude, comme disoient ses envieux, ou parce que le Senat de Suéde la pressoit de se marier à un Prince qu'elle n'aimoit pas ; mais pour avoir la liberté d'aller par toute l'Europe recueillir les loüanges & ce tribut d'admiration que les Peuples les plus polis ne pouvoient refuser, du moins à ce qu'elle croyoit, à un merite comme le sien ; ensuite elle étoit passée de Suéde en Flandre ; de Flandre en Allemagne ; de là à Rome, d'où la reputation du Roy l'avoit attirée en France. Il n'est point de respects qu'il ne lui sist rendre, point de regal qu'il ne lui donna. Les plaisirs se succedant les uns aux autres, c'étoient des fêtes continuelles, dont ce Prince faisoit les honneurs, autant par sa bonne mine, que par sa magnificence. Il avoit alors dix-neuf à vingt ans ; la taille grande, l'air auguste, une phisionomie marquée de tous les traits de l'honneur & de la vertu, un mélange agréable de majesté & de douceur. Quand la Reine de Suéde le vit la premiére fois, elle eut les yeux collez sur lui pendant toute l'entrevûë : c'étoit un hommage qu'elle rendoit à sa bonne mine. Elle conçut dans la suite tant d'estime pour lui, qu'elle ne pouvoit se lasser, même aprés son retour à Rome, de témoigner à tout le monde, que la vüe de ce jeune Prince avoit paié avec usure toutes les peines du voïage, & que son merite surpassoit sa reputation.

Il tombe malade a Calais le 1. Juillet 1658.

Ces acclamations donnoient d'autant plus de joïe, qu'on aimoit le Roy, & que ses bonnes qualitez étoient comme autant de gages, & des augures favorables de la felicité du Regne ; mais plus on étoit sensible à ces esperances, plus on eut de fraïeur, quand quelque temps aprés, il tomba malade, & à n'en plus rien espérer. Aprés la

Le 25. Juin 1658.

prise de Dunquerque, où il entra comme en triomphe, il s'arrêta cinq ou six jours au Fort de Mardic, qui n'est qu'un trou, & où l'infection étoit alors d'autant plus grande, que la Place étant petite, la Garnison nombreuse, les Soldats étoient, malgré eux, entassez les uns sur les autres ; de sorte que n'aïant d'ailleurs que de méchantes nourritures, ils étoient la plûpart malades. Quelque risque qu'il y eût à courre dans un endroit aussi mal-sain, il ne voulut point en sortir, qu'il n'eût tout vû, & qu'il n'eût donné ordre à tout. Aïant pris là le méchant air, du moins on le crût ainsi, à peine fut-il à Calais, qu'il eut une grosse fiévre. Il cacha son mal le premier & le second jour ; au quatriéme il fut à l'extrêmité. On ne peut bien représenter l'affliction de toute la Cour ; ce n'étoit point des larmes ni des regrets de bien-séance, tels que sont ordinairement les témoignages de douleur que l'on fait voir dans un Païs où tout est feint & masqué, & où l'on ne s'étudie qu'à paroître ce qu'on n'est pas. C'étoit une vraie douleur, chacun apprehendant de perdre un aussi bon Maître. La Reine sa Mere qui l'aimoit avec passion, & qui voïoit perir en lui son principal appui, ne le quittoit ni nuit ni jour. Il tâchoit de

B iij

la consoler ; mais la tendresse du Fils ne servoit qu'à rendre plus vifs les regrets de la Mere. Quelqu'un aïant parlé d'un Medecin d'Abbeville, qui étoit en réputation, on le fut querir incontinent. Quand il eut vû le Roy, il dit que dans cet état il n'y avoit que l'Emetique qui pût lui sauver la vie : ce mot fit trembler ; & l'Emetique, en ce temps-là, étant encore si nouveau, qu'on n'osoit presque le risquer, on hesita quelques momens si on en donneroit au Roy, d'autant plus que ses Medecins s'y opposoient par jalousie. Le Roy étoit resigné, & attendoit tranquillement la fin de sa maladie, sans se plaindre de sa destinée qui le reduisoit à mourir en la fleur de son âge ; il voulut voir toute la Cour avant que de prendre le remede ; ensuite de ce triste adieu, paroissant lui seul intrepide, il demanda le verre, & avala toute la prise. Deux heures aprés, il eut une grande crise : elle fut heureuse, & l'Emetique fit si bien, que le venin étant sorti, on commença de se flater qu'il pourroit guerir. Une seconde prise aïant encore mieux operé, enfin le Roy ressuscita, au grand contente-

DE LOUIS LE GRAND. Liv. I. 15
ment de tout le Royaume : les réjoüiffances furent auffi extraordinaires à cette nouvelle, qu'avoit été l'affliction à celle de fa
maladie ; car outre la veneration que les
François ont naturellement pour leur Roy,
tout le monde avoit déja tant d'eftime pour
celui-ci, qu'on ne peut guére s'imaginer
combien même dés ce temps-là étoit grande l'affection que l'on lui portoit.

Dés qu'il fut guéri, on fongea à le ma- Il epouse
rier : jufques alors la Reine qui avoit fes Marie The-
vuës, avoit eu peine à s'y refoudre ; mais rese, fille
aprés une telle allarme, on ne pouvoit plus Philippe IV.
reculer. Cette Princeffe qui aimoit beau- Roy d'Espa-
coup fa famille, fouhaitoit que fa Niéce,
l'Infante d'Efpagne, époufaft le Roy, &
que ces nouveaux nœuds rétabliffent entre
les Couronnes, & affermiffent pour long-
temps l'union & la paix. Sur la propofition qui en fut faite à Dom Antoine Pimentel, qui paffoit par Paris, retournant à
Madrid de fon Ambaffade de Suéde ; on
trouva du côté d'Efpagne plus de difficulté
que la Reine n'avoit penfé. L'Infante étant
Heritiere, les Efpagnols apprehendoient que
fon pere mourant fans laiffer de fils, leur

Monarchie ne fût éteinte, & que tous ſes Roïaumes ne devinſſent, par ce mariage, des Provinces de France. Dans cette même crainte que les deux Monarchies venant à ſe réünir, le reſte de l'Europe ne fût bien-tôt mis ſous le joug, les autres Princes concouroient à traverſer ce mariage, en échauffant ſecretement la jalouſie des Eſpagnols. Quoique la Reine leur offriſt de faire renoncer le Roy à la ſucceſſion d'Eſpagne, ils n'en étoient point plus dociles, perſuadez qu'il étoit le maître de ſe faire relever, quand il le voudroit, d'une renonciation autant injuſte que forcée ; qu'il ne pouvoit en faire au préjudice des enfans qui naîtroient de ce mariage ; & qu'enfin cette précaution étoit d'autant plus inutile, que la plûpart des Princes ne meſurent ordinairement la juſtice de leurs prétenſions qu'à l'étenduë de leur pouvoir. Cette negociation aïant langui un an ou deux, le Roy ne fut pas gueri, qu'on parla de le marier à la Princeſſe de Savoïe, dont le portrait lui plût ſi fort, qu'il fit reſoudre, pour la voir, le voïage de Lion. La Reine fut ravie de ce voïage, dans l'eſperançe

1658.

rance, que son frere feroit pendant ce délai, une derniere reflexion sur le coup qu'il alloit manquer, & qu'il auroit enfin autant d'empressement pour le mariage de l'Infante, qu'il avoit marqué jusques-là de difficulté & de peine. Ses esperances ne furent point trompées, & ses souhaits furent accomplis, lors qu'elle s'y attendoit le moins. Depuis vingt-quatre ans que la Guerre duroit, les Espagnols avoient perdu six Batailles sur terre, trois autres sur mer, quarante ou cinquante Places, & le Roïaume de Portugal, sans compter ni le contrecoup qu'ils avoient ressenti de nos conquêtes d'Allemagne, & de celles de nos Alliez, ni une infinité de rencontres & d'occasions, où ils avoient été battus. Ces coups, aussi terribles que frequens, avoient si fort ébranlé cette Monarchie, que pour rétablir ses forces, elle avoit besoin de la Paix; & ses Peuples épuisez la demandoient si hautement, que le Conseil d'Espagne, revenu de sa repugnance, resolut d'envoïer offrir le mariage de l'Infante. Ces obstacles de Politique qui d'abord l'avoient traversé, n'étoient point encore levez, mais

C

la necessité presente l'avoit enfin emporté sur la crainte de l'avenir, ou peut-être que les Espagnols n'avoient paru si difficiles, que croïant obtenir la Paix à de meilleures conditions. La Reine avoit souhaité ce mariage avec tant de passion, qu'elle ne put contenir sa joïe, quand Pimentel vint à la Cour en faire la proposition, & apporter le plan & les articles de la Paix, tels à peu prés qu'on les vouloit ; ainsi le capital étant reglé, on convint, que le Cardinal & Dom Loüis d'Haro, Premiers Ministres des deux Couronnes, s'aboucheroient sur la Frontiére pour consommer ce grand ouvrage.

ENTREVÜE DES DEUX COURS DE FRANCE ET D'ESPAGNE.

Le 6. Juin 1660.

Le Traité signé, la Cour se rendit à Saint-Jean-de-Luz pour y recevoir l'Infante. Le Roy, son Pere, étoit venu la conduire lui-même pour faire plus d'honneur au Roy, & pour avoir la joïe d'embrasser la Reine sa Sœur. Rien de plus pompeux que cette Entrevüe. On ne voïoit des deux côtez, que pierreries, or & argent : ce fut à qui paroîtroit, & qui se distingueroit le plus ; avec cette difference, que nos maniéres de se mettre ont tout un autre goust que celles d'Espagne. Les Politiques qui ne font guére d'attention sur ce brillant, qui n'est bon qu'à éblouïr les yeux du peuple, remarquoient entre les deux Cours une bien autre difference, d'où ils tirerent dés ce temps-là l'horoscope des deux Empires. Le Roy étoit alors dans sa vingt-uniéme année, en pleine santé, actif, vigilant, & ne respirant que la gloire. Il ne faisoit déja sa principale occupation, que de ses affaires; il avoit avec lui les premiers hommes de l'Europe, soit pour commander des Armées, soit pour bien conduire les misteres du Cabinet, & de tous les Princes & Seigneurs qui l'accompagnoient en grand nombre, il n'y en avoit pas un qui n'eût du service, & qui n'eût avec joïe sacrifié sa vie & ses biens pour la gloire du Prince & pour le salut de l'Etat. Cette émulation, repanduë dans tout le Roïaume, alloit le rendre plus puissant & plus florissant que jamais, d'autant plus que deux années de Paix étoient plus que suffisantes pour le remettre de ses pertes ; tant il est riche & abondant en toutes choses. Du côté d'Espagne on ne voïoit point cet air de prosperité, mais seulement de tristes reliques d'un Etat, qui dans sa

C ij

splendeur a fait tant de bruit dans le monde. Le Roy étoit usé, & ne songeoit plus qu'au repos. La plûpart des Grands n'avoient jamais sorti les Portes de Madrid, & d'ailleurs étoient si jaloux de leur propre grandeur, qu'ils paroissoient indifferens à celle de l'Etat : ses Tresors étoient épuisez, & il ne restoit plus ni Troupes ni Chefs, du moins de reputation, depuis que le Prince de Condé, dont l'expérience & la valeur avoient soutenu sept ou huit ans la fortune chancelante de cette Couronne, étoit rentré dans son devoir, & retourné en France avec tous les Braves qui l'avoient suivi. Sans mendier le secours des Astres, il étoit aisé de prédire, en comparant les deux Couronnes, que l'une alloit s'élever sur les ruïnes de l'autre.

A Saint-Jean de Luz, le 9. Juin 1660.

Aussi-tôt que le Roy eût épousé l'Infante, on ne songea plus qu'au retour ; il lui fit rendre sur la route tous les honneurs imaginables ; mais ces triomphes de Province

L'Entre'e du Roy et de la Reine dans Paris, le 26. Août 1660.

n'étoient qu'autant de préludes de l'Entrée magnifique que l'on préparoit à Paris, pour faire honneur à la Reine, & pour donner, dans ces commencemens de Regne, une

DE LOUIS LE GRAND. *Liv. I.* 21
haute idée des richeffes & des reffources
d'un Roïaume, qui n'avoit pû être épuifé
par une guerre de trente ans avec les Etrangers, & en fix autres années de guerre civile.
Depuis la Monarchie il n'y a point eu de
plus beau jour. Les ruës étoient tapiffées
de ce qu'il y avoit de plus riche, les Portes couronnées de verdure & de fleurs ; les
fenêtres ornées des plus beaux tapis ; dans
les Places des Arcs de triomphe, enrichis
de ftatuës & de peintures dignes de la magnificence de l'ancienne Rome ; par-deffus
tout cela un monde épouvantable, accouru de toute l'Europe, arrangé fur des Am-
phiteâtres qui regnoient le long des maifons, formoit dans toute la marche le fpectacle le plus pompeux que l'on fe puiffe
imaginer. Les Princes & les Grands avoient
épuifé le luxe, non feulement fur leurs habits, mais fur ceux de leurs Domeftiques.
La Reine étoit dans un Char, le Roy &
tous les Seigneurs à cheval, dans un équi-
page fi riche, que l'on n'a point de fouve-
nir d'avoir vû ni lû une fi fuperbe cavalca-
de. La feule dépenfe des Particuliers monta, à ce que l'on croit, jufqu'à dix millions :

C iij

on se rüinoit avec joïe pour donner au Roy des témoignages de son zele. Du plus loin qu'on le découvroit, c'étoit des cris d'allegresse & des acclamations sans fin ; chacun lui souhaitoit un Regne heureux, de longues années ; on eût dit que les spectateurs n'avoient des yeux que pour lui, & à peine étoit-il passé, qu'un torrent de peuple alloit fondre d'un autre côté, pour le revoir autant de fois que l'on en pouvoit approcher. Qu'on vante, tant que l'on voudra, tous les honneurs exterieurs, leur faux brillant n'égale point ni cet empressement des cœurs, qui sembloient voler aprés lui, ni ce concours de benedictions & de vœux. Ces éclats de joïe n'étoient point un effet de politique dans les uns, ou d'une passion aveugle dans l'esprit de la Populace ; c'étoit une vraie effusion de cœur ; on avoit pour le Roy de l'amitié & de l'estime, & tout le monde étoit prévenu, qu'il seroit un des plus grands Princes qui fût monté sur le Trône : on ne fut pas long-temps à en être persuadé, par la maniére dont il s'y prit, quand il commença de regner & de gouverner par lui-même aprés la mort du Cardinal Mazarin, qui ne survécut que dix mois à la conclusion de la Paix. Ce Ministre mourut au comble de sa gloire : heureux d'avoir triomphé de ses Ennemis, & de ceux de l'Estat ; mais plus heureux encore d'avoir forcé les uns à en dire du bien, & obligé les autres à faire une Paix aussi glorieuse pour lui, qu'elle fut utile pour nous.

Le Cardinal Mazarin mourut le 9. Mars 1661.

Fin du premier Livre.

ESSAI DE L'HISTOIRE DU REGNE DE LOUIS LE GRAND.

LIVRE SECOND.

Le Roy gouverne sans premier Ministre.

UAND le Cardinal mourut, il y avoit de si grands desordres dans le Gouvernement, que quelque idée qu'on eût conçûe du merite du Roy, on ne pouvoit s'imaginer qu'un Prince de 22. ans osât se hazarder de porter un si grand fardeau, ou que s'il l'entreprenoit, il eût assez de forces pour le soutenir; cependant en moins de quatre ou cinq ans il mit toutes choses en un si bon ordre, que depuis plus de trente années qu'il regne sans premier Ministre, le Roïaume a toujours été tranquille, victorieux de ses Ennemis, & comblé de prosperitez; tant il est vrai que souvent

vent la fortune se regle par l'esprit des hommes; du moins est-il bien certain, que la félicité n'est jamais de longue durée, quand le merite l'abandonne. Par où il commença ce fut de regler son temps, & de se faire des principes & des maximes de regner, tant de ses propres reflexions sur la vie des Princes celebres, que des avis qu'il demanda aux plus éclairez du Conseil. Les fatigues & l'application bien loin de le rebuter, lui donnerent du goût & de l'attache pour les affaires; il travailloit dés ce temps-là cinq à six heures tous les jours avec ses Ministres; il se faisoit rendre compte de tout le détail du Gouvernement, donnoit audience à tout le monde, un jour ou deux de la semaine, assistoit à tous les Conseils; & quand il se presentoit des affaires extraordinaires, il les étudioit en particulier, afin d'être plus en état de choisir le meilleur avis. Au reste il ne faut pas s'imaginer que pour être si appliqué il ne donnât rien aux plaisirs, plus le poids des affaires est grand, plus elles demandent de relâche; les forces de l'Esprit & celles du Corps aïant leurs bornes & leurs limites, un travail outré les

IL S'APPLIQUE AUX AFFAIRES.

PLAISIRS.

D

auroit bientôt épuifées. Dans les commencemens du Regne ce ne furent que réjoüiffances, feftins, ballets, courfes de bague, caroufels; ce jeune Prince fe délaffant dans tous ces nobles paffe-temps, qu'une ingenieufe & opulente oifiveté a inventez de temps en temps pour divertir les Rois, & pour briller aux yeux du Peuple, qui aime le fpectacle, & qui ne juge de leur puiffance que par ces apparences de grandeur. Jamais Prince n'a mieux entendu cette pompe de bien-féance, qui fait honneur au Trône, & releve l'éclat de la Roïauté. Sa Cour a toujours été une Ecole publique de magnificence & de politeffe; mais le plus grand de fes plaifirs aïant été, toute fa vie, l'heureux fuccés de fes affaires, les divertiffemens ne l'en ont jamais détourné; & tout jeune qu'il étoit, quand il prit le Gouvernement, il n'en avoit pas moins ni d'application ni d'ardeur pour la reforme de l'Etat. Heureux le Prince qui fçait commander aux plaifirs, qui n'en eft jamais poffedé, qui les quitte & les reprend quand bon lui femble! S'il n'en eft pas ainfi le maître, au lieu d'un divertiffement honnête qu'il cherche pour fe délaffer, il n'y rencontrera qu'un charme tout capable de le corrompre.

Le plus grand defordre, & celui qui pouvoit avoir de plus funeftes conféquences, étoit le déreglement qu'il y avoit dans les Finances. Ce font les nerfs de l'Etat : fi les nerfs s'affoibliffent, quelle vigueur peut avoir le corps? Quoique depuis quinze à feize ans on eût levé des fommes immenfes, l'Etat étoit obéré, les peuples épuifez, le Roy n'avoit qu'un revenu médiocre & mal-affuré, & au compte des Gens d'Affaires, il leur devoit de leurs avances plus de trente millions. A la verité, outre les charges ordinaires on avoit eu jufques alors cinq Armées fur pied, & la Guerre civile avoit d'autant plus coûté, qu'on ne pouvoit raffafier l'avidité des Grands, dont la plûpart mettoient à prix le bien ou le mal qu'ils pouvoient faire; neanmoins ce n'étoit point-là la principale fource d'un fi grand defordre; le mal venoit des Financiers, qui cachant le produit des Fermes, les tenoient toutes à moitié ou au quart de ce qu'elles valoient; encore faloit-il fou- IL RE'TABLIT LE BON ORDRE DANS LES FINANCES.

vent, pour avoir de l'argent d'avance, leur faire fur ces Baux, des remifes fi confiderables, que d'une affaire d'un million, à peine en revenoit-il deux ou trois cens mille livres de clair & de net au Roy.

Cette déprédation avoit regné impunément pendant la Minorité, foit par la protection de ceux qui avoient leur part au butin, foit parce que dans ces temps fâcheux on avoit un fi grand befoin de l'induftrie des gens d'affaires pour trouver de l'argent comptant, qu'on n'ofoit trop déveloper ces mifteres d'iniquité : on pouvoit à la Paix rémédier à ces abus ; mais le Sur-intendant fongeoit moins à y donner ordre, qu'à goûter les plaifirs. Ce ne fut pas le feul fujet de le punir. On l'accufa fur d'autres chefs ; il avoit fait fortifier fans ordre ni fans permiffion une Place qui étoit à lui, & il n'avoit rien épargné pour fe faire de tous côtez des liaifons & des amis. Pour couper la racine à tous ces defordres, le Roy le fit arrêter, & lui fit faire fon procés. Ce coup d'autorité, ménagé avec prudence, tint tout le monde dans le refpect ; la cabale s'évanoüit ; & quelques profusions qu'eût fait le Sur-intendant, personne ne se déclara : tant il est vrai, que quand les liaisons ne roulent que sur l'interêt, on est bien-tôt abandonné, lors que la chute de sa fortune ne laisse plus rien esperer.

Tout étant tranquille, le Roy qui ne songeoit plus qu'à la reforme des Finances, choisit pour les gouverner un homme d'ordre, d'un genie actif, exact à rendre justice, mais d'une sage fermeté à ne point accorder de grace qui fût funeste au bien public. C'étoit Jean-Baptiste Colbert, devenu dans la suite Ministre & Secretaire d'Estat ; homme à grandes vuës, & de ces têtes fermes, si j'ose parler de la maniére, capables de tenir & de bien manier le timon. Sous ce nouveau Ministre les choses changerent de face ; les Fermes furent publiées, & données ce qu'elles valoient ; les gratifications ou supprimées ou réduites ; les gages des Officiers fixez sur le pied de la Finance, & les charges de maniement, du moins les plus considerables, furent exercées par des Commis en la place des Officiers, qui se voïant pourvûs en titre, s'imaginoient en avoir

Jean-Baptiste Colbert Ministre & Secretaire d'Etat, Controlleur General des Finances, Sur-Intendant des Bastimens, Arts, & Manufactures de France, &c.

D iij

un pour piller & pour voler impunément dans ces temps de defordre & de confufion. Un changement fi prompt parut un enchantement, tant on le croïoit difficile ; & par rapport au temps paffé, on avoit peine à ne point croire qu'on ne fût dans un autre Etat. Le Roy fe vit dans l'opulence, & bien loin d'eftre redevable aux Traitans & aux Financiers, ils lui devoient des fommes immenfes, tant des vols qu'ils lui avoient fait dans l'adjudication des Traitez & des Fermes, que des remifes exceffives qu'ils en avoient tiré par furprife & par fraude. Leurs richeffes prodigieufes, les fuperbes Palais qu'ils avoient élevez à la vuë de toute la France, la fomptuofité de leurs meubles, la délicateffe & la profufion de leur table, tant d'autres monumens de leur orgueil & de leur luxe, étoient autant de témoins ; & fans doute plus que fuffifans pour convaincre ces gens, la plûpart nez fans aucun bien ; pour les convaincre, dis-je, de malverfation & de vol. Cependant pour ne rien faire que dans l'ordre, le Roy créa, pour en juger, une Chambre de Juftice, compofée de Ju-

En Decembre 1661.

ges d'élite tirez de chaque Parlement, pour informer des injuſtices & des concuſſions de tous ceux, qui avoient eu part à la diſſipation & aux deſordres des Finances, & pour faire des coupables une punition exemplaire.

On pourſuivoit cette recherche avec chaleur, quand un accident imprevû faillit à renouveller une Guerre d'autant plus cruelle, qu'il ne s'agiſſoit point ni de Villes ni de Provinces, mais de défendre la dignité de la Couronne attaquée par les Eſpagnols & dans l'endroit le plus ſenſible. Son plus beau fleuron eſt d'avoir ſur toutes les autres l'honneur de la préſéance, il n'en eſt point qui la ſurpaſſe en richeſſes, en peuples, en puiſſance; & toutes les autres joignant enſemble ce qu'elles ont fait de plus illuſtre, ne peuvent égaler ſa gloire. Depuis prés de treize ſiécles que cette Monarchie ſubſiſte avec tant d'éclat, ſans que le Sceptre ſoit paſſé dans les mains d'aucun Etranger, elle a fait de ſi grandes choſes en faveur de la Religion & de toute l'Europe, que le temps ne peut effacer ni la memoire de ces exploits, ni la reconnoiſſance que

PREE'MINENCE DE LA COURONNE SUR TOUTES LES AUTRES.

l'on doit toujours conferver pour d'auffi importans fervices. Peut-être que toute l'Europe gemiroit encore aujourd'hui fous le joug des Califes & des Mahometans, fi la bravoure des François n'eût borné leurs conquêtes, & n'eût arrêté ces torrens de Maures & de Sarrazins qui s'en alloient tout inonder, lors que Charles-Martel les défit à platte-couture. La France a toujours été le refuge & l'azile des Princes affligez, & principalement des Papes, qui ne tiennent ces grands Etats, dont ils font Princes fouverains, que de la liberalité de Pepin & de Charlemagne : c'eft elle qui a rétabli l'Empire d'Occident, & fait revivre par fes foins les Sciences & les Arts qui étoient comme enfevelis fous les ruines de l'ancienne Rome. De fi celebres actions, & tant d'autres, dont la renommée s'eft répanduë par tout le monde, lui ont donné dans tous les temps une fi grande prééminence, qu'elle étoit en poffeffion auffi ancienne que paifible, de n'avoir point de concurrent pour le rang & la préféance, quand le fiécle paffé, Philippe II. Roy d'Efpagne, entreprit le premier de la lui difputer.

Charlemagne & François I. ont fait revivre les Belles-Lettres en Europe.

Les Croifades, la conquefte de Conftantinople, &c.

disputer. L'Espagne étoit alors au plus haut point de sa grandeur ; elle possedoit tranquillement plus d'un tiers de la belle Europe, & les richesses du Nouveau-Monde; cependant quelque impression que puisse faire une puissance si formidable, cette prétention parut d'autant plus injuste, qu'il n'y a point de comparaison entre les deux Couronnes, *a* tant pour la renommée que pour leur ancienneté, & que l'Espagne avoit d'ailleurs tant d'obligation à la France, que l'une ne pouvoit ainsi attenter sur les droits de l'autre, sans marquer de l'ingratitude. Philippe perdit sa cause *b* à Venise, *c* à Rome, *d* en Pologne, & les Ambassadeurs d'Espagne n'ont jamais disputé le pas qu'avec autant de honte pour eux, que de gloire pour nous : neanmoins ils ont toujours renouvellé cette pretention jusques à ce que le Roy ait obligé le Roy d'Espagne d'y renoncer expressément, à l'occasion de la rencontre qu'eurent à Londres le Comte d'Estrades & le Baron de Batteville, Ambassadeurs des deux Couronnes, à l'Entrée du Comte de Brahe, Ambassadeur de Suéde. Aussi-tôt que de Brahe fut arrivé en An-

La dispute commença à Venise en 1558.

a Avant l'an 1017. la Castille n'avoit le titre que de *Comté*. Ce fut la France qui en la place de Pierre le Cruel, fit Henri son frere, Roy de Castille : c'est de Henri qu'étoit descenduë la Princesse qui a porté ce Sceptre dans la Maison d'Autriche.
b A Venise, en 1558.
c A Rome, en 1564.
d En Pologne, en 1573.

PRÉSÉANCE DISPUTÉE PAR LES ESPAGNOLS.

Le 10. Octobre 1661.

gleterre, Batteville fit courre le bruit que pour lui faire honneur il envoiroit à son Entrée ses Carosses & ses Domestiques, quoique Alonse de Cardenas, son Prédécesseur immédiat, homme ferme & de merite, ne s'y fût jamais exposé. Ce bruit revint à d'Estrades ; mais le regardant comme un bruit, ou tout au plus comme une saillie de vanité des Domestiques de Batteville, plûtôt que comme un prélude de quelque entreprise du Maître, il envoïa son train au devant de l'Ambassadeur, sans aucun renfort, & sans prendre de précaution pour se défendre de l'insulte : à peine ses Carosses eurent-ils paru, qu'ils furent enveloppez de Soldats & de Populace au nombre de plus de deux mille hommes, à la tête desquels les Domestiques de Batteville vinrent fondre sur ceux de d'Estrades ; ceux-ci soutinrent le choc ; cependant la partie n'étant pas égale, & le carosse de d'Estrades ne pouvant avancer, (ses chevaux avoient été tuez) les Espagnols comme en triomphe, accompagnerent seuls l'Ambassadeur de Suéde, l'épée nuë à la main, & faisant retentir toutes les ruës où ils passoient, de cris de joïe. Ce triomphe faisoit pitié, & les gens de bon sens ne pouvoient s'empêcher de rire de l'imagination de ces Rodomons, qui se flatoient d'avoir vaincu la France & toutes ses forces, & d'avoir enlevé le rang & la préséance, en tuant deux ou trois chevaux, & autant des gens de d'Estrades ; mais plus on faisoit d'attention sur cette levée de bouclier, plus on avoit peine à comprendre si Batteville étoit avoué, ou si cette bravade étoit purement de lui. Batteville n'étoit point un écervelé, ni quelque homme neuf, qui sans un ordre superieur auroit voulu se signaler par un zele aussi indiscret, qui exposoit le Roy son Maître, ou à essuïer un affront, en avoüant que son Ministre avoit eu tort de contester le rang & la préséance, ou bien à voir renouveller une Guerre d'autant plus funeste qu'il paroissoit moins que jamais en état de la soutenir : d'un autre côté, le Roy d'Espagne étant infirme, la Monarchie sur le declin, épuisée d'argent & de forces, il n'y avoit guére d'apparence, que dans le commencement d'une Paix desirée avec tant d'ardeur, achetée avec tant de peines, l'Es-

Il avoit été Ambassadeur en plusieurs Cours, & Gouverneur de Saint-Sebastien.

E ij

pagne eût voulu la rompre pour le pas & la préséance, aïant tenté jusques alors de la surprendre par finesse, ou de l'arracher par menaces; mais jamais n'en étant venuë à de telles extrêmitez, non pas même au fort de la Guerre & pendant sa prosperité. Quoi qu'il en soit, ce furent les derniers efforts du desir de la préséance, & l'entreprise de Batteville ne servit que d'occasion de faire voir à tout le monde, qu'il y a de nôtre côté autant de justice à maintenir la possession où nous sommes depuis tant de siécles, qu'il y a de temerité à nous y troubler. Aussi-tôt que le Roy eût reçû la nouvelle de cette rencontre, il envoïa ordre à l'Archevêque d'Ambrun son Ambassadeur * à Madrid, de demander reparation, & de s'en revenir s'il ne pouvoit pas l'obtenir. C'est assez la coûtume du Conseil d'Espagne de faire languir aprés les moindres affaires, soit que cette lenteur soit un mistere de Politique, pour rendre les gens plus dociles, en épuisant leur patience, ou bien que ce soit l'effet d'une coûtume sans mistere; cependant dés que l'Archevêque eût demandé satisfaction, le Roy

Par finesse en Pologne en 1573. Par ménaces à Rome en 1564.

Il oblige le Roy d'Espagne a lui ceder la préséance.
George d'Aubusson, ancien Archevêque d'Ambrun, ensuite Evêque de Merz.

d'Espagne lui promit de la donner au Roy son Gendre, & de revoquer Batteville de l'Ambassade d'Angleterre. C'étoit déja beaucoup, mais ce n'étoit pas encore assez ; le châtiment de ce Ministre faisoit justice du passé, mais ne regloit pas l'avenir, si le Roy Catholique continuoit, comme auparavant, dans ses mêmes prétentions. Les autres Puissances sollicitoient secretement pour l'empêcher d'y renoncer, soit parce que la Prééminence dont nos Rois jouïssent de tout temps, excite naturellement la jalousie des autres Princes, soit parce qu'ils apprehendoient qu'un jeune Roy brave & puissant, ne trouvant point de résistance dans une affaire de cet éclat, n'en devînt d'autant plus hardi à entreprendre sur ses voisins ; le Conseil d'Espagne fut deux ou trois mois à se déterminer. Quelques Ministres étoient d'avis de plûtôt tout risquer, que de ceder la Préséance ; neanmoins n'y aïant point d'autre moïen de parer les menaces & le ressentiment du Roy, enfin on donna parole, que le Marquis de la Fuente, nommé à l'Ambassade de France, donneroit au Roy Tres-Chrêtien une pleine satisfaction du passé & pour l'avenir dans sa premiere audience : Pour la rendre plus solemnelle, & pour avoir en même temps un grand nombre d'illustres témoins, qui répandissent de tous côtez ce que diroit l'Ambassadeur, le Roy y fit inviter les Ministres Etrangers : ils s'y trouverent tous au nombre de trente : ils furent placez à la gauche du Roy, qui avoit à sa droite les Princes du Sang, les Officiers de la Couronne, les Grands de l'Etat ; & en presence de ce magnifique Auditoire, l'Ambassadeur lui dit ; Que le Roy son Maître, avoit été fort fâché de ce qui étoit arrivé à Londres le 10. Octobre 1661. Qu'aussi-tôt qu'il en eut avis, il avoit revoqué le Baron de Batteville, avec ordre de se rendre en Espagne, pour y témoigner contre lui tout le ressentiment que meriteroient ses excez ; Qu'il avoit commandé à tous ses Ambassadeurs de s'abstenir des fonctions & des cérémonies publiques, où il se pourroit presenter de semblables difficultez pour raison de la competence, & de ne concourir jamais avec les Ambassadeurs & autres Ministres du Roy Tres-Chrêtien. Les Secre-

Le 24. Mars 1662.

taires d'Etat, qui étoient tous quatre presens, dresserent un procés verbal de cette declaration, pour en conserver la memoire, & pour laisser à la Posterité un recit exact d'un évenement si celebre, sur lequel toute l'Europe étoit attentive, & qui terminoit cette fameuse contestation que la gloire & la jalousie avoit fait naître depuis cent ans entre les deux Puissances, qui font mouvoir toutes les autres.

Cette querelle assoupie, il en nâquit une autre entre le Pape & le Roy, au sujet de l'insulte qu'on fit au Duc de Crequi, Ambassadeur à Rome. L'injure étoit atroce, mais aussi il faut avoüer que les siécles passez ne nous fournissent point d'exemple où l'on ait maintenu le droit des Gens avec plus de gloire, & où ceux qui l'avoient violé, aient été châtiez avec plus de severité. Deux ou trois inconnus, poursuivis par dix Corses de la Garde du Pape, * s'étant refugiez vers les Ecuries du Palais Farnese, où demeuroit l'Ambassadeur, quelques-uns de ses Domestiques, sortis au bruit du combat, repousserent les Corses, qui revenus en plus grand nombre, mirent en

IL SE FAIT FAIRE REPARATION DE L'INSULTE FAITE A ROME A SON AMBASSADEUR.
Le 20. Août 1662.

* Alexandre VII.

fuite à leur tour les gens de l'Ambaſſadeur, & les remenerent battant juſqu'à la porte du Palais. Le Duc, qui rentroit par une autre porte, aïant appris cette nouvelle, donna ordre auſſi-tôt de faire retirer ſes gens : cette précaution ne ſervit qu'à augmenter l'inſolence de ces Soldats, ils revinrent tambour battant ; & leurs Officiers à la teſte, ils inveſtirent le Palais, poſerent des Corps de Garde ſur les avenuës, & tirerent pendant plus d'une heure dans les portes & dans les fenêtres, ſans épargner le Duc, qui s'avança ſur un Balcon pour voir ce qui ſe paſſoit : un moment aprés, ils attaquerent l'Ambaſſadrice, qui revenoit chez elle, ſans rien ſçavoir de l'avanture, & faillirent à l'aſſaſſiner à coups de mouſquet : elle n'en eut que la peur ; ils tuerent un de ſes Pages à la portiere du Caroſſe, & bleſſerent un de ſes Laquais. Dans ce même temps les Sbirres, qui jamais ne tirent, faiſoient main-baſſe ſur les François, qu'ils trouvoient dans les rües de Rome ; & peut-être y auroit-on vû un plus grand maſſacre, ſi le Peuple n'eût témoigné de l'horreur de cet attentat, & de l'indignation,

plus

plus encore contre les Auteurs que contre les Miniſtres d'une tragedie ſi ſanglante. Si le Gouvernement n'avoit point eû de part à l'action des Corſes, il eût été de la prudence autant que de la juſtice, de faire de ces inſolens une punition auſſi prompte que rigoureuſe; bien loin de les punir, on congédia les plus coupables, & l'on ne commença d'informer que huit ou neuf jours aprés le départ de ces aſſaſſins. Pour comble d'injures, le Cardinal Imperiale, Gouverneur de Rome, fit bloquer de nouveau le Palais Farneſe, ſous pretexte que l'Ambaſſadeur marchoit plus accompagné depuis ce dernier affront, qu'il ne faiſoit auparavant. Le Duc ſe voïant traité d'une maniére ſi indigne, ſortit de Rome, & ſe retira dans une Ville de Toſcane. Lors que cette nouvelle ſe fut répanduë dans toute l'Europe, on eut d'abord peine à la croire, ou du moins on s'imaginoit que jamais on n'en fût venu à de ſi grandes violences, ſi cet Ambaſſadeur ne ſe les étoit attirées. Tout ſon crime apparent étoit d'avoir remis de quelques jours à rendre viſite le premier aux Parens ſéculiers du Pape. Ce

F

point de cérémonie n'étant point encore reglé, le Duc voulut auparavant recevoir les ordres du Roy. Ils se plaignoient d'ailleurs de la fierté de ce Ministre, qu'on accusoit encore d'avoir détourné le Roy de donner à ces nouveaux Princes quelque pension considerable ; ç'en fut bien assez pour exciter leur haine : depuis ce temps-là il n'y eut point d'occasion où ils ne témoignassent non-seulement pour ce Ministre, mais encore pour tous les François, d'abord beaucoup de froideur, ensuite de l'inimitié : de jour en jour on en voïoit quelque étincelle ; moins ils osoient faire paroître le feu qui les devoroit, plus il eut de violence, quand enfin ne pouvant plus se contenir, ils le firent éclater. L'offense étoit si legere, (il n'y en avoit point) mais supposé qu'il y en eût, la vengeance étoit si cruelle, que quelques efforts que fist le Pape pour engager dans sa querelle l'Espagne ou quelque autre Prince, aucun n'y voulut entrer que pour le disposer à donner au Roy une pleine satisfaction. L'Espagne n'avoit garde de donner de secours aux Parens du Pape, elle avoit interêt d'humilier leur orgueil, pour les rendre moins entreprenans, & d'empêcher que leur querelle n'attirât, pour les châtier, les armes du Roy en Italie. Un autre avantage pour cette Couronne, c'est qu'en abandonnant le Pape, & le mettant par-là dans la necessité de faire ce que le Roy exigeroit, elle songeoit à allumer une haine irréconciliable, qui venant à se perpétuer dans la faction Chigi, pourroit être dans un Conclave, aussi nuisible à la France qu'utile aux desseins d'Espagne : enfin si la satisfaction qu'on feroit au Roy, augmentoit sa réputation & l'idée de sa puissance, elle excitoit de plus en plus la jalousie des autres Princes ; ainsi le Conseil d'Espagne resolut de demeurer neutre, & de porter le Pape à terminer ce different sans prendre les armes. Alexandre VII. n'étoit guére disposé à suivre ce conseil : Avant sa Promotion au souverain Pontificat, c'étoit un homme austére, sans attache pour ses Parens, ennemi des plaisirs, & qui vouloit toujours avoir une biére devant les yeux pour ne point perdre d'un moment la pensée de la mort ; mais depuis son exaltation, n'aïant

F ij

plus rien à esperer, il étoit devenu magnifique dans ses habits, somptueux dans ses meubles, délicat dans sa table, & si tendre pour ses Parens, qu'il leur donna des biens immenses. Quand aprés une vie auſtére on devient senſible aux plaiſirs & à la vanité du monde, moins on a goûté ses douceurs, & plus on s'y abandonne. L'idée qu'avoit le Pape de ses forces & de sa puiſſance, sa tendreſſe pour sa famille, son antipatie pour la France, le firent resoudre d'abord, ou de refuser satisfaction, ou du moins de la differer tout le plus tard qu'il le pourroit, esperant qu'avec le temps les choses changeroient de face. Quelque sujet qu'eût le Roy de se plaindre du Pape, & quelques moïens qu'il pût avoir de se venger de cette injure, son respect filial, & son attache pour le Saint-Siege, suspendit pendant plus d'un an un si juste reſſentiment. D'un côté le reſſentiment de l'injure, de l'autre la conſidération de la Guerre qu'il alloit faire dans un Païs si éloigné, contre le Pere commun de tous les Fideles, tenoient son esprit en balance. Il y avoit de la honte à retarder la vengeance, peu de peril à la poursuivre, point de défaite à craindre, mais peu d'honneur à esperer de la victoire : enfin voïant que la Cour de Rome abusoit de sa patience, il fit filer des Troupes du côté d'Italie, se saisit du Comtat, & s'en alloit passer les Alpes, quand le Pape, ouvrant les yeux, crut devoir préférer une Paix necessaire, quoique peu glorieuse, à une Guerre sans apparence de succés. Ses Parens eux-mêmes lui firent prendre ce parti, trouvant bien plus d'avantage à emploïer à leur profit les deniers extraordinaires que le Pape avoit levez, qu'à se rendre odieux en troublant la Paix d'Italie, & en osant se mesurer avec le plus grand Roy de la Chrêtienté. On conclut donc à Pise (le Roy n'avoit pas voulu que le Traité se fist à Rome) que le Pape envoiroit en France le Cardinal Patron en qualité de Legat, pour desavouer l'action des Corses; *Le Cardinal Chigi.* Que le Legat protesteroit, que ni lui ni aucun de sa Maison n'avoient point eu de part à cet attentat, & que doresnavant ils donneroient au Roy des témoignages de leur zele, de leur obéïssance & de leur fidelité; Que le Frere de sa Sainteté feroit par écrit une même protestation, & sortiroit de Rome jusques à ce que le Legat eût fait la réparation ; Que le Cardinal Imperiale viendroit en France se justifier, & se remettre, s'il le faloit, à la discrétion du Roy; Que toute la Nation Corse seroit déclarée incapable de jamais servir dans tout l'Etat Ecclesiastique ; & que pour flétrir à jamais la fureur de ces Insolens, on éléveroit une Piramide vis à vis de leur Corps-de-Garde, sur laquelle seroit gravé l'Arrest de leur proscription. Par le même Traité les Ducs de Parme & de Modene, & les Seigneurs Romains attachez à la France, obtinrent, par sa protection, des avantages considerables : ainsi le respect qui est dû au premier Roy de la Chrêtienté, fut hautement rétabli dans Rome. Le Traité fut executé ;

Le 3. Juillet 1664. le Legat vint en France ; la Piramide fut élévée, & ce ne fut que cinq ans aprés, que

1667. le Roy permit de la raser, à la priere de Clement IX. qui avoit succedé à Alexandre VII.

IL RETIRE DUNKERQUE DES MAINS DES ANGLOIS. Rien n'étoit plus beau pour le commencement d'un Regne, que d'avoir triomphé, sans tirer l'epée, dans deux occasions d'un si grand éclat. C'étoit un effet de la réputation du Roy, qui augmentoit de jour en jour, & qui l'année d'auparavant que le Traité de Pise eût fini l'affaire des Corses, avoit reçu un nouveau lustre, en retirant Dunkerque, & en le rachetant beaucoup moins qu'il n'eût coûté à le reprendre. Aprés la prise de cette Ville, nous fûmes contraints de la livrer aux Commissaires de CromWel, en execution d'un Traité que l'on avoit fait avec lui. C'étoit un malheur d'avoir été obligez de mettre une Clef du Roïaume dans les mains de ces Etrangers, qui profitant des conjonctures, pouvoient y causer un jour d'extrêmes desordres. Dés que le Roy commença à gouverner lui-même, il n'attendoit que le moment de faire repasser la Mer à de si dangereux Voisins, & de rentrer dans sa conquête. Charles II. Roy d'Angleterre, aïant été rétabli, l'occasion fut d'autant plus belle de traiter avec lui, qu'il ne pouvoit être en état de soûtenir une dépense telle qu'il la faloit, pour entretenir à Dunkerque une Flotte dans le Port, & dans la Ville un Corps de Troupes qui la pussent défendre de l'infulte de fes Voifins ; cependant cette négociation n'alla pas auffi vîte qu'on l'eût fouhaité, tant par la jaloufie des Puiffances voifines, que parce que le Roy d'Angleterre avoit peine à abandonner un pofte fi avantageux, & fi fort à fa bien-féance. Ce n'étoit plus cette Bicoque qu'on avoit prife & reprife avant la Paix des Pirenées ; c'étoit une des meilleures Places de toutes l'Europe. CromWel l'avoit fortifiée pour fervir dans l'occafion, ou d'azile pour lui, ou de porte aux Anglois pour entrer en France quand ils le voudroient. D'un autre côté, les Efpagnols faifant des offres beaucoup plus fortes que les nôtres, la Hollande en faifant auffi, chacun aïant des raifons qui balançoient la préférence, ce fut un ouvrage de la plus fine Politique, d'avoir fçû retirer une Place de cette importance pour quatre millions, malgré toutes les traverfes & les intrigues des jaloux. Le Roy fut en pofte y donner lui-même fes ordres, auffi-tôt qu'on lui eût mandé que fes Troupes y étoient entrées.

Le 30. Novembre 1662.

Ces grandes affaires ne l'occupoient pas tout entier ; & quelques foins qu'il y donnât,

nât, elles ne l'empêchoient point de travailler en même temps à rétablir la Discipline Militaire, & à remédier aux abus qui s'étoient glissez dans l'Etat. Jusques à la Paix, la licence avoit regné parmi les Troupes avec impunité, & leurs excés étoient venus à un point de déréglement, qui sans doute eût été fatal, non seulement aux Particuliers, qui souffroient de ces violences, mais même au corps de l'Etat, si le Roy n'y eût donné ordre. Comme il sçavoit d'ailleurs qu'on ne doit rien attendre des plus Vaillans hommes du monde, s'ils vivent sans regle & sans discipline, il resolut de la rétablir par de sages Reglemens, & par une exacte, mais discrete sévérité à les faire exécuter. Personne n'étant exempt de les observer ; les Troupes ne manquant de rien, en santé ni en maladie ; tous les emplois, grands & petits, n'étant plus donnez qu'aux gens de service, & à proportion du merite, tout changea de face. L'amour de la belle gloire, l'estime qu'on faisoit du Roy, le desir de lui plaire, la crainte de la punition, l'esperance des récompenses, cet heureux mélange de vûës & de

IL RETABLIT LA DISCIPLINE MILITAIRE.

G

passions fit une telle impression, qu'on eut autant d'empressement à faire son devoir, qu'on avoit eu auparavant de négligence & de mépris à s'en acquiter. Le bon ordre se rétablit, & peut-être n'a-t'on jamais vû de Troupes mieux disciplinées, que l'ont été celles de France sous le Regne du Roy. Quoi qu'à la Paix des Pirenées il en eût congedié la plus grande partie, il reserva toute l'élite, qu'il renforçoit de temps en temps pour garnir ses Places, & pour avoir toujours sur pied un corps si considerable, qu'il pût tenir dans le respect ses Peuples & ses Voisins. Quelle assurance y a-t'il sur la soumission des uns & sur la bonne foi des autres, si la réputation du Prince n'est soutenuë par la force ? Pour aguerrir ses Troupes, tous les ans il formoit un Camp, où sans verser de sang on donnoit des Batailles, on assiégeoit des Places. Il a toujours continué dans les intervalles de Paix avec tant d'utilité, que rien n'a plus contribué à toutes ses Victoires, que d'avoir par ces Campemens, ces Revües & ces Exercices, entretenu ses Troupes dans une severe discipline, formé de bons Officiers,

& appris aux uns & aux autres le métier de la Guerre. Michel-François le Tellier Marquis de Louvois, Ministre & Secretaire d'Etat, contribua par sa vigilance à rétablir la discipline & le bon ordre dans la Guerre. Jamais homme n'a mieux entendu le détail des Troupes, la fortification des Places, & tout ce qui regarde l'entretien d'une grande Armée. Il étoit d'une activité merveilleuse; ferme, décisif, hardi en ses entreprises, heureux à y réüssir. Il n'y a guére eu de Ministre qui en executant les ordres du Prince ait plus mérité de l'Etat. Il étoit fils aîné de Michel * le Tellier, Ministre & Secretaire d'Etat, ensuite Chancelier de France, qui rendit de si grands services pendant la Minorité, par ses sages Conseils & par sa fidelité.

* Michel le Tellier, Chancelier de France, eut deux fils : Michel-François Marquis de Louvois, Ministre & Secretaire d'Etat ; & Charles-Maurice Archevêque-Duc de Rheims, Premier Pair de France, Conseiller d'Etat ordinaire, Proviseur de Sorbonne, &c.

Le Roy n'eut pas moins d'ardeur à faire rendre la Justice, estimant les bons Juges, couronnant leur vertu de loüanges & de récompenses, méprisant ceux qui n'entrent en Charges & ne les achetent si cher, que pour contenter leur orgueil, & faisant châtier les autres qui abusent de leur pouvoir, & commettent des injustices. Pour

LA JUSTICE.

bannir la chicanne & la proscrire à jamais, ou, s'il n'est pas possible, pour retrancher du moins ces malignes subtilitez, qui perpetuent les procés, il fit faire un nouveau Code ; & comme les plus belles Loix sont inutiles & steriles, si les Juges, dont le devoir est de les faire observer, n'en ont aussi la volonté ; il se faisoit de temps en temps rendre compte de l'exécution, recommandant au Chancelier d'y tenir la main, & de prendre bien garde, que tous les Magistrats fussent éxacts à rendre justice, & à n'avoir aucun égard dans la punition des crimes, qu'à la tranquillité publique. Pour en donner l'exemple il tint lui-même le Sceau pendant environ trois mois ; s'il faisoit grace dans les fautes ou de foiblesse, ou de malheur, il étoit infléxible à châtier les crimes publics, & principalement les Duels, de peur qu'une trop grande indulgence n'attirât le mépris de l'autorité, & ne fist perdre, par des douceurs à contre-temps, le respect qu'on ne peut sauver, que par de justes châtimens.

Aprés la mort du Chancelier Seguier.

Il fait fleurir les Sciences et les Arts. Cette fermeté & ce zele pour la justice répandirent insensiblement dans tous les

DE LOUIS LE GRAND. *Liv. II.* 53

Ordres du Roïaume un esprit de droiture, & de l'exactitude à remplir chacun ses devoirs. On joüissoit d'un doux repos sous la protection des Loix, sans craindre ni l'avarice du méchant Juge, ni l'oppression des Grands, dont on punit les violences ; moïen assuré de prévénir les factions qui s'élevent dans un Roïaume ; quand le Prince tient ainsi tous les Ordres dans le devoir, les Peuples ne respectant plus d'autre autorité que la sienne, on ne doit point apprehender qu'ils se révoltent. Les Sciences & les Arts fleurirent plus que jamais sous un Prince, qui a du goût, & qui prenoit plaisir à combler de biens & d'honneurs les hommes rares & excellens ; rien ne fait plus d'honneur au Prince, & de bien à l'Etat, que de cultiver les beaux Arts. Les liberalitez du Roy attirant de toute l'Europe ce qu'il y avoit de gens d'élite en toutes Professions, il forma de ces Etrangers & des François les plus habiles, des Academies, de Sciences, de Peinture, de Sculpture, d'Architecture & de Musique, où ces grands Maîtres & leurs Eleves s'efforcerent à l'envi, par mille beaux Ou-

Grands-Jours de Clermont.

G iij

vrages, plus finis les uns que les autres, d'arriver à la perfection. Profitant du talent de ces excellens Ouvriers, il fit faire ces superbes Meubles, qui n'ont rien d'égal ni pour le dessein ni pour le travail, & fit bâtir de tous côtez, & principalement au Louvre, dont la Façade est estimée un des morceaux d'Architecture les plus beaux qu'il y ait au monde. A l'exemple du Prince, chacun selon ses forces, se piqua de faire bâtir; Paris s'accrut de jour en jour; ses Ruës furent élargies, ses Carrefours ornez de Fontaines, la Riviere bordée de Quais; & presque toutes ses maisons rebâties d'un air de grandeur, de politesse & de bon goût, qu'on n'avoit point eu jusques-alors. Les Curieux & les Etrangers y accouroient de toutes parts, la Paix y regnoit par la bonne Police que le Roy y faisoit garder; tout y étoit en abondance dans le temps même de la disette, les liberalitez & la prévoïance du Prince avoient sçû conserver le bon marché des vivres.

Bleds distribuez au Louvre en 1662.

COMMERCE.

Paris n'étoit pas seul qui joüissoit de ce bonheur, les Provinces avoient leur part à la félicité publique, par l'application du Prince à répandre les richesses de tous côtez, en faisant fleurir le Commerce. Quelque utilité qu'il apporte, & quelque commodité que l'on ait pour y réüssir dans un Roïaume comme la France, baigné des deux Mers, coupé de Rivieres, & abondant en toutes choses, le Commerce neanmoins y étoit presque abandonné, soit parce que ce n'étoit pas le génie de la Nation, soit parce que depuis long-temps le Royaume avoit été dans des Guerres continuelles, ou étrangeres ou civiles ; le Roy n'épargna rien pour le rétablir ; il diminua ses droits, supprima tous ceux qu'on levoit sur les Rivieres du Roïaume, établit des Manufactures de toutes les sortes, qu'il ne dédaignoit pas de visiter de temps en temps, pour illustrer les Arts ; & fit travailler à ses frais à la jonction des Mers, à celle des grandes Rivieres, & à rendre navigables les autres, qui auparavant ne l'avoient point encore été, ou qui avoient cessé de l'être. Non content d'avoir ordonné un Conseil de Commerce, qui se tenoit en sa presence, il fit faire des Compagnies, qui portant le trafic dans toutes les parties du monde, y répandroient aussi la gloire & la réputation du Prince. Il leur donna des Privileges, de l'argent & de ses vaisseaux, pour faire leurs avances, & des escortes à ses dépens pour conduire leurs flottes dans une pleine sûreté. En faveur du Commerce il entreprit encore de faire un établissement sur la Côte de Barbarie, moins pour s'y ménager un Port & pour étendre ses Conquêtes, que pour tenir en bride les Pirates qui la dominent, & qui desolent le negoce. Ce dessein réussit d'abord, on s'empara de Gigery, on se maintint pendant trois mois, quoique l'on y manquât de vivres & de munitions. Les forces des Ennemis augmentant de moment à autre ; d'un autre côté, la famine & la peste survenuës en Provence, aïant retardé les convois, les Troupes furent obligées d'abandonner cette Conquête, & de s'en revenir en France. Cette entreprise fut malheureuse ; elle coûta de grands frais ; on y perdit de bonnes Troupes, & un peu de réputation.

<small>Entreprise de Gigery.</small>

<small>Le 19. Juillet 1664.</small>

<small>Le 31. Octobre 1664.</small>

<small>IL DONNE SECOURS A L'EMPEREUR.</small>

Ce malheur étoit peu de chose, en comparaison de la gloire que les François avoient

avoient acquife deux ou trois mois aupa-   *Le 1. Août 1664.*
ravant. Les Turcs & les Tartares étant   Leopold pre-
venus fondre en Hongrie, l'Empereur de-   mier du nom,
manda du fecours au Roy, qui lui donna   Empereur d'Al-
fix mille hommes. Ces Troupes fe figna-   lemagne.
lerent en toutes les occafions, & principalement à la Bataille de Saint-Godard. Sept
ou huit mille Turcs des plus déterminez,
aïant paffé une Riviere qui feparoit leur
Camp de celui des Chrêtiens, les attaquerent à l'improvifte, d'une telle furie, que
l'aîle droite lâcha le pied, & fans beaucoup
de refiftance. C'étoit fait de l'Armée Chrê-
tienne, fi les Troupes Françoifes ne fuffent
accourües de l'aîle gauche, où elles étoient,
& n'euffent, comme autant de foudres,
percé à travers des Turcs ; elles en firent
un fi grand carnage, qu'il en demeura fur
la place plus de cinq à fix mille. La Victoire fut complette ; des Etendards & des
Drapeaux en quantité, feize pieces de Canon, ces huit mille déterminez, ou tuez,
ou culbutez dans la Riviere, le refte mis
en fuite, & fi épouvanté, que quoique le
Grand-Vifir eût encore quarante mille
hommes, il conclut peu de jours aprés,

H

une Tréve de vingt-**** années.

Aux Provinces-Unies.
En 1665.

La protection du Roy ne fut pas moins utile aux Provinces-Unies, que son secours l'avoit été à l'Empereur. Le Roy d'Angleterre leur aïant déclaré la Guerre,

Contre l'Evêque de Munster.

& suscité en même temps un Voisin fâcheux, qui avoit toujours quelque querelle à leur faire, du courage pour l'entreprendre, & des forces pour la soûtenir (c'étoit Bernard Van-Galen, Evêque de Munster, homme boüillant & inquiet, plus Capitaine que Prelat) ils furent d'autant plus surpris, qu'étant en Paix depuis cinq ans, ils avoient congedié leurs Troupes, & n'avoient conservé que ce qu'il en faloit pour garder leurs Places. L'Evêque les desoloit; son Armée avoit inondé une de leurs Provinces, il avoit pris des Places, ravagé le Païs, & jetté un si grand effroi, que tout plioit sous lui. Dans cet embarras, les Etats eurent recours au Roy, qui fit marcher à leur secours six mille hommes de pied & deux mille chevaux. Rien n'avoit pû jusques-alors arrêter la rapidité & les conquêtes de l'Evêque ; mais la crainte des forces de France r'allentit tellement sa premiere impetuosité, qu'il consentit trois mois aprés, à licentier ses Troupes, à rendre ce qu'il avoit pris, & à laisser les Etats en Paix. Le Traité de Cleves les aïant délivrez d'un aussi fâcheux Ennemi, ils ne songerent plus qu'à continuer la Guerre contre les Anglois. Dés le commencement, les Etats Généraux avoient demandé au Roy du secours pour la soûtenir, ou sa médiation pour la détourner ; le Roy, à leur priere, avoit envoïé à Londres une Ambassade solemnelle pour y négocier leur Paix. Le Roy d'Angleterre accepta la médiation, on commença les Conferences ; mais à peine eut-il appaisé quelques saillies de Fanatiques, que sans attendre le succés de ces Négociations, sa flotte se mit en mer, & fut chercher celle de Hollande jusques dans ses Ports. Cette conduite aïant obligé le Roy à faire avec les Etats une Ligue offensive, la Guerre s'alluma plus que jamais. Ce ne fut pendant deux Etez qu'un tonnerre continuel entre les Côtes d'Angleterre & celles de Flandre, tant il s'y donna de cruels combats. La Victoire se joüoit des uns & des autres,

Aux mêmes. Contre les Anglois en 1666.

En 1665. & 1666.

aujourd'hui paffant d'un côté, demain s'enfuïant de l'autre; chacun fe difoit Vainqueur, & perfonne n'avoüoit fes pertes; cependant quelque gloire que les Hollandois fe flattaffent d'avoir remporté, ils ne refpiroient que la Paix, la Guerre ruïnant leur Commerce, & ces demi-triomphes ne faifant qu'épuifer leurs forces. Les Anglois irritez moins de leurs pertes, que de honte, ne fongeoient qu'à rompre la Ligue, & qu'à nous détacher; mais le Roy aïant protefté, qu'il n'abandonneroit jamais l'intereft de fes Alliez, enfin la Paix fe conclut à l'avantage des Etats.

Paix de Breda, le 31. Juillet 1667.

Droits de la Reine sur quelques Provinces des Pais-Bas.

Deux mois avant ce Traité, le Roy étoit entré en Flandre pour fe faire juftice des Droits de la Reine : Elle en avoit de fi certains fur le Duché de Brabant & fes dépendances, fur la haute Gueldre & le Luxembourg, fur la Franche-Comté, fur Mons, Anvers & Cambray, fur Malines, Limbourg & Namur, & fur les Villes d'outre-Meufe, que le Roy fous des noms mafquez aïant fait propofer l'Efpece aux plus fameux Jurifconfultes des Païs ennemis, tous répondirent que ce droit étoit fans difficulté.

Dans la Coûtume de ces Provinces, c'est une Loy inviolable, que les Enfans du premier lit font proprietaires des biens, du jour de la mort d'un des deux Epoux, & que le furvivant n'en a plus que la joüiffance. D'un Prince & d'une Princeffe, que le Roy d'Efpagne avoit eu d'Ifabelle fa premiere femme, il ne reftoit plus que la Reine ; ces Provinces étoient donc à elle, & felon la Coûtume, qui regle les fucceffions auffi-bien pour les Souverains, qu'à l'égard des particuliers, elle en étoit proprietaire. A la vérité on l'avoit obligée dans le temps de fon mariage, de renoncer à tous fes droits ; mais outre que cette Princeffe ne pouvoit renoncer à des droits acquis, il y avoit tant de nullitez dans l'Acte que l'on lui fit faire, que de l'aveu des gens habiles & defintereffez, il ne fe peut pas foutenir. Elle renonce à tous fes droits fans en fpecifier aucun, elle y renonce fans les connoître, & fans avoir examiné l'importance de ce qu'elle faifoit ; elle renonce n'étant point en âge, & par obéïffance. L'autorité de Pere, celle de Roy, l'ignorance de fes intérêts, fon peu d'expérience,

Le Prince Balthafar. Philippe IV.

par-dessus tout cela, la passion d'avoir pour Epoux un Prince bien fait, & le plus grand Roy de l'Europe, ne laisserent point à l'Infante assez de force ou de lumieres pour resister au Roy son pere, & pour ne pas faire à l'aveugle, tout ce que l'on voulut. On la fait renoncer à l'esperance de succeder à l'Empire des Indes, aux Roïaumes de Castille & d'Arragon, de Sicile, de Naples, de Sardaigne, de Mayorque, au Duché de Milan, & à la Souveraineté de neuf Provinces des Païs-Bas : Espérance d'autant plus prochaine, que le Prince son Frere étoit déja si infirme, qu'on ne croïoit pas qu'il dût vivre. On la fait, dis-je, renoncer sans lui donner de récompense, que cinq cent mille écus d'or qu'on lui devoit d'ailleurs pour la restitution de la dot de sa Mere. On ne peut guére s'imaginer de lézion plus énorme ni plus injurieuse. Une autre nullité, c'est que ce dédommagement, si on peut l'appeller ainsi, ne lui a point été païé du vivant du Pere, ni aprés sa mort, ni offert dans le temps préfix, quoique la Reine n'eût renoncé que moïennant, dit le Con-

Charles II. Roy d'Espagne.

trat, un païement effectif, dans de certains termes. Quand un Acte est conditionnel, c'est un principe que sa validité dépend de l'accomplissement des clauses. Un autre vice de cet Acte, c'est qu'il n'est revêtu d'aucune des solemnitez qui sont requises par les Loix. Comme l'ordre de succeder aux Couronnes & aux Empires, est une Loi fondamentale, on ne peut point changer cet ordre, qu'on n'assemble les Peuples, & qu'ils ne consentent à ce changement. La Reine étant héritiere, & la plus proche, aprés son frere, de la succession d'Espagne, il faloit, pour exclure & dégrader cette Princesse, que le Roy Catholique assemblât les Etats de tous ses Roïaumes, & que la Reine, en leur presence, eût renoncé à tous ses droits, tant pour elle que pour ses Enfans ; & qu'enfin sa renonciation fût publiée dans tous les lieux de la domination d'Espagne. Pas une de ces circonstances n'aïant été observée, on ne peut regarder cet Acte, que comme un Acte clandestin, fait sans liberté & sans connoissance ; & de la part d'Espagne, que comme un pur prestige d'ambition & de politique, qui violant toutes les Loix, n'a jamais pû donner d'atteinte à aucun des droits de la Reine, ni à ceux du Prince son Fils. Quoi qu'ils fussent certains, & le Roi en état d'en tirer raison, il offrit neanmoins d'écouter des propositions. La Reine sa Mere emploïa tous ses bons offices pour réduire les Espagnols, ou à rendre justice au Roy, ou à profiter de la grace qu'il leur offroit de prendre un équivalent, & même de se relâcher d'une partie de ses droits, en le satisfaisant sur l'autre; ces avances furent inutiles, & la Reine mourut sans avoir réussi. Le regret de cette perte fut universel, & certes avec sujet, puisque la France n'a point eu de Reine d'un plus grand merite; C'étoit une belle femme, mais encore une plus belle ame, ame noble, élevée, aimant à faire du bien, dans la haute pieté, civile & honnête, & s'attirant par ses maniéres autant d'amitié que de respect. Aprés sa mort, le Roy fit faire à Madrid de nouvelles instances. Dans l'état où étoient les forces d'Espagne, on pouvoit l'estimer heureuse, si ses pertes, en cas de rupture, se trouvoient moindres que sa crainte. Ses

Mort de la Reine-Mere, Anne d'Autriche, le 20. Janvier 1666.

Places

Places de Flandre étoient en méchant état : elles manquoient de munitions ; il n'y avoit presque point de Troupes, les Fortifications en avoient été négligées ; cependant soit qu'elle espérât du secours de ses Alliez, soit qu'elle ne refléchît pas assez sur les forces & sur la fermeté du Roy, jamais il n'en put tirer ni satisfaction de ses droits, ni espérance de l'obtenir : ainsi aprés avoir attendu dix-huit ou vingt mois, il falut en venir aux armes.

Il entra donc en Flandre à la tête de trente-cinq mille hommes commandez sous ses ordres par le Vicomte de Turenne. En même temps il ordonna deux Camps volans, l'un dans le Luxembourg sous le Marquis de Crequy, pour veiller sur les Allemans, & l'autre le long de la Coste sous le commandement du Maréchal d'Aumont, qui prit Bergues & Courtray, chacun en deux jours, Dixmude en un, Furnes en douze heures, & Armentieres dans le moment que les Troupes s'y presenterent. L'Armée du Roy ne trouva point de son côté une plus grande résistance ; Charleroy étoit démoli, Binche & Ath ouvrirent

LE ROY SE FAIT JUSTICE DES DROITS DE LA REINE en 1667.

François de Crequy Maréchal de France en 1668.
Antoine d'Aumont Maréchal de France en 1651.

leurs portes, Tournay ne tint que deux jours, Doüay & son Fort autant, Oudenarde vingt-quatre heures, Alost une matinée ; & de treize ou quatorze Places presque toutes fortifiées, qu'on prit en moins de quatre mois, L'Isle fut seule qui soutint onze jours de tranchée ouverte. C'est une grande ville, bien fortifiée, & la plus peuplée de tout le Païs : Il y avoit dedans trente mille hommes portant les armes, quatre mille de Troupes reglées, un Gouverneur habile, & quantité d'Officiers qui s'y étoient jettez pour se signaler à ce Siege. Sur l'avis qu'eut le Roy, que le Comte de Marcin avançoit pour la secourir, il détacha le Marquis de Crequy, qu'il avoit rappellé avec son Camp volant, & l'envoya occuper les passages par où Marcin pouvoit venir. La Ville s'estant renduë, le Roy, sans s'y arrêter, marcha droit aux Ennemis ; mais Crequy d'un côté, & Bellefons d'un autre, les avoient déja mis en fuite, ils en taillerent cinq-cens en piéces, leur prirent des tymbales & des étendards, & firent trois cens prisonniers, parmi lesquels il y avoit des Colonels, des Ca-

General de l'Armée d'Espagne.

Bernardin de Gigaut de Bellefons, Marêchal de France en 1668.

pitaines, & des Officiers Généraux. Marcin, qui avoit dans les mains toute la fortune de la Flandre, ne songeant plus qu'à se sauver, jetta dans les Places ce qui put échapper à la bravoure des Vainqueurs. Ces progrés inoüis donnerent d'autant plus d'allarme aux Princes voisins, qu'ils craignoient que l'année suivante ce torrent de bonne fortune n'emportât aussi aisément tout le reste des Païs-Bas. Il y avoit eu pendant long-temps une haine implacable entre les Espagnols & les Hollandois ; mais comme entre les Puissances l'amitié & la haine ne roulent que sur l'intérêt, ces deux Nations se réünirent aussi-tôt, que l'une effraiée ne trouva plus de sureté qu'à donner du secours à l'autre. Pour empêcher le Roy de conquerir toute la Flandre, les Hollandois firent une Ligue avec l'Angleterre & avec la Suéde, par laquelle ces trois Puissances s'engageoient, pour sauver la Flandre, de fournir chacune quinze mille hommes par terre, & leur part de l'Armée navale (on nomma ce Traité *la Triple Alliance* ;) cependant comme le but de ces Puissances étoit plus de se faire

Le 23. Janvier 1668.

I ij

craindre, que d'entrer en Guerre, elles offrirent leur médiation, protestant de se declarer contre celle des deux Couronnes qui ne voudroit faire la Paix. Tout victorieux qu'étoit le Roy, il n'en avoit pas moins de disposition à la Paix, & quoique ses prétentions fussent bien plus considerables, que ce qu'il avoit pris, il offrit de se restraindre à ses Conquêtes. Cette proposition fut mise en déliberation dans l'Assemblée d'Aix-la-Chapelle ; mais les Ambassadeurs d'Espagne tirant l'affaire en longueur, le Roy soit pour les contraindre d'accepter promptement ses offres, soit pour ne point perdre le temps de poursuivre les Droits de la Reine, prit la Franche-Comté au milieu de l'hiver : Il partit en relais, sans que les neiges ou les frimats, ni les Rivieres débordées, ou les mauvais chemins pussent ralentir son ardeur, ni arrêter sa marche. Il fut heureux & bien servi ; toute la Province se soumit en moins de huit jours. Cette Conquête étonna si fort non seulement les Espagnols, mais encore les Médiateurs, que tous offrirent au Roy d'accorder ce qu'il demandoit, pourvû que de

En Février 1668.

son côté il voulût rendre la Comté. Cette Province l'accommodoit, cependant il aima mieux l'abandonner, que de continuer la Guerre, d'autant plus que les Alliez, étant plus puissans sur mer qu'il ne l'étoit en ce temps-là, eussent pû faire quelque descente, ravager nos Côtes, & ruïner nôtre Commerce ; ainsi la Paix se conclut entre les deux Couronnes, le Roy rendit la Comté, les Fortifications rasées, & les Espagnols lui cederent toutes ses Conquêtes de Flandre, & leurs dépendances. *Paix d'Aix-la-Chapelle, le 2. Mai 1668.*

La Paix de l'Etat fut bien-tôt suivie de celle de l'Eglise, que des disputes sur la Grace avoient si fort agitée depuis quinze ou vingt années, qu'elle avoit tout à craindre de ces mouvemens, si le Roy n'avoit ramené la tranquillité & le calme. Chose étrange ! Que la Religion qui devroit être parmi les hommes un lien de charité, ne devienne que trop souvent un sujet d'aigreur & de contestation ! Les Partis naissent des differentes opinions ; l'attachement aux Partis cause des Guerres & des Revoltes ; ainsi le Prince qui sçait gouverner, ne peut être trop attentif à étouffer dans leur IL ETEINT LE JANSENISME DANS SON ROÏAUME.

I iij

naissance les disputes de Religion, & quand le temps les a calmées, à empêcher qu'elles ne renaissent. Autant qu'il est certain, que l'homme ne peut sans la Grace faire aucune œuvre qui soit digne d'une récompense éternelle, autant est-il difficile d'expliquer de quelle maniere la Grace opere dans l'homme ; c'est un mystere que l'on ne peut approfondir sans courre de risque, si l'on n'a plus de docilité, qu'on ne croit avoir de pénétration. Dans quel aveuglement ne tombe-t-on point quand avec beaucoup de lumiéres on a peu d'humilité & de soumission ? Ces épineuses questions avoient été agitées entre deux Ordres Religieux, sous le Pontificat de Clement VIII. qui ordonna, pour en connoître, une Congregation composée de Cardinaux & des Theologiens les plus doctes qu'il y eût à Rome. Paul V. rétablit la Congrégation dans le dessein de décider ; mais des affaires plus pressées aïant détourné ses vûës, ces grands préparatifs ne produisirent autre chose, qu'un Decret de l'Inquisition, qui défendoit à tout le monde d'écrire ou de disputer, ni de s'entr'accuser de témérité

Son differend avec la Republique de Venise.

ou d'erreur fur les matiéres de la Grace : Ces défenfes n'empêcherent point qu'un Evêque de Flandre, homme docte & profond, n'écrivît fur cette matiére avec d'autant plus de feu, qu'il croïoit l'avoir épuifée, à force de creufer & de lire faint Auguftin, que l'on a toujours regardé comme l'Oracle de la Grace. L'Evêque fe flattoit d'avoir enfin demêlé le vrai fens de ce faint Docteur, & d'en avoir reffufcité la pure Doctrine, oubliée, à ce qu'il prétend, depuis plus de cinq-cens ans dans les Ecoles Catholiques. Toutes fes promeffes ne purent garentir fon Livre ; Urbain VIII. le profcrivit, fans flétrir en particulier aucun de fes dogmes, mais feulement avec cette notte, que ce Livre renouvelloit des erreurs déja condamnées par Pie V. & Gregoire XIII. La France jufques-là n'avoit point eu de part à cette querelle. Mais ce Livre ne fut pas long-temps fans y faire éclat ; de fçavans Solitaires s'étant dévoüez à le défendre, gens d'un grand zele, d'une Morale févere, d'une érudition de toutes les fortes, écrivant fur toute matiére avec beaucoup de politeffe, du refte har-

Corneille Janfenius, Evêque d'Ipre.
Ce Livre fut imprimé à Paris pour la premiere fois en 1639.

dis, ne ménageant personne, comme font ordinairement ceux qui se passionnent pour les Nouveautez. La réputation de l'Auteur, l'importance de la matiére, le nom vénérable de saint Augustin, qui fait le titre du Livre, le merite de ses Défenseurs, leurs intrigues & leurs mouvemens le rendirent en peu si célébre, que chacun ne s'entretenoit que de la Grace victorieuse & de sa toute-puissance sur le libre Arbitre: d'un autre côté, d'autres Sçavans aïant soutenu, que l'Evêque dans cet ouvrage ne faisoit que renouveller les erreurs de Calvin sur les Mysteres de la Grace, les esprits s'échaufferent tellement, qu'on en pouvoit apprehender quelque révolution, si des Evêques pleins de zele n'eussent eu autant de vigueur à étouffer ces nouveautez, que ceux qui les défendoient, avoient d'ardeur à les répandre. La Guerre qu'on avoit avec les Etrangers, & les troubles qui régnoient dans tout le Roïaume, empêchant qu'on ne pût tenir ni un Concile National, ni celui de chaque Province, quatre-vingt-cinq Evêques écrivirent à Innocent X. pour supplier sa Sainteté de finir ces contestations,

DE LOUIS LE GRAND. Liv. II.

tions, en decidant ce qu'on doit croire sur cinq Propositions, qu'ils disoient être les principes, & contenir en abregé tout le Sistême & tout le suc du Livre de Jansenius. Ses Disciples de leur côté députerent à Rome, & y soutinrent sa Doctrine, tant dans les Audiences que le Pape leur accorda, que dans les Congrégations qui se tinrent en sa présence sur cette importante matiere. Tous ces efforts ne purent conjurer la foudre, ni empêcher que le Saint-Pere ne condamnât comme héretiques les cinq Propositions.

Les cinq Propositions sont
I.
Quelques Commandemens de Dieu sont impossibles aux hommes justes, lors même qu'ils veulent & s'efforcent de les accomplir selon les forces qu'ils ont presentes, & la Grace leur manque par laquelle ils soient rendus possibles.

II.
Dans l'état de la nature corrompuë, on ne resiste jamais à la Grace intérieure.

III.
Pour mériter & démeriter dans l'état de la Nature corrompuë, la liberté qui exclud la nécessité, n'est pas requise en l'homme, mais suffit la liberté qui exclud la contrainte.

IV.
Les Semipelagiens admettoient la nécessité de la Grace intérieure prevenante pour chaque acte en particulier, même pour le commencement de la Foy, & ils étoient Héretiques en ce qu'ils vouloient que cette Grace fût telle que la volonté humaine pût lui resister, ou lui obéir.

V.
C'est Semipelagianisme de dire que Jesus-Christ est mort, ou qu'il a répandu son sang generalement pour tous les hommes.

Avant la Constitution on n'avoit point douté qu'elles ne fussent de Jansenius, d'autant plus que ses Défenseurs les avoient soûtenuës en Flandre, en France & à Ro-

La Constitution d'Innocent X. est du 31. Mai 1653.

K

me, en public, en particulier, en chaire, & dans leurs écrits, comme la vraïe doctrine de saint Augustin; neanmoins à peine eurent-elles été condamnées, que ceux qui auparavant les avoient défenduës avec tant de passion, soûtinrent quelque temps aprés, que ces Propositions avoient été faites à plaisir; qu'elles ne se trouvoient point dans le Livre de Jansenius, ou du moins qu'il ne les avoit point enseignées dans le sens condamné, & qu'ainsi la Constitution n'avoit flétri ni cet Ouvrage, ni le mérite de l'Auteur. Les esprits s'étant animez avec autant de véhemence sur la question de fait, qu'ils avoient été agitez sur celle de droit, une Assemblée d'Evêques déclara

Le 9. Mars 1654. en termes exprés, Que les Propositions étoient de Jansenius, & condamnées dans son sens. Cette déclaration fut confirmée par un Bref, qui fut suivi d'un Formulaire : deux autres Assemblées ordonnerent que ce Formulaire seroit souscrit par les

En Mai 1654. Evêques & par les autres Ecclesiastiques
En Septembre 1656. de chaque Diocese : ces Ordonnances demeurerent sans execution, & l'affaire ne fit que languir jusqu'à ce que le Roy s'appli-

quât à la consommer. Quand il eut pris lui-même les resnes de l'Etat, un de ses plus grands soins fut de calmer ces troubles, qui r'appelloient dans sa memoire l'idée affreuse des malheurs que le Calvinisme a causez trente ans durant dans le Roïaume. Lors qu'il consideroit que cette Secte avoit fait mourir par la Guerre ou par les massacres plus d'un million de braves hommes, détruit deux ou trois-cens Villes, & presque anéanti les anciennes Familles & les plus opulentes; plus il faisoit d'attention sur toutes ces horreurs, plus il avoit d'empressement à étouffer dans le berceau un Parti naissant, qui pouvoit être dans la suite également funeste à l'Eglise & à l'Etat. Les Disciples de Jansenius refusant de signer le Formulaire de l'Assemblée, sous prétexte qu'il n'étoit point émané d'une autorité qui eût droit de les y contraindre, le Roy fit prier le Pape d'en envoïer un autre, & d'ordonner par une Bulle, qu'il fût signé de tout le monde. Mais quand la Bulle fut venuë, ils protesterent hautement qu'ils ne pouvoient en conscience souscrire aucun Formulaire où

La Constitution d'Alexandre VII. qui ordonne la signature du Formulaire qu'il envoïa, est du 15. Février 1665.

l'on fist profession de croire que les Propositions sont tirées de Jansenius & condamnées dans son sens : Que le Pape, ni l'Eglise même, n'étant point infaillible dans les choses de fait, on ne pouvoit éxiger d'eux une soumission aveugle ; Que les yeux & la raison sont naturellement les juges des faits; Qu'à la verité, Innocent & son Successeur, & trois Assemblées d'Evêques avoient rendu leur Jugement, & declaré expressément que les Propositions sont de Jansenius, & condamnées dans son sens, mais qu'ils ne pouvoient les en croire, aïant lû son Ouvrage avec autant de bonne foi que d'exactitude, sans y avoir vû ces Propositions. On répondoit, que parler de la maniére c'étoit dire en d'autres termes qu'en pleine connoissance, les Papes & les Evêques ont condamné injustement un Prélat innocent, & défendu comme héretique un Ouvrage qui n'enseignoit que la pure doctrine de saint Augustin. Quel desordre, disoit-on, si l'Eglise pouvoit se tromper jusqu'à défendre & reprouver comme l'ouvrage du Démon, un excellent Livre qui ne proposeroit que la plus saine verité ? Quoi qu'il soit véritable, à ne parler qu'en général, que dans les faits particuliers, l'Eglife n'eſt point infaillible, on ne peut pas diſconvenir que dans ceux qui ſont importans pour ſa tranquillité, pour ſa diſcipline, elle n'ait aſſez de lumiéres pour fixer ce qu'on en doit croire, autrement elle ne ſeroit plus la Colonne de vérité, ſi par une erreur groſſiere, elle pouvoit nous obliger ſous les peines les plus terribles, à recevoir comme certain un fait notoirement faux. Ces nouvelles difficultez allant à perpétuer la conteſtation, le Roy pour la terminer fit auſſi-tôt executer la derniere Conſtitution, exhortant les Evêques à faire ſigner le Formulaire ſans ménager perſonne, & ſans plus tarder, ordonnant à ſes Officiers de ſeconder leur zele, & de lui rendre compte de l'execution. Quand on vit que le Roy, bien loin de ſe relâcher redoubloit ſa ferveur à finir ces diſputes, tout obéït, & ceux d'entre les Prélats qui avoient toujours refuſé de ſouſcrire le Formulaire, s'étant ſoumis comme les autres, enfin le Janſeniſme fut éteint, les troubles ceſſerent, & la tranquillité ſe rétablit également dans l'Eglife, & dans l'Etat.

En Octob. 1668.

Dans ce calme profond le Roy reprit incontinent ses occupations de Paix, faisant bâtir de tous côtez, & principalement au Château de Versailles, qui d'un simple Rendez-vous de Chasse, devint presque tout d'un coup le plus beau lieu qui soit au monde : dans un terrain ingrat, sans eaux & sans ornemens, l'on vit en moins de deux ans des allées de grands arbres transplantez avec leurs racines, des bosquets & des Labirinthes, une forest d'Orangers, des statuës sans nombre du marbre le plus beau & le plus exquis, des vases de même, des bassins de tous les côtez, ornez de colosses de bronze ou de groupes de marbre, des jets d'eau une infinité d'une grosseur prodigieuse, un canal à perte de vûë, & tout ce qu'on peut trouver de rare & de surprenant dans les maisons les plus polies & les plus renommées : rien n'est plus magnifique que le bâtiment. A le voir de quelque éminence voisine, c'est bien le plus bel aspect que l'on se puisse imaginer : Les dedans du Palais ne sont pas moins augustes, ces admirables Tableaux qui ornent les Appartemens, ces

(marginal note: Versailles.)

DE LOUIS LE GRAND. *Liv. II.* 79

riches Peintures, où le premier homme du siécle a donné l'essor à ses belles imaginations ; ces tapisseries relevées d'or, & d'une beauté de travail qu'on ne peut assez estimer, ces gros meubles d'argent, cette prodigieuse diversité de Coupes, de Vases, & de Bassins qu'on voit sur les Buffets ; tous ces Ouvrages épuisent vôtre admiration, & l'on n'exprime leur valeur que par l'excés de sa surprise. Le Roy faisant son plaisir d'un aussi beau lieu, la Cour s'y établit insensiblement : c'étoit la chose du monde la plus superbe que de la voir en ce temps-là ; ce Prince n'épargnant rien pour être somptueux en tout : cette magnificence n'étoit ni ostentation, ni pur plaisir, augmentant dans l'esprit du Peuple le respect & la soumission, & dans celui des Etrangers l'idée qu'ils s'étoient formée, & des richesses de l'Etat, & de la grandeur d'ame du Prince qui le gouvernoit ; mais ce n'étoit qu'une foible image de toute sa prosperité ; ses richesses & ses forces, sa generosité à secourir ses Alliez le rendoient déja si celebre, que les Potentats les plus fiers & les plus éloignez recherchoient à l'envi, ou

Le Brun.

En 1689. le Roy sacrifia aux besoins de l'Etat toute la grosse argenterie des Appartemens.

Il envoïa du secours en Candie en 1669.

Chiaoux Turc en 1669.

son amitié ou sa protection ; mais plus sa réputation croissoit, plus ses Jaloux & ses Voisins s'étudioient à le traverser, son trop grand pouvoir les tenant déja dans de continuelles allarmes.

Un des plus remuans étoit le Duc de Lorraine, homme d'intrigue & d'exécution, brave Soldat, excellent Capitaine, du reste le plus inquiet & le plus inconstant des hommes, n'aimant que le trouble & le mouvement, levant sans cesse des Troupes, en faisant trafic, toujours en campagne, aujourd'hui d'un parti, demain d'un autre ; pillant indifferemment ses peuples, ses amis & ses ennemis : caractere d'un Kam de Tartares, & qui ne convient guére au Prince d'un petit Etat, qui par sa situation demande dans son Souverain un esprit souple & pacifique, une neutralité exacte, ou un dévoüement tout entier à la plus formidable des Puissances qui l'enveloppent. Loüis XIII. s'étant saisi de toute la Lorraine pour punir la malice & la legereté du Duc, ce Prince passa en Flandre avec ses Troupes, dont il tiroit de grandes sommes, mettant leur service à prix à l'entrée de chaque

Les Ambassadeurs de Moscovie, de Guinée en 1670.

LA CONDUITE DE CHARLES IV. DUC LORRAINE OBLIGE LE ROY A SE SAISIR DE SES ETATS.

chaque Campagne, se faisant païer de leur solde, & ne leur en donnant point d'autre que la licence de tout faire & de rançonner le païs. Les cris du Peuple, le mépris que le Duc avoit pour les Ministres Espagnols, les railleries qu'il en faisoit, leurs craintes & leurs jalousies le firent enfin arrêter ; il ne fut mis en liberté qu'à la Paix générale. Ce Traité l'avoit rétabli, mais n'aïant point voulu en subir les conditions, elles furent adoucies par un accord particulier deux ou trois jours avant la mort du Cardinal Mazarin. L'année d'après, par chagrin contre sa famille, ce Prince fit don au Roy de ses deux Duchez, & promit de ceder Marsal pour gage de sa bonne foi. Le Traité ne fut pas signé, que le Duc, selon sa coûtume, ne songeant qu'à le violer, remit de semaine à autre, durant plus de quinze mois, à abandonner cette Place, jusqu'à ce qu'étant investie, & le Roy prêt de l'assiéger, il fut contraint de la livrer. Pendant la Guerre de Flandre, ce ne fut qu'à regret qu'il prêta au Roy quatre ou cinq Regimens. Il n'est point de ruse qu'il n'emploiât l'année d'aprés pour les débau-

En Février 1662.

Le 4. Septembre 1663.

cher. On fut beaucoup plus furpris aprés la Paix d'Aix-la-Chapelle de lui voir renforcer fes Troupes, en faire de nouvelles, & negocier de tous côtez. Le Roy le fit avertir qu'il fçavoit toutes fes menées ; mais l'étoile l'aïant emporté fur la prudence & fur le confeil, ce Prince continua toujours jufqu'à ce que le Roy fût contraint de le dépoüiller. Le Duc étoit fi décrié, que perfonne ne prit fa défenfe, ni le foin de le rétablir : lui-même s'en mit peu en peine, trouvant beaucoup plus de goût à mener une vie errante avec un bon Corps de Troupes, que de languir à Mirecourt dans une fade oifiveté. En attendant la Guerre il fe donna tout à l'Intrigue, foutenu par les Hollandois, qui dans le deffein de broüiller étoient bien-aifes d'avoir trouvé un Prince de fon caractere, pour répandre de tous côtez des foupçons & des jaloufies, & pour travailler avec eux à fufciter au Roy tant d'envieux, & tant d'ennemis, que la protection des uns pût fervir de rempart contre la puiffance de l'autre : politique funefte, qui penfa ruïner les Provinces-Unies, & qui les conduifit jufques au bord du précipice.

En 1670.

Petite Ville de Lorraine, où le Duc demeuroit ordinairement.

MOTIFS DE LA GUERRE DE HOLLANDE.

Cette République qui n'étoit, le siécle passé, qu'une poignée de gens confinez en un
coin du monde, dans les eaux & dans les
marais, étoit devenuë dans la suite si riche
par son commerce, si celebre par ses victoires, si formidable par ses forces & par sa
Politique, qu'elle étoit estimée & admirée
de tout le monde ; mais depuis quatre ou
cinq années sa gloire & son abondance l'a-
voient si fort aveuglée, qu'elle s'étoit attiré l'indignation de ses Voisins, tant elle a-
voit de vanité, jusqu'à faire frapper & distribuer publiquement des Medailles inju-
rieuses aux Têtes couronnées, comme fut
celle où la Hollande étoit representée ap-
puïée contre des Trophées, avec cet éloge,
qu'elle avoit rétabli les Loix, reformé la
Religion, protegé, défendu & reconcilié
les Rois ; nettoié les mers, assuré le repos
public par la force des armes. Aprés la Paix
d'Aix-la-Chapelle, les Hollandois s'étoient
vantez d'avoir sauvé les Païs-Bas, & fixé
les conquêtes & le bonheur du Roy ; ils ne
cessoient de cabaler dans toutes les Cours,
n'épargnant dépense ni soins pour faire des
ligues contre lui. Ils ne s'en cachoient

L ij

point, & il y eut de la foiblesse à le dissimuler. Pour prévenir leur dessein, le Roy resolut de les attaquer, & de tâcher de les réduire à un point de médiocrité, qui fist renaître parmi eux la modestie de leurs Peres, & qui les fist ressouvenir combien étoient grandes les obligations qu'ils avoient aux Rois ses Prédécesseurs, & à lui en particulier. Personne n'ignore que sans les secours de France, bien loin de s'être élevez, ils n'eussent pû se soûtenir, si Henri IV. & Loüis XIII. ne les eussent assisté d'argent, & ne leur eussent entretenu pendant plus de trente années un Corps des meilleures Troupes, qui de l'aveu des Hollandois, ont toujours eu la plus grande part à toutes leurs victoires. Tout nouvellement le Roy venoit de les défendre contre l'Evêque de Munster, & de les soûtenir contre les forces d'Angleterre, & il avoit toujours paru être si fort de leurs amis, qu'ils pouvoient tout attendre de sa protection, si leur ingratitude ne l'eût forcé à les punir. L'entreprise étoit glorieuse, mais sans doute bien difficile ; ils avoient des Tresors, une Flotte en mer, une Armée sur pied;

toutes leurs Frontieres étoient, pour ainsi parler, toutes herissées de Forteresses, leurs Places munies, le Rhin, la Meuse & l'Issel couvroient le Païs; cependant le Roy n'y fut pas entré, qu'il conquit trois de leurs Provinces, & qu'il prit en moins de deux mois plus de quarante de leurs Places: Terrible catastrophe, qui doit apprendre à tout le monde que Dieu châtie tôt ou tard les Ingrats & les Orgueilleux, & qu'il se plaît de temps en temps à nous donner de grands exemples de la fragilité de la gloire du monde!

Fin du second Livre.

HISTOIRE DU REGNE

ESSAI DE L'HISTOIRE DU REGNE DE LOUIS LE GRAND.

LIVRE TROISIEME.

CAMPAGNE DE 1672.

E ROY, se préparant à attaquer les Hollandois, leva du monde de tous côtez; il avoit quatre-vingt mille hommes dans ses Garnisons, autant en Campagne de Troupes Françoises, prés de vingt mille Suisses de nouvelle levée, dix mille Italiens, six à sept mille Anglois, & deux Regimens de Suédois ; il devoit commander cette Armée si florissante, &

Louis de Bourbon II. du nom, Prince de Condé.

Henri de la Tour-d'Auvergne, Vicomte de Turenne.

avoir pour ses Lieutenans le Prince de Condé & le Vicomte de Turenne, deux des plus grands hommes de Guerre, qui aient paru depuis long-temps : Il avoit des Magazins pleins de toute sorte de provisions, des Trésors pour païer ses Troupes, & pour les récompenser. La plûpart étoient aguerries ; cependant quelque terreur que pût donner un si formidable armement, on étoit tellement ébloüi de la réputation & des richesses des Hollandois, qu'on estimoit le Roy heureux, s'il pouvoit en une Campagne emporter une Place ou deux. Cette imagination étoit si forte & si commune, que les Princes voisins songerent moins à donner secours aux Provinces-Unies, qu'à se mettre en sureté ; mais autant que l'on avoit cru qu'il étoit difficile d'attaquer cette Republique, autant on fut étonné d'apprendre quelque temps aprés, les succés prodigieux des Armes du Roy. Sa marche répandit l'effroi dans tous les Païs-Bas. Bosleduc, Husden & L'Illo, quoique fort éloignez, ouvrirent toutes leurs Ecluses : ce n'étoit point de leur côté, que la foudre devoit tomber. Aprés avoir laissé des Garnisons considerables dans les petites Places, qui pouvoient resserrer Mastricht, & le tenir comme bloqué, il s'approcha du Rhin, & aïant divisé ses forces, il fit faire tout à la fois les Sieges d'Orsoy, de Vesel, de Rhim-

Premieres conquêtes.

Rhimbergue fut assiegée par le Roy; Orsoy par Philippe de France, Duc d'Orleans, Frere Unique du Roy: Vesel par le Prince de Condé, & Buric par le Vicomte de Turenne.

bergue & de Buric. Ces Places étoient fortifiées avec d'autant plus de soin, que c'étoient les clefs du Païs. Quoi qu'il y eût des Milices, des Troupes & des Munitions, elles firent peu de résistance, & le Roy en fut Maître en quatre ou cinq jours; Rhimbergue se soumit sans tirer un coup de Canon; il en coûta quelques volées pour réduire Orsoy. Le Roy pour faire trembler toutes les autres Garnisons qui refuseroient de se rendre à la premiere sommation, voulut que les Officiers & les Soldats de celle-ci fussent tous prisonniers de Guerre. Le Vicomte de Turenne ne fut qu'un jour devant Buric, & Vesel sans capituler se remit à la discrétion du Prince de Condé, aussi-tôt qu'il eut pris un Fort qui la commandoit. Le destin de ces quatre Villes fit si grand'peur à ceux de Reés, qu'ils ne tinrent qu'un jour ou deux, quoique ce fût une des fortes Places & des plus régulieres de toute l'Europe. Emeric fut aussi-tôt pris qu'assiegé : il ne falut qu'une Brigade pour se saisir de Doëtekum, & cinq ou six petites Villes qui sont voisines de celles-ci, ouvrirent leurs Portes au Vainqueur sans
faire

faire de compofition. Toutes ces Conquêtes n'étant l'ouvrage que de huit jours, le Roy n'eut garde de s'arrêter & de ne pas profiter de la confternation des Peuples : fa première idée étoit d'affieger Nimegue, & d'envoïer en même temps forcer les retranchemens du Prince d'Orange ; ce jeune Prince feul heritier de tous les biens & de tous les talens des grands hommes du même nom, qui fonderent cette République, gardoit les bords de l'Iffel à la tête de vingt-cinq mille hommes : Ces deux entreprifes pouvant coûter beaucoup de monde, & confumer du temps, le Roy changea de deffein, & réfolut de s'avancer vers l'Ifle de Betau, pour tenter dans les environs le paffage du Rhin. Ses eaux étoient fi baffes à caufe des grandes chaleurs, & parce que depuis long-temps il n'étoit point tombé de pluïe, que ce Fleuve tout profond qu'il eft, paroiffoit guéable en quelques endroits. Deux Gentilshommes du Païs aïant enfeigné un gué, le Prince de Condé auquel ils fe prefenterent, fit fonder le paffage, qui fe trouva fi favorable, qu'il n'y avoit que cent pas à nager:

Paffage du Rhin le 12. de Juin.

Guillaume III. du nom, fils pofthume de Guillaume II. Prince d'Orange, & de Marie d'Angleterre, fille de Charles I. Roy de la Grand' Bretagne.

M

cette nouvelle réjoüit le Roy, l'ordre qu'il avoit donné de faire un pont de batteaux, ne se pouvant executer qu'avec lenteur; ainsi sans perdre de temps il partit du Camp avant la pointe du jour avec ses Gens-d'armes, ses Gardes, ses Chevaux-Legers, & un détachement de deux mille Chevaux pour se rendre sur les bords du Rhin, où le Prince de Condé devoit aussi se rencontrer. On n'avoit jamais vû le Roy si gai ni si résolu : cette mine assurée fut d'un heureux augure, & à peine eut-il donné l'ordre, que quantité de Volontaires, le Regiment des Cuirassiers, ensuite toute sa Maison se jetterent dans le Rhin, plus armez d'audace, que du sabre qu'ils avoient en main. Ce Fleuve pour être large n'en est pas moins rapide, & il roule ses eaux avec autant de violence que s'il couloit dans un canal étroit : un vent extraordinaire l'aïant agité toute la nuit d'auparavant, ses flots qui se brisoient les uns les autres, formoient un spectacle affreux ; la présence du Roy inspirant à ses Troupes un courage à toute épreuve, ni la rapidité du Rhin, ni la vûë de ces grosses vagues, ni la préfence de l'Ennemi, qui s'étoit retranché fur l'autre rivage, rien ne put les épouvanter ni arrêter leur marche : elle ne fut funéfte qu'à un petit nombre, qui s'étant écartez pour prendre le large, furent ou emportez par les vagues, ou engloutis dans des gouffres : Le refte, approchant de terre, fut chargé avec vigueur : trois Efcadrons des Ennemis qui étoient entrez dans la Riviere, en tuerent & en blefferent quelques-uns ; mais l'intrepidité des autres qui s'avancerent fans rien craindre, fit fi grand'peur aux Ennemis, qu'auffi-tôt aprés leur décharge, ils fe retirerent en fuïant : Alors les François au fortir de l'eau, s'encourageant les uns les autres par des cris d'allegreffe, pourfuivent vivement cette Cavalerie, & la menent battant l'efpace de plus d'une lieuë, quoi qu'ils fuffent encore fi moüillez, que l'eau ruiffeloit de tous côtez. Le Prince de Condé fit attaquer en même temps quelques Bataillons Hollandois, qui s'étoient retranchez à l'entrée d'un bois : ils étoient fi épouvantez, qu'au lieu de fe défendre, ils mirent les armes bas : Le Prince leur promit quartier, & défendit avec rigueur de les insulter ; mais son Neveu le Duc de Longueville, qui ne sçavoit rien de cet ordre, étant allé imprudemment faire le coup de pistolet dans leurs Retranchemens, ces gens crurent qu'on venoit à eux, & concluant de-là qu'il n'y avoit point de quartier, ils reprirent leurs armes, firent une décharge, tuerent le Duc, cinq autres personnes de qualité, & en blesserent quantité d'autres. Le Prince de Condé qui étoit accouru au bruit, reçut un coup de pistolet qui lui fracassa le poignet : tous ceux des Ennemis, que la fuite ne put sauver, furent taillez en pieces : le Roy cependant faisoit passer les Regimens, à mesure qu'ils arrivoient ; ils traverserent à la nage & par Escadrons, avec peut-être moins de peril, le grand nombre des Chevaux rompant le fil de l'eau. Le lendemain, le Pont étant achevé, l'Infanterie passa dessus avec le Canon. On ne sçauroit s'imaginer le bruit que fit dans le monde une action si hardie & si bien conduite : le Prince d'Orange, dans la crainte d'être surpris, ne songea plus qu'à la retraite, il quitta ses retran-

Armand du Cambout, Duc de Coiſlin, Pair de France, bleſſé, &c.

Nouvelles Conquêtes.

chemens, & se sauva à grands pas dans le fonds du Païs. Les peuples étonnez ne mirent plus leur esperance que dans la bonté du Vainqueur : ils tâchoient de la mériter en disputant, pour ainsi dire, à qui se rangeroit sous son obéïssance : les Troupes firent un butin incroïable, & ce ne fut pendant deux mois qu'une moisson de richesses. Doësbourg & Arnheim ne tinrent qu'un jour de tranchée. Le Fort de Skin, si célebre par son importance, & par les longs Siéges qu'il a soutenus, n'attendit pas qu'elle fût ouverte : les Forts de Woorn & de Saint-André se rendirent sans coup ferir : Utrecht envoïa ses clefs, quoi qu'elle fût couverte de quantité de bonnes Places. Celles du Betau, & generalement presque toutes les Villes qui sont situées sur le Rhin, sur la Meuse, le Vahal & l'Issel, demanderent des Sauvegardes, & ouvrirent leurs Portes. On prit en Hollande Oudevater, Vorde, Narden ; Amsterdam balança à se soumettre comme les autres, & malgré les efforts de quelques Magistrats, cette puissante Ville y auroit été obligée, si l'Officier qui commandoit à la tête de nos Conquêtes, eût fait assez de diligence pour se maintenir dans * Muiden : faute énorme, qui fit manquer la Conquête de tout le Païs. La décadence des Empires ne dépend quelquefois que d'un seul moment, où leur ruïne seroit inévitable si on connoissoit la facilité qu'il y auroit à les détruire. Le Duc de Luxembourg conquit dans ce même temps une troisiéme Province avec l'Evêque de Munster & l'Archevêque de Cologne, qui mécontens des Hollandois s'étoient liguez avec le Roy, & avoient obtenu de ses Troupes pour grossir les leurs, & des Officiers qui pussent commander les unes & les autres. Le Duc s'empara d'abord de sept ou huit petites Villes, où il laissa des Sauvegardes ; ensuite il assiegea Groll avec l'Evêque de Munster. Cette Place si forte s'étant renduë sans resistance, le Duc & les deux Prelats firent le siége de Devanter, dont la prise entraîna celle de Zvoll & de Campen, & de toutes les Places de l'OWerissel. Quand on fait reflexion sur ces évenemens, ils paroissent si peu vrai-semblables, qu'on a de la peine à les croire ; & il est incomprehensible que

* Petite Place d'où on peut foudroïer tous les Vaisseaux qui vont à Amsterdam.

François-Henri de Montmorenci, Duc de Piney-Luxembourg, Pair & Maréchal de France ; il reçut le Bâton en 1675.

tant de Villes qui jufques-alors avoient paffé pour imprenables, aient été fi peu défenduës, que prefque toutes leurs Garnifons fe foient renduës à difcretion, & que dans un Païs qui avoit été fi long-temps l'Ecole de la Guerre, la plûpart de fes Foreterreffes n'aient pas tenu vingt-quatre heures, hors Zutphen qui tint quatre jours, & Nimegue jufqu'au neuviéme. Aprés une longue Guerre une Paix glorieufe infpire l'efprit du repos. Le repos faifant naître le goût des plaifirs, la vigueur s'affoiblit, la difcipline fe relâche. Quand on eft ainfi nonchalant dans la bonne fortune, il eft aifé de s'abbattre dans la mauvaife : en ces extrêmitez, cette République devenuë la proïe du Vainqueur, n'eut plus d'autre reffource, que de lui demander la Paix : les Etats députerent au Roy pour fçavoir à quelles conditions il voudroit la leur accorder, & envoïerent en même temps faire la même demande au Roy d'Angleterre. Le Roy n'étoit pas feul qui fe plaignît des Hollandois ; ils avoient offenfé le Roy d'Angleterre, infulté fes Sujets, troublé leur Commerce, & depuis la Paix de Breda

<small>Charles II.</small>

ils s'étoient fait, pour ainsi dire, un point de sureté d'aigrir ses Peuples contre lui. Le Roy, trouvant le moment, sçut si bien le rendre sensible à toutes ces injures, que ce Prince renonça à la Triple-Alliance, & qu'il leur déclara la guerre : il mit une Flotte en Mer, qui jointe à celle de France, devoit, ce semble, faire descente sur les Côtes de Hollande : mais la Flotte Ennemie étoit si puissante en Vaisseaux, en Equipages, en Munitions & en Officiers de Marine, qu'a-

Le 7. de Juin. près un rude combat l'Armée navale des deux Rois ne remporta d'autre avantage sur celle des Etats, que la gloire de la mettre en fuite, & que de l'obliger à se retirer dans ses ports. Les demandes des deux Rois parurent aux Hollandois si exorbitantes & si dures, qu'ils choisirent de plûtôt perir, que d'acheter la Paix à ce prix. Réduits au desespoir, ils percent leurs Digues, ils ouvrent toutes leurs Ecluses, & ils inondent le Païs pour en sauver la liberté : Le remede étoit dangereux, & il sembloit bien plus à craindre que le mal qui les menaçoit ; toutefois ce fut la cause de leur salut ; cet obstacle invincible rompant

les

les desseins du Roy, il quitta la Hollande, & aprés y avoir laissé un Général d'expérience, à la tête de ses Conquêtes, avec ordre de les pousser quand l'hyver & la glace lui en ouvriroient le chemin, il revint en France, où ses peuples charmez du succés de cette Campagne, le reçurent comme en triomphe avec des acclamations extraordinaires. L'éloignement du Roy aïant laissé reprendre haleine aux Troupes de Hollande, le Prince qui les commandoit, assiégea Vorde deux mois aprés, avec quatorze mille hommes. Les environs étoient sous l'eau, & du côté d'Utrecht on ne pouvoit en aborder que par une Digue. Pour prévenir le secours, le Prince fit faire deux Forts à la tête de cette Digue, entre deux une batterie, & derriere un retranchement. Ces Fortifications ne purent effraïer le Duc de Luxembourg; il vint dés le lendemain les attaquer de front. D'abord il fut repoussé, mais ne s'étant point rebuté, il fit sonder l'inondation, & se jettant à l'eau, qui n'étoit que de quatre pieds dans l'endroit qu'il faloit passer, il prit en flanc les Ennemis, enleva un de leurs Quartiers,

Le Duc de Luxembourg.

Le Prince d'Orange assiege Vorde, & en leve le Siege.

Le 12. d'Octob.

s'empara des deux Forts, fit un grand carnage, & forçant le Prince d'Orange à lever promptement le Siége, il entra dans la Place, y jetta du secours, ensuite revint à Utrecht avec du butin & des Prisonniers. Belle action & d'un courage surprenant, d'autant plus que le Duc n'avoit que trois mille hommes avec lui, tant parce qu'il ne fut pas joint par un renfort considérable qu'il avoit envoïé chercher, que parce que le nombre des Troupes étoit beaucoup diminué depuis que le Vicomte de Turenne en avoit pris toute l'élite pour aller au devant de l'Electeur de Brandebourg.

Conquêtes sur l'Electeur de Brandebourg.

Autant que tous les Princes avoient été surpris de la rapidité des Conquêtes du Roy, autant eurent-ils d'empressement à les arrêter. Ce n'étoit point la compassion de l'état déplorable où cette République si florissante & si riche étoit tombée en deux mois, qui les fit resoudre d'entreprendre de la relever, mais la crainte & la jalousie; tous se représentant l'Europe soumise à la France, si le Roy devenoit le Maître des Provinces-Unies ; tous concoururent à l'empêcher, les uns par des voïes secretes, & les autres les armes à la main. L'Electeur de Brandebourg se montra le plus passionné, soit que l'argent des Hollandois lui eût inspiré plus de zele, soit qu'il eût du chagrin que le Roy ne luy rendît pas les Places qui étoient à lui, & qu'on avoit conquises sur les Hollandois. Ce Prince aimoit la gloire, il étoit brave de sa personne, il avoit de l'expérience, & vingt-cinq mille hommes sur pied, qu'il ne sçavoit où emploïer. Le Prince d'Orange, son Neveu, le sollicitoit puissamment de secourir les Hollandois, & de l'aider par ce secours à fortifier dans le Païs son credit naissant; mais quelle force ont les liens du sang, si l'interêt ne les resserre ? Les Hollandois offroient pour un des fils de l'Electeur, les Charges du Prince d'Orange, si ce Prince venoit à manquer : il étoit infirme, il s'exposoit beaucoup, & il n'étoit point marié. Cette espérance, quoi qu'éloignée, de l'argent comptant, la gloire d'oser le premier s'opposer aux progrés du Roy, & d'être le Liberateur d'une République si celebre ; tous ces motifs déterminerent l'Electeur à se declarer contre nous. Ses forces étoient considérables, d'autant plus que les Garnisons de cinquante ou soixante Places avoient si fort épuisé les Armées du Roy, qu'il ne restoit que peu de monde pour tenir la campagne : Quand les Troupes de l'Electeur furent prêtes à se mettre en marche, le Vicomte de Turenne eut ordre de le prévenir, & de se presenter au delà du Rhin avec sa petite Armée, qui n'étoit que de douze mille hommes : celle de l'Electeur renforcée de quelques autres Troupes, étoit de trente-cinq mille. S'il avoit plus d'hommes, le Vicomte de son côté avoit plus d'Officiers & plus de Soldats ; c'étoient tous gens choisis, & si fort animez par le bonheur continuel qui les avoit accompagnez, qu'ils ne respiroient que la gloire. Sur l'avis de leur marche, l'Electeur s'arrêta tout court, & sans attendre le Vicomte, il repassa le Veser pour se couvrir d'une Riviere, & s'en retourna sur ses pas. Si l'on fut surpris qu'il s'enfuït devant une Armée beaucoup plus foible que la sienne, on fut encore plus étonné de voir la rapidité avec laquelle l'Armée Françoise força toutes les Places qui se trouverent sur sa route, passa le Veser, poursuivit l'Electeur, desola son Païs, & y prit des quartiers d'hyver. Pendant cette diversion, le Prince d'Orange étoit passé du côté de Mastricht, avec vingt-quatre mille hommes, pour sauver son païs, en l'abandonnant & portant la Guerre au dehors. Aprés avoir menacé tantôt Tongres & tantôt Maseik, il vint assiéger Charleroy, Place importante sur la Sambre, & presque nécessaire pour le passage de nos Convois & de nos Recruës en Hollande. Les mesures étoient prises avec les Espagnols, qui fournirent plus de dix mille hommes; quoique nouvellement ils eussent assuré le Roy qu'ils ne desiroient que la Paix : la Place étoit dégarnie, le Gouverneur absent, point d'Armée en campagne qui pût accourir au secours ; tout flattoit le Prince d'Orange de la conquerir en huit jours. Au moment que le Roy sçut la nouvelle de ce Siége, il envoïa ses ordres pour r'assembler en diligence ce qu'il y avoit de Troupes en Flandre, & partit quelques jours aprés, pour hâter le secours & pour le conduire lui-même. Mais au bruit de sa marche la ter-

Le Prince d'Orange fait le Siége de Charleroy, & le leve pour la premiere fois.

Le 22. de Decembre.

reur s'étant répanduë parmi les Troupes ennemies, le Prince qui les commandoit, fut contraint de lever le Siége : ce fut un coup de defefpoir pour l'Electeur de Brandebourg ; ce Prince avoit efperé que, les affaires changeant de face par ce Siége, on r'appelleroit de fes Etats les Troupes qui les defoloient. Dans cette conjoncture il demanda la Paix. Le Roy le fit languir deux ou trois mois, pendant que, pour le punir, on achevoit de ravager les Comtez de la March & de Ravenfperg. Ce nouveau defaftre fit redoubler les inftances de l'Electeur ; enfin il obtint ce qu'il demandoit, & il reçut plus d'avantages de fa foumiffion, qu'il ne pouvoit en efperer de la Guerre & de fa valeur. Le Roy s'engagea de lui remettre dans le temps les Villes du Duché de Cleves. Ces Places furent renduës à l'Electeur dés l'année fuivante ; mais à peine y fut-il rentré, que ne fe fouvenant plus du Traité, il reprit les Armes, & fe déclara contre nous.

CAMPAGNE DE 1673. Ce Traité conclû, le Roy ne fongea plus pour reduire les Hollandois qu'à prendre Maftricht, qu'ils avoient toujours regardé comme une derniere reſſource. Dés le siécle paſſé, cette Ville étoit déja en réputation : elle fut fortifiée par le Duc d'Albe, priſe par les Etats, emportée d'aſſaut par le Duc de Parme, enfin repriſe par les Hollandois en 1632. aprés un Siége de deux mois : ſa ſituation (c'eſt un poſte fait à plaiſir pour tenir en reſpect tout le Brabant, l'Evêché de Liége, le Limbourg, les Duchez de Juliers & de Cleves, & toute la Gueldre,) la fertilité de ſes environs, le Commerce de ſes Habitans, leur nombre & leur induſtrie, l'avoient fait regarder comme le boulevard & comme la clef de tout le Païs, & on n'avoit rien épargné à la faire fortifier. La Meuſe l'aſſure d'un côté, & elle la ſépare de Wick, qui la joint par un Pont de pierre : De l'autre côté ce ſont les plus beaux dehors & les plus réguliers qu'il y ait dans toute la Flandre, ravelins, demies-lunes, ouvrages à corne, tous environnez de foſſez : ſes magazins étoient remplis de toute ſorte de proviſions. Il y avoit dans la place, ſans compter les Bourgeois capables de porter les armes, ſix à ſept mille hommes de Troupes choiſies,

Le Roy prend Maſtricht.

Le 29. de Juin.

Fauxbourg fortifié.

commandées par un vieil Officier appellé Farjau, brave homme, & fort entendu dans les Siéges; les Etats promettoient d'ailleurs de tout sacrifier pour la secourir dans le temps; malgré ces avantages, cette Ville si forte, défenduë avec courage, ne put tenir que treize jours. Aussi-tôt que le Roy fut arrivé au Camp, il fit le tour de la Place, & donna ses ordres pour les lignes, les quartiers & les batteries : il y en eut cinq en état, en deux ou trois jours : les lignes furent achevées en même temps, quoique la seule contrevallation fût de plus de cinq lieuës de tour, & que les unes & les autres eussent dix pieds de profondeur & douze de large. Le lendemain, la tranchée fut ouverte, & poussée du premier travail jusques prés du chemin couvert. On ne pouvoit faire une plus grande diligence; mais si le Roy étoit bien servi, il ne s'épargnoit pas pour faire voir de son côté qu'il étoit digne de commander à de si braves hommes : il étoit par tout, ordonnoit les attaques, animoit les travaux par sa presence, par ses liberalitez, par ses loüanges & par ses promesses; toutes les nuits sur pied, ne
s'allant

s'allant repofer que vers les fix heures du matin, remontant à Cheval au fortir de table, & parmi tous les foins du Siége, prenant celui de s'informer s'il ne manquoit rien aux bleffez, les vifitant de tente en tente, & fouvent de fimples Soldats. Cette conduite infpirant de l'ardeur aux uns, élevant le courage & le cœur des autres, le Siége avança en fort peu de temps, quoique les Affiégez fiffent de leur côté tout ce que l'on peut attendre de la plus vive refiftance. Le Gouverneur avoit de moment à autre des Soldats & des Ouvriers tuez ou bleffez à fes côtez : fes ordres étoient executez avec tant d'exactitude, que les bréches étoient reparées, les Palliffades replantées auffi-tôt que le Canon y avoit fait quelque dégaft. L'action la plus chaude & la plus vigoureufe fut l'attaque de la contrefcarpe, qu'on infulta en deux endroits : on n'a point de memoire d'une nuit plus affreufe, foit par le feu & par le bruit de la moufqueterie, du canon & des artifices, foit par les hurlemens des bleffez & des combatans, foit par la tuerie & le carnage qui fe fit depuis le foir jufques au jour. Le feu fut égal à l'une & à l'autre attaque ; & de l'aveu des deux partis, il s'y fit des prodiges de valeur, qui demeurerent enfevelis dans l'obfcurité de la nuit : les Grénadiers fuivis par les Moufquetaires, toute jeuneffe pleine de feu, aïant commencé l'attaque, le Gouverneur leur oppofa l'élite de fa Garnifon, foûtenuë par les braves, qui s'étoient jettez dans la Place : on combattit avec furie jufqu'à ce que les Affiégez furent contraints d'abandonner une Demi-Lune avancée : Elle fut prife & reprife trois fois en vingt-quatre heures, & ce ne fut qu'à force de bravoure, qu'on en chaffa les Ennemis. Deux jours aprés, l'Ouvrage à corne fut enlevé : Fariau tenta de le reprendre, avec fi peu de bonheur, qu'aïant fait joüer une fougade, il y perit cinq-cens des fiens, au lieu de faire fauter les nôtres. Ce nouveau malheur, la crainte d'être faccagez, l'état pitoïable des maifons ruinées par le canon & par les bombes, firent prendre aux Bourgeois la réfolution de fe rendre : Ils en prefferent le Gouverneur ; il y avoit de la répugnance, & il vouloit attendre les derniéres extremitez ;

neanmoins comme il étoit beaucoup plus sage de faire sa composition que d'exposer à la fureur ou des Habitans irritez, ou du Soldat victorieux, le reste de sa Garnison qui étoit diminuée de plus des deux tiers, enfin il battit la chamade, & aprés s'être défendu treize jours de tranchée ouverte, avec toute la conduite & tout le courage d'un brave homme, il sortit de la Place, tambour battant, mesche allumée, avec deux piéces de canon, le Roy aïant bien voulu accorder ces marques d'honneur à une si belle résistance.

La prise de Mastricht entraînoit celle de Bosleduc & de toutes les Places du Brabant Hollandois, si l'orage qui se formoit du côté d'Allemagne, n'y avoit attiré le Roy. Pour le dissiper ou pour en prévenir l'effet, aprés avoir donné ordre aux réparations de Mastricht, il alla à Nancy, où il fit travailler avec tant de diligence, qu'en quinze jours ou en trois semaines, la place pouvoit se défendre : il s'assura en même temps de Colmar & de Schelestad, où les Imperiaux avoient des intelligences ; & aprés avoir obligé par la crainte de sa puissance

L'Empereur, l'Espagne, le Dannemarck, la Hollande, & toute l'Allemagne, hors les Ducs de Baviere & d'Hanovre se liguent contre la France.

O ij

Strasbourg à demeurer neutre, il se saisit de Tréves pour punir l'Electeur d'avoir manqué à sa parole, & pour couvrir de plus en plus les frontiéres de son Roïaume : Ces précautions les conserverent de telle sorte, que du grand nombre d'ennemis qui pendant cinq années de Guerre menacerent de les envahir, pas-un Escadron ou Parti n'osa y mettre le pied. L'argent des Hollandois prodigué dans toutes les Cours, & l'adresse de leurs Ministres à y faire valoir la fraïeur & la jalousie, aïant enfin déterminé l'Empereur & le Roy d'Espagne à conclure avec eux une Ligue offensive, l'Empereur assembla une Armée de trente-mille hommes, & les envoïa sur le Rhin. Le Vicomte de Turenne, qui commandoit l'Armée du Roy, s'avança jusqu'en Franconie, pour leur presenter le combat; mais les Imperiaux aïant sçu toujours l'éviter, le Vicomte ne put empêcher qu'ils ne passassent le Rhin, & que joints au Prince d'Orange ils ne fissent le Siége de Bonne. Quoi que la Place n'eût point de fossez, & que ses fortifications ne fussent pas encore achevées, le Gouverneur François, à la tête de quinze cens hommes, s'y défendit si vaillamment, que cette Armée formidable, composée de trois Nations, ne la put prendre qu'en quinze jours. Comme cette conquête & celle de Naërden, petite ville de Hollande, que le Prince d'Orange fortifié par les Espagnols avoit reprise sur nous au mois de Septembre, étoient des préfages heureux du succés de la Ligue, l'Empereur & les Espagnols se flatterent d'en retirer tout l'avantage que les Etats leur en avoient fait esperer. L'Empereur, en y entrant, n'avoit pas seulement en vûë d'opposer une Digue à la puissance de la France, qui entraînant comme un torrent la Hollande & les Païs-Bas, pouvoit ensuite se répandre sur toute l'Allemagne, il pensoit encore à augmenter par cette Ligue son autorité dans l'Empire. Le dessein principal de la Maison d'Autriche avoit été depuis long-temps de s'en rendre Maître, & d'en assujétir les Princes ; le moment paroissoit favorable pour y réüssir ; la Guerre de Hollande & la prise de Tréves étoit une occasion de mettre une Armée sur pied, sans donner d'ombrage à ces Princes, & ensuite de les épuiser, les engageant dans la querelle sous le pretexte spécieux de la défense de l'Empire : Les Hollandois promirent, pour faire declarer l'Espagne, de lui abandonner Maftricht, quand il auroit été repris, & de ne faire avec nous ni Tréve ni Paix, que le Roy n'eût rendu à cette Couronne ce qu'il avoit conquis sur elle depuis la Paix des Pyrenées. Fausses lueurs, dont ils tâchoient de l'éblouïr, n'aïant envie d'executer que ce qui seroit de leur interêt, comme il arriva à Nimegue, où ils forcerent les Espagnols d'accepter les conditions que le Roy avoit proposées. L'union de ces Puissances sembloit promettre de grands progrés ; toutefois ne se croïant pas en état d'en faire de considerables, si le Roy d'Angleterre n'entroit dans leur alliance, elles s'appliquerent pendant l'hyver, ou à gagner ce Prince, ou à lui faire violence. Quelques offres qu'on lui fist, il resista toujours jusqu'à ce que son Parlement, gagné par l'argent de Hollande, le pria tant de fois & si vivement d'écouter ces propositions, qu'enfin il traita avec les Etats sans rompre avec le

Le Roy d'Angleterre s'accorde avec les Etats Generaux.

DE LOUIS LE GRAND. *Liv. III.* 111
Roy. Le Roy n'y perdit que le secours
de quelques Troupes, car quoi qu'on eût
esperé que les Armées navales feroient descente en Hollande, elles n'avoient pû y
réüssir, & jamais on ne connut mieux, qu'on
ne doit guére rien attendre ni de grand ni
de décisif des actions de Mer ; témoin le
triple combat qui s'étoit donné cet Eté
entre la Flotte des deux Rois & celle de
Hollande, sans qu'on pût dire quelle des
deux avoit été victorieuse, & sans autre
avantage de côté ni d'autre, que d'avoir
fait beaucoup de bruit & fort peu de mal.
Les Hollandois croïoient qu'étant les Maîtres de la Mer, ils pourroient ravager nos
Côtes, & y faire quelque conquête ; le peu
de succés fit bien connoître que si on n'est
assuré d'un Port, il y a bien des frais à faire
pour tenter une descente, & peu de chose
à esperer. La Paix d'Angleterre fut comme le signal, qui fit prendre les armes &
lever le masque à tous les Princes d'Allemagne, excepté le Duc de Baviere & celui
d'Hannover, qui demeurerent toujours
neutres. L'Electeur de Saxe, celui de Tréves & de Mayence, le Palatin, les Land-

graves de Hesse, les Princes de Bade, & presque tous les Cercles ne balancerent plus à prendre parti. L'Electeur de Cologne & l'Evêque de Munster quitterent même notre Alliance pour se joindre aux Conféderez ; & quoique le Roy de Dannemark, les Ducs de Brunswic, & l'Electeur de Brandebourg differassent à se déclarer, ils s'engagerent dés ce temps-là, & promirent d'armer pour la cause commune. Les Hollandois se virent alors au comble de leur joïe ; ils avoient transporté la Guerre sur les terres de leurs voisins, & ce grand nombre d'ennemis qu'ils susciterent au Roy, lui avoit fait abandonner toutes ses Conquêtes (hors Grave & Mastricht, qui tenoient le Païs en bride) pour former de leurs Garnisons une Armée, qu'il pût opposer à quelqu'une des Alliez. Au milieu de ces avantages, les Etats souhaitoient la Paix avec d'autant plus d'ardeur, qu'aïant recouvert leurs pertes ils ne pouvoient se resoudre à porter les frais d'une Guerre, où ils n'avoient plus d'interest que celui de leurs Alliez. Depuis plus d'un an, on parloit de Paix. Les Princes interessez avoient accepté

accepté la médiation du Roy de Suéde, les Plenipotentiaires s'étoient assemblez à Cologne. Les Conférences furent souvent interrompuës par divers incidens, & par des difficultez qui naissoient de moment à autre ; les Etats neanmoins esperoient de les surmonter, & de conclure le Traité, quand l'Empereur, qui vouloit la Guerre, fit enlever à force ouverte, & mener prisonnier à Vienne le Prince Guillaume de Furstemberg,* (quoique ce Prince fût Ministre & Plenipotentiaire de l'Archevêque de Cologne), & piller, seize jours aprés, de l'argent qui étoit au Roy. Ces violences, dont l'Empereur ne voulut jamais donner aucune satisfaction, aïant fait rompre les Conférences, on ne songea de part & d'autre, qu'à se préparer à la Guerre. Toute l'Europe crut que le Roy se tiendroit sur la défensive, d'autant plus que les Alliez s'étoient promis les uns aux autres de ne jamais faire de Paix, qu'il ne rendît auparavant la Lorraine au Duc, l'Alsace à l'Empereur, & à la Monarchie d'Espagne ce qu'il avoit conquis sur elle depuis la Paix des Pyrenées. Non contens de ces grands

Le 14. Fevrier 1674.
* Maintenant Cardinal.

desseins ils menaçoient encore d'envahir la Bourgogne, la Picardie & la Champagne, & de pousser jusqu'à Paris : ces vastes espérances étoient de belles idées ; mais il étoit bien difficile de les mettre en exécution.

CAMPAGNE DE 1674.

Conquête de la Franche-Comté.

Pendant que les Alliez jettoient ainsi leur premier feu, & qu'ils se repaissoient de ces magnifiques chimeres, le Roy formoit le dessein de reprendre la Franche-Comté, pour couvrir ses frontiéres qui étoient presque ouvertes de ce côté-là, pour r'assurer ses peuples par quelque grand évenement, & pour faire voir aux Ennemis qu'il étoit en état non-seulement de se défendre, mais encore de les attaquer. Quand le Prince est menacé de quelque grand peril, s'il ne fait voir dans ce danger de la conduite & de la fermeté, il faut que l'Etat succombe ; le corps ne peut se soutenir, si la tête ne le r'assure. Lorsque les Espagnols nous eurent declaré la Guerre, le Roy leur fit proposer que la Comté demeurât neutre. Les Suisses les en pressérent de leur côté, les Cantons souffrant avec peine qu'une Province si voisine de leur Païs devînt le theatre de la Guerre; cependant les Alliez refuferent d'accepter la propofition ; mais cette obftination, bien loin de leur être utile, ne fervit qu'à faciliter la conquête de tout le Païs ; les Cantons irritez y aïant enfin confenti & fermé la porte au fecours. C'étoit le feul obftacle, ou du moins le plus difficile que le Roy eût à furmonter; car quoique les Efpagnols depuis la Paix d'Aix-la-Chapelle euffent fait fortifier leurs Villes, il étoit beaucoup plus aifé d'enlever une Place forte, que de difpofer un Peuple libre à voir un Roy victorieux, devenir fon proche voifin, fans en avoir d'inquiétude. Il fit donc avancer des Troupes, qui dés le mois de Février prirent Gray & Vefoul, & plufieurs autres petites Places. Ce n'étoit que pour commencer, en attendant fon arrivée. Befançon invefti, il fe rendit au Camp, où fa prefence étoit d'autant plus neceffaire, qu'elle feule pouvoit adoucir toutes les peines du Soldat : le temps étoit mauvais, quand la Cour fe mit en chemin, & il devint infupportable pendant tout le cours du Siége ; des pluïes continuelles, un vent impetueux, un froid

Siége de Befançon en Mai.

vif, de l'eau jufques aux genoux dans le Camp & dans la tranchée, tout auroit rebuté les Troupes, fi l'exemple du Roy qui s'expofoit comme les autres, & fi fes liberalitez ne leur euffent donné des forces. Befançon eft fitué dans une petite plaine de méchant terrain, ce n'eft que roche & cailloux, & à peine y put-on trouver quelque veine de terre franche pour ouvrir la tranchée : Il y a haute & baffe Ville ; celle-ci a pour foffé la Riviere du Doux, qui, devenant groffe & rapide, augmentoit de moment à autre les incommoditez du Siége. Il y avoit dans la place deux mille hommes de Troupes reglées, autant de Milices, force Volontaires, un Gouverneur brave homme. Avec tous ces fecours elle fit peu de refiftance ; & quoique la Citadelle fût eftimée imprenable, elle ne put tenir que huit jours. Cette Fortereffe étoit toute neuve, bâtie fur un rocher efcarpé à plomb prefque de toutes parts, n'aïant qu'une avenüe fortifiée de retranchemens, de baftions, de demi-lunes. La Place étoit commandée par deux montagnes voifines ; ces deux roches étoient fi roides, qu'il n'y avoit nulle apparence qu'on y pût traîner du Canon. Comme elles avoient cet avantage de battre de revers toute la Citadelle, le Roy alla les reconnoître. Le lieu étoit affreux; cependant la nature n'aïant rien fait de si inacessible que la valeur n'y puisse atteindre, il ordonna que dés la nuit on travailleroit, aux flambeaux, à monter du Canon sur l'une de ces deux montagnes, & il ne quitta point qu'il n'en eût vû le succés. Les Assiégez, effraïez de cette entreprise, firent sans cesse des décharges. Malgré ce feu continuel le travail fut heureux, la batterie fut dressée, & dés le lendemain, elle commença de tirer. Le dedans de la Citadelle n'étant bâti que de pierre, le Canon y fit un fracas horrible; & l'on voïoit à tous momens voler par toute la place une gresle d'éclats, qui désoloient la Garnison. Une partie perit de coups de pierre ou de Canon; le reste demeura caché & n'osoit sortir que de nuit. Enfin les dehors étant pris, le Gouverneur se rendit à composition. Aprés la prise de Besançon, le Roy assiégea Dole, ses fortifications n'étoient pas encore achevées;

elle ne refifta que neuf jours. Salins en tint fept, & le Château Sainte-Anne que l'on croïoit inacceffible, demanda à capituler auffi-tôt qu'on eût élevé une tour de bois, & deffus une batterie, dont on foudroïoit le rocher : ainfi en un mois ou en cinq femaines le Roy fut Maître abfolu de toute la Comté.

Aprés cette conquête, il divifa fes forces : il en envoïa une partie en Allemagne fous le Vicomte de Turenne, & la plus grande en Flandre joindre le Prince de Condé ; enfuite il revint en France pour y prévenir les féditions que les Alliez s'étoient vantez d'exciter fans beaucoup de peine dans les Provinces maritimes, & pour être plus prés de pourvoir à tout. Le Roïaume fembloit être alors dans un grand peril ; il étoit menacé d'une inondation d'Allemans ; les Alliez avoient trois Armées en Flandre ; l'Efpagne avoit encore une autre Armée en Catalogne : enfin pour donner en quelque maniere un affaut général, la Flotte de Hollande devoit ou faire defcente ou brûler nos Ports. Malgré tant d'allarmes, nos frontiéres furent en fûreté,

& les ordres du Roy furent si bien executez, que pendant toute la Campagne les Alliez ne remporterent que la honte d'être vaincus par des Troupes beaucoup moins nombreuses. Ils avoient en Flandre soixante mille hommes, tous gens choisis, ou de vieilles Troupes : le Prince de Condé qui commandoit l'Armée du Roy, n'en aïant que quarante mille, les Ennemis marcherent à lui ; mais il s'étoit si bien posté, qu'on ne pouvoit ni le forcer ni passer malgré lui sans être battu : sa contenance rompant toutes leurs mesures, ils décamperent : Les Allemans avoient l'avant-garde ; l'Armée des Etats faisoit le corps de bataille ; celle d'Espagne l'Arriere-garde, avec un corps détaché de cinq mille Chevaux, composé des trois Nations pour couvrir la marche. Le Prince de Condé qui sçavoit que sur leur chemin il y avoit des passages étroits, jugea que dans ces défilez ils seroient contraints de marcher si éloignez les uns des autres, qu'ils ne pourroient se secourir : c'étoit une occasion de les couper, & elle étoit trop belle pour qu'il la manquât : il laisse défiler les Allemans & les

<small>Bataille de Senef.</small>

Hollandois, & aprés qu'ils furent paffez, il fait charger les Efpagnols avec tant de violence, qu'il les renverfe; prend les équipages, des Drapeaux, des Etendars, & plufieurs Prifonniers de marque. Cette premiere victoire ne coûta au Roy, que cent ou cent-cinquante hommes, & plus de trois mille aux Ennemis. Heureufe journée, fi le Prince fe fût contenté de ce premier fuccés ! Le corps de Bataille fut enfuite mis en defordre, & pourfuivi fi vivement, que tout étoit taillé en pieces, fi les Imperiaux ne fuffent accourus au fecours. Alors les Fuïards s'étant r'alliez, & les trois Chefs * aïant rangé leurs Armées en bataille fur une hauteur, derriere des buiffons, des haïes vives, des ravines, de grands foffez, & bordé de Canon toutes les avenuës, les chofes changerent de face, & le combat fe rétablit avec plus d'opiniâtreté & plus de furie que jamais. Les Ennemis étoient poftez à ne pouvoir en approcher fans effuïer un tres grand feu ; mais plus le danger eft grand, plus il eft digne des Heros. Le peril ne put rebuter une Armée victorieufe, ni effraïer l'expérience & l'intrepidité

* Le Prince d'Orange Général de l'Armée de Hollande; le Comte de Souches, Général des Impériaux; le Comte de Monterey, Gouverneur des Païs-Bas, Général de l'Armée d'Efpagne.

DE LOUIS LE GRAND. *Liv. III.* 121
l'intrepidité du Prince de Condé ; il résolut
de les forcer & de finir un si beau jour par
une troisiéme victoire. Comme il n'est
point de résistance plus vigoureuse que
celle qui naît du desespoir, les Ennemis se
défendirent avec fureur ; le combat dura
depuis midi jusqu'à la nuit, & la tuerie ne
cessa qu'avec le clair de la Lune à dix ou
onze heures du soir. De nôtre côté il y
eut peu de prisonniers, & parmi eux aucun
de marque ; nous y perdîmes de braves
hommes, beaucoup d'Officiers, sept ou
huit Etendarts, & on comptoit cinq à six
mille morts ou blessez. La perte des Ennemis fut de plus de sept à huit mille ; on
fit sur eux prés de cinq mille prisonniers,
parmi lesquels il y avoit quatre Princes de
l'Empire, nombre de Seigneurs, deux cens
Officiers, & leurs principaux Colonels. On
leur prit encore cent sept Enseignes ou
Etendarts, trois Canons, deux Mortiers,
des Tymbales & des Pontons, trois mille
Chariots, toutes leurs munitions & trois-
cent mille écus destinez au païement des
Troupes. Un mois aprés, aïant assiégé Ou- *La levée du*
denarde, à peine eurent-ils appris que le *Siége d'Oude-*
narde.
Q

Prince de Condé venoit à eux pour les combattre, qu'ils leverent le Siége, & laisserent dans leurs tranchées une partie de leur bagage, des munitions de guerre, & quantité d'outils à remuer la terre. Une autre Armée de Hollandois, renforcée de temps en temps par des Troupes de Brandebourg, assiégeoit Grave depuis deux mois. Grave est fort ; il y avoit des munitions, quantité de Canon & de bonnes Troupes ; les Assiégeans étant chez eux, & aïant tout en abondance, cette petite Place devoit d'autant moins tenir, qu'il n'y avoit nulle apparence que le Roy songeât à la secourir. Quoique les Hollandois eussent attaqué, l'un aprés l'autre, tous les ouvrages de dehors, ils n'avoient pû encore se rendre les maîtres d'aucun. Cette infortune les exposoit à la risée de tout le monde, pendant que les Assiégez faisoient sans cesse des sorties, encloüoient le Canon, combloient les travaux, tailloient tout en pieces, ou faisoient prisonniers tout ce qui ne prenoit pas la fuite. Cette bravoure qu'aucune fatigue ne put r'allentir, la furie du Canon & les fougades continuelles que

Siége de Grave.

le Gouverneur faisoit joüer, avoient jetté un tel effroi parmi les Assiégeans, qu'ils desertoient par troupes, & se refugioient dans la Ville. Pour les ranimer le Prince d'Orange y accourut avec dix mille hommes frais ; il fut repoussé à tous les assauts, & couroit risque d'essuïer un nouvel affront, si le Marquis de Chamilly n'eût reçu ordre de se rendre. Ce Gouverneur dont on ne peut trop loüer la conduite & la valeur, fit sa composition comme il le voulut ; le Prince d'Orange ne lui refusa rien, soit par l'admiration qu'on a toujours pour la vertu, soit parce qu'il apprehendoit que le courage des Assiégez tirant le Siége en longueur, l'hyver ou leur resistance ne le forçât de le lever. La Garnison étoit beaucoup diminuée, moins par le fer des Ennemis que par les maladies ; quoi qu'elle manquât de vivres, elle vouloit s'ensevelir sous les ruïnes du dernier ouvrage, mais le Roy ne voulut pas souffrir que de si vaillans hommes se sacrifiassent pour une Place qui d'ailleurs étoit inutile. Bien qu'elle n'eût pas coûté un seul homme au Roy, les Hollandois ne la reprirent qu'en trois mois de tranchée ouverte, & qu'aprés y avoir perdu des frais immenses, leur réputation, & douze mille hommes. Ils furent encore plus malheureux dans leur expédition de Mer : ils avoient cent-cinquante Voiles, & depuis leur Traité avec l'Angleterre ils étoient maitres de l'Ocean, le Roy aïant fait passer la plûpart de ses grands Vaisseaux dans la Mer Mediterranée. Cette puissante Flotte fut destinée par les Etats, une partie à conquerir l'Amerique Françoise, & l'autre à faire descente dans quelqu'une de nos Provinces ; mais les desseins les mieux concertez ne sont pas toujours infaillibles. Ruïter fut repoussé de l'Isle de la Martinique, & en quatre ou cinq mois que Tromp ménaça nos Côtes, il ne put faire d'autre mal, que d'enlever quelques bestiaux dans une petite Isle, & d'y piller une Abbaïe. Ces frequentes disgraces étoient de tristes augures du succés de la Ligue, les Armes du Roy prosperant d'ailleurs de tous les côtez. Le Duc de Schomberg avoit chassé les Espagnols de la plaine de Roussillon, & le Vicomte de Turenne avoit battu les Allemans en trois ou quatre occasions.

L'un & l'autre Amiral de Hollande.

Federic Duc de Schomberg, Maréchal de France en 1675.

Aprés avoir empêché par sa seule presence que le Duc de Lorraine ne passât le Rhin, & qu'il ne vînt troubler les Conquêtes du Roy, il eut ordre de prévenir la jonction des Troupes du Duc, & de celles de Caprara * avec les nouveaux secours, que l'Empereur leur envoïoit. Le Vicomte de Turenne marcha trois nuits & trois jours; au quatriéme il attrapa les Ennemis, qui se posterent de maniere, qu'il paroissoit comme impossible de pouvoir les forcer: Ils étoient en bataille sur une colline, au pied de laquelle il y avoit une petite Ville dont il falloit se rendre maître pour aller à eux, & un ruisseau profond, bordé de haïes & de buissons. De quoi ne vient point à bout une expérience consommée jointe à une extrême valeur! La Ville fut emportée en moins de deux heures, & leur Infanterie qui la défendoit, fut ou prise ou taillée en piéces. Ce n'étoit encore que le prélude du combat: nos Troupes étoient fatiguées d'une marche précipitée, & de prés de quarante lieuës; elles étoient fort incommodées du Soleil qui les aveugloit, & des tourbillons de poussiere que le vent leur chassoit

Victoires en Allemagne.

* Général des Armées de l'Empereur.

Victoire de Sint-Zeim le 16. de Juin.

au nez; toutefois elles s'avancerent avec fierté, & attaquerent les Ennemis : ils étoient neuf à dix mille hommes, le Vicomte de Turenne en avoit à peu prés autant, avec cette difference qu'il avoit plus d'Infanterie, & le Duc de Lorraine plus de Cavalerie. De part & d'autre on combatit avec courage ; il n'y eut point d'Escadron qui ne chargeât quatre ou cinq fois : les Ennemis se r'allierent jusques à sept, & ils ne lâcherent le pied qu'aprés huit heures de resistance ; ils y perdirent deux mille hommes. Trois semaines aprés, le Prince de Bournonville, avec sept ou huit mille hommes, aïant joint le débris de l'Armée des Alliez, le Vicomte de Turenne se mit à leurs trousses, passa le Nécre presque en leur presence, défit leur Arriére-Garde, & les poussa si vivement, que leur Infanterie se jetta à droit & à gauche dans les bois & dans les montagnes, & leur Cavalerie s'enfuït jusques à Francfort qui est à vingt lieuës de-là. Le Vicomte les poursuivant, ils se mirent à couvert du Mein, & ne parurent en Campagne qu'aprés avoir reçu de nouvelles Troupes de l'Empereur, de

Général des Armées de l'Empereur.

A Lademourg le 5. de Juillet.

tous les Cercles, du Palatin, de Cologne, de Munster, & de Volfenbutel : elles faisoient toutes ensemble trente-cinq à trente-six mille hommes, commandez par cinq Généraux, qui aïant des vûës differentes ne purent jamais convenir s'ils rétabliroient le Duc de Lorraine dans ses Etats ; s'ils feroient le Siége de Tréves ou de Philisbourg ; ou enfin si pour reparer l'honneur de la Nation, ils iroient fondre tous ensemble sur le Vicomte de Turenne : Il n'avoit alors que quinze mille hommes, mais sa réputation & les nouveaux lauriers que ses Troupes venoient de cueillir, étoient de si bons remparts, que personne n'osa l'attaquer. Durant prés de deux mois il fit ferme dans la basse Alsace avec sa petite Armée ; ensuite étant renforcé de quelques Regimens, il marcha droit aux Alliez pour leur livrer bataille, avant qu'ils eussent été joints par l'Electeur de Brandebourg & par les Ducs de Brunswic. Quelque terreur que son nom & sa hardiesse eussent donné aux Ennemis, ils le reçurent avec valeur : le combat fut rude & opiniâtre, jusqu'à ce qu'étant renversez, ils se retire- *Victoire d'Ensheim le 4. Octobre.*

HISTOIRE DU REGNE

rent en defordre, laiffant dix pieces de Canon, plus de trois-mille morts, trente Drapeaux ou Etendarts, & le champ de bataille femé de Cuiraffes, & de toute forte d'armes, que leurs Troupes jettoient en fuïant. Ces actions étoient glorieufes, mais ce n'eft point encore le plus beau de cette Campagne. Les Troupes de Brandebourg & celles de Zell étant enfin arrivées à la mi-Octobre, les Alliez eurent alors plus de foixante-dix mille hommes; ce deluge d'Ennemis auroit peut-être tout inondé, fi le Roy, fans s'en étonner, n'eût fçû écarter le mal, & le faire retomber fur eux. Auffi-tôt aprés la levée du Siége d'Oudenarde, il avoit fait partir de Flandre un détachement confidérable pour aller en hâte joindre le Vicomte de Turenne, & dans le même temps il lui avoit envoïé ordre de refferrer les Ennemis, de fauver s'il pouvoit les Poftes les plus importans, & de fe tenir fur la défenfive. Le Roy prévoïoit que cette multitude fe diffiperoit d'elle-même par la divifion des Chefs, faute de magafins, & par les maladies, ou que venant à fe répandre, on pourroit la combattre &

la

la vaincre féparément. Le Vicomte de Turenne quitta donc fon Camp pour s'affurer d'un pofte fi favorable & fi commode, qu'il couvroit de-là Haguenau & Saverne. Les Alliez, n'aïant ofé l'attaquer dans ce pofte, s'étendirent dans la haute Alface, où ils comptoient de prendre des quartiers d'hyver pour entrer au Printemps en Lorraine, ou dans la Comté : ils y refterent prés de deux mois, ne fongeant qu'à faire grand'chere, quand le Vicomte de Turenne vint troubler leur repos, enlever leurs quartiers, & les chaffer honteufement au de-là du Rhin. Aprés la jonction du renfort de Flandre, quoi qu'il n'eût que vingt-cinq mille hommes, & que les Alliez fuffent deux fois plus forts, il fe mit en marche au mois de Decembre, par une route fi écartée, qu'on eût dit qu'il fuïoit, & qu'il apprehendoit de les rencontrer. Au lieu d'aller à eux par le droit chemin, il prit par la Lorraine, & aprés avoir traverfé les montagnes de Vauge, fans trouver d'autre refiftance que celle de la nature & de la faifon, il entra dans la plaine, où il furprit les Ennemis épars çà & là, comme des

Le 29. de Decembre.

gens qui se reposent dans une entiere sûreté. Son arrivée, que d'abord ils ne pouvoient croire, jetta tant de trouble & tant de fraïeur parmi eux, qu'ils étoient à demi-battus, quand il les attaqua : quatorze de ses Escadrons (dans la chaleur de la victoire, ou dans l'effroi d'une déroute, on ne regarde guére au nombre des Troupes) aïant passé à gué la Riviere d'Ill, défirent leur Cavalerie. Leurs quartiers s'étant r'assemblez, ils firent ferme à Turckeim, ils y furent battus avec la même vigueur, & la confusion se mit si fort parmi eux, qu'ils ne songerent plus qu'à regagner le Rhin : il n'en repassa pas vingt mille, le reste fut taillé en pieces, ou fait prisonnier, ou perit de débauche & de maladie.

Victoire de Turckeim le 5. de Janvier 1675.

Le 11.

CAMPAGNE DE 1675.

Tous ces heureux évenemens qui n'étoient pas moins dûs à la vigilance du Roy, qu'à la bravoure de ses Troupes, augmentant la terreur & l'envie des Alliez, ils firent de nouveaux efforts la Campagne suivante. Pour les prévenir le Roy alla à l'Armée, & aprés avoir enlevé Huy & Dinant, il fit assiéger Limbourg, Place forte, & Capitale d'une Province. Henry-Jule Duc d'En-

Dinant pris par le Maréchal de Crequy. Huy par Henry-Louis Dalongny de Rochefort, Maréchal de France en 1675.

guien, maintenant Prince de Condé, qui commandoit l'Armée du Roy, obligea cette Place à se rendre en sept ou huit jours. Le Gouverneur des Païs-Bas & le Prince d'Orange s'avancerent pour la secourir avec cinquante-mille hommes ; mais aïant sçu qu'elle étoit prise, ils rebrousserent chemin, & ne firent autre chose pendant toute la Campagne que manger le Brabant, & ruïner leur propre païs. Le fort de la Guerre fut du côté de l'Allemagne, où la fortune balança entre nous & les Alliez. Leur Armée sur le Rhin étoit plus florissante que jamais : l'année d'auparavant, elle avoit tant de Chefs, qu'à parler proprement, elle n'en avoit pas. Cette Campagne, tout étoit réüni sous l'obéïssance d'un seul, c'étoit le Comte de Montécuculli, qui, deux années auparavant, avoit commandé sur le Rhin : vieux Général, habile, rusé, toujours sur ses gardes, & cherchant moins à remporter quelque avantage particulier, qu'à bien conduire le succés d'une Campagne toute entiére. Le Vicomte de Turenne, qui commandoit l'Armée du Roy, n'avoit pas moins d'expérience ni de capacité,

Henry-Jule Prince de Condé.

& on peut dire, fans flatter, que fa réputation étoit beaucoup plus illuftre & mieux établie par un grand nombre d'actions, dans lefquelles il avoit fait voir que jamais Général n'a eu tant d'étenduë, ou du moins ne l'a euë plus grande dans le métier de la Guerre. Ces fameux Conquerans qui ont laiffé un fi beau nom à la pofterité, n'ont peut-être point approché de l'induftrie de ce grand homme à ménager les Troupes, maintenir des Armées, prendre fes avantages, & à faire échoüer tous les deffeins de l'Ennemi. Ce fut un fpectacle digne fans doute des regards & de l'attention de toute l'Europe de voir ces deux Capitaines épuifer à l'envi dans leurs marches, dans leurs campemens, toutes les fineffes de l'Art pour empêcher que l'un n'eût de l'avantage fur l'autre. Le Vicomte cependant eut la gloire de paffer le Rhin prefque en prefence des Alliez, & de fe faifir d'un pofte commode à les affamer fans craindre d'être forcé : c'étoit un pas d'éclat, qui faifant échoüer tous les deffeins de fon Rival, valoit prefque une victoire; mais le Vicomte de Turenne n'étant point encore content;

s'il ne battoit les Ennemis, il les refferra tellement, qu'ils ne pouvoient lui échapper, quand allant reconnoître ou placer une batterie, il fut tué d'un coup de Canon, qui le frappa à l'eftomach, & le renverfa mort par terre. Jamais Général ne fut peut-être tant regretté, ni ne merita plus de l'être. C'étoit un homme d'un rare mérite, excellent Capitaine, fage Politique, homme doux & modefte, méprifant les richeffes & le fafte, n'aïant de paffion que pour la belle gloire, faifant tout le bien qu'il pouvoit, & jamais de mal. On ne peut être plus touché que le Roy le fut de fa mort; il combla fa famille de biens & d'honneurs, & pour couronner les fervices & les vertus d'un fi grand homme, il lui fit faire des obfeques magnifiques dans l'Eglife de Paris, & apporter fon corps en l'Abbaïe de Saint-Denis, où l'on n'enterre que les Rois. Le plus grand ornement de fa Pompe funebre fut la memoire de fes vertus & les regrets finceres de tous les Ordres du Roïaume. Le Vicomte de Turenne n'aïant communiqué à aucun de fes Lieutenans fes ordres ni fes deffeins, fon Neveu

Mort du Vicomte de Turenne le 27. de Juillet.

Le Vicomte n'eut point d'enfans. Les fils de fon frere le Duc de Boüillon furent fes heritiers.
Godefroy-François de la Tour-d'Auvergne, Duc de Boüillon, Pair & Grand Chambellan de France.
Frederic-Maurice, Comte d'Auvergne, Colonel Général de la Cavalerie.
Emmanuel Theodofe, Cardinal de Boüillon, Grand Aumônier.

<small>Guy-Alphonse de Durasfort de Lorge, devenu dans la suite Duc & Pair, Maréchal de France en 1676.
Le premier d'Aouſt.</small>

le Comte de Lorge, qui commanda aprés ſa mort, fit repaſſer le Rhin à toute l'Armée, & ſe retrancha en deçà pour y attendre en ſûreté les Ordres du Roy. Les Ennemis l'attaquerent dans ſa retraite ; il les repouſſa avec tant de valeur, qu'ils perdirent en cette occaſion plus de quatre-mille hommes ; cependant il ne put empêcher que Montécuculli ne paſsât le Rhin, & qu'il ne s'étendît dans la baſſe Alſace. L'Armée étoit alors en mauvais état, ſans fourage ni proviſions, diminuée par les maladies, & ſi fort conſternée de la perte de ſon Général, qu'elle auroit pû ſe débander, ſi le Prince de Condé, que le Roy fit partir de Flandre en grande diligence, ne fût venu la r'aſſurer. La preſence du Prince r'anima les Troupes. Depuis ſon arrivée le Comte de Montécuculli mit le Siége devant Haguenau, & enſuite devant Saverne ; mais auſſi-tôt qu'il eût appris que le Prince venoit à lui, il leva l'un & l'autre Siége : *A la fin de la Campagne le Comte fut contraint de repaſſer le Rhin, & de prendre des quartiers d'hyver ſur les terres des Confédérez. Les Ducs de Zell & de Lorraine

<small>* Celui de Haguenau en Aouſt.
Celui de Saverne en Septembre.</small>

eurent plus de bonheur au Siége de Tréves. Lorſque ces Princes furent avertis que le Maréchal de Crequy approchoit avec ſon Armée pour ſecourir la Place, ils laiſſerent un détachement à la garde de la tranchée, & allerent au devant de lui avec prés de vingt mille hommes. Le Maréchal n'en avoit guére plus de neuf, toutefois il s'avança pour les combattre. Il eſt d'heureux momens où une poignée de braves gens taille en piéces une grande Armée, mais ces momens ſont ſi rares qu'il eſt toujours beaucoup plus ſûr de moins conſulter ſon courage, que l'égalité de ſes forces. Le Maréchal fut malheureux, & ſa Cavalerie n'aïant point ſecondé les efforts de l'Infanterie, il fut défait à platte-couture; ſa petite Armée fut tellement miſe en déroute, qu'il ſe ſauva lui quatriéme dans un bois, & de-là dans Tréves : il s'y défendit pendant plus de trois ſemaines contre cette Armée victorieuſe, & ne voulut jamais ſe rendre, quoi qu'il y eût bréche de tous côtez, & que tous les dehors fuſſent abſolument ruïnez. Son deſeſpoir aigrit ſi fort la Garniſon, & principalement quelques

Le 11. d'Aouſt.

Officiers des plus mutins, qu'ils capitulerent sans lui, & le livrerent prisonnier avec beaucoup d'Officiers entre les mains des Alliez.

<small>CAMPAGNE DE 1676.</small>

Comme depuis la Ligue ils n'avoient encore eu aucun avantage, celui-ci les rendit si fiers, qu'oubliant leurs malheurs & nos prospéritez, ils publierent qu'au Printemps ils exécuteroient leurs vastes desseins : mais le Roy leur fit bien sentir, que pour avoir perdu une Place & quatre mille hommes, il n'en étoit pas moins puissant.

<small>Le Roy prend Condé le 26. d'Avril.
Le 6. de Mai.</small>

Sur la fin d'Avril, il assiégea Condé, & aprés l'avoir pris d'assaut, il envoïa le Duc d'Orleans devant Bouchain; & pour couvrir le Siége, il se posta avec le reste de l'Armée sur la route des Ennemis. Le Gouverneur des Païs-Bas & le Prince d'Orange qui accoururent au secours, n'oserent attaquer le Roy, & ne purent faire autre chose, que de se retrancher sous le Canon de Valenciennes, pour y attendre le moment de jetter un renfort & des provisions dans Bouchain; comme s'ils n'eussent assemblé de si belles Troupes, que pour avoir plus de témoins de la prise de cette Place. En vain

vain le Roy s'avança pour les attirer au combat ; ils sçurent toujours l'éviter, & pendant environ deux mois qu'il demeura sur la frontiére, ils ne firent aucun mouvement. Quand il en fut parti pour revenir en France, le Prince d'Orange assiégea Maſtricht avec l'Armée de Hollande, jointe à celle des Espagnols & aux Troupes Auxiliaires de quelques Princes Allemans, qui les commandoient en personne. L'état de la Place, l'abondance des munitions, le courage de la Garnison, l'expérience & la valeur du Lieutenant * qui commandoit en l'absence du Gouverneur, étant autant d'assûrances, qu'elle tiendroit long-temps, le Roy avant que de la secourir, profita de l'occasion que lui offroit l'éloignement des Ennemis : il fit assiéger Aire, Place de conséquence, sur la frontiére d'Artois, & une des plus fortes de tout le Païs. Le Maréchal d'Humieres l'emporta au bout de cinq jours ; cette prise fut suivie de celle du Fort de Linck ; ensuite l'Armée, sans se délasser, se mit en marche vers Maſtricht, sous le commandement du Maréchal-Duc de Schomberg. Il y avoit cinquante jours que

Le Prince d'Orange assiége Maſtricht.

* François Comte de Calvo, Catalan.

Louis de Crevant-d'Humieres Maréchal de France en 1668.

Federic de Schomberg Maréchal de France en 1675.

le Siége étoit commencé, fans que les Ennemis euffent encore emporté ni contreſcarpe ni dehors ; il s'y étoit donné des aſſauts fréquens & terribles, où les Affiégeans avoient perdu beaucoup de monde. Ces pertes continuelles, les forties des Affiégez, leurs fougades & leurs mines, enfin les maladies qui fe gliſſerent dans l'Armée des Conféderez, l'aïant diminuée de moitié, ils furent contraints de décamper & de lever le Siége, auffi-tôt que l'Armée du Roy fe fût approchée de leurs lignes. Leur retraite fut fi précipitée, qu'ils abandonnerent aux Vainqueurs cinquante piéces de gros Canon, fix mille mofquets, toutes les munitions de guerre & de bouche, tous leurs malades & bleſſez. L'Armée navale des Etats n'eut pas plus de bonheur fur la Mer Mediterranée, où elle étoit allée pour réduire Meffine, qui deux années auparavant avoit fecoüé le joug d'Eſpagne, plus par haine pour la violence, que par inclination pour la liberté. La France n'avoit point de part à cette révolte ; mais le Roy étant trop habile pour n'en pas profiter, il y envoïa du fecours, foible d'abord, enfuite

Le Prince d'Orange eſt contraint de lever le Siége le 26. d'Aouſt.

Victoires en Sicile.

plus fort, enfin si considérable, que le Duc de Vivonne, qui le commandoit, battit la Flotte d'Espagne, qui barroit le Port de Messine; secourut la Ville de vivres & de munitions, & dans le même Eté prit encore un autre Port aussi important que commode. Ces premiers progrés faisant craindre aux Espagnols de perdre toute la Sicile, ils presserent les Hollandois de leur envoïer du secours; & pour le rendre plus puissant, ils obtinrent qu'il fût commandé par l'Amiral Ruïter, le plus celebre homme de Mer qu'il y eût alors en Europe. Le Roy lui opposa un autre homme de Mer, qui sans avoir un si grand nom, n'avoit pas moins d'expérience ni de capacité : c'étoit un Dieppois, appellé *Duquesne*, qui de simple Matelot, comme Ruïter l'avoit été, étoit parvenu comme lui au Commandement général. Les Flottes se rencontrerent ; le choc fut rude, & Ruïter écrivit que de sa vie il n'avoit vû une plus furieuse bataille. Duquesne le mit en fuite, & entra triomphant dans le Port de Messine avec son Escadre & tout son Convoi. Trois mois aprés, les Armées de Hollande &

Louis-Victor de Rochechoüart de Vivonne Duc & Pair, Maréchal de France en 1675.
Le 11. de Février 1675.
Agousta en Aoust.

Prés les Isles de Stromboli, en Janvier 1676.

S ij

d'Espagne aïant mis le Siége devant Agousta, Duquesne le leur fit lever. Le Combat fut sanglant, Ruïter y fut blessé à la jambe, au pied, à la tête, & ne survêcut que dix jours. La perte d'un Chef de cette importance jetta les Ennemis dans une telle consternation, qu'ils n'eurent plus la hardiesse de tenir la Mer : ils se retirerent à Palerme pour s'y faire radouber, & pour attendre du renfort. Pour profiter de ce desordre, le Marêchal-Duc de Vivonne alla les y attaquer : ils étoient à l'ancre, à l'entrée du Port, en assez bonne contenance; cependant à peine eut-on mis le feu à deux ou trois de leurs Vaisseaux, que les uns s'allerent échoüer sur les bancs voisins, d'autres se sauverent dans le Port, d'autres enfin, ou coulerent à fonds, ou sauterent en l'air. Les Ennemis perdirent en cette occasion douze grands Vaisseaux, six de leurs Galéres, sept cens piéces de Canon, & plus de cinq mille hommes. Le Port & la basse Ville furent beaucoup endommagez, les efforts de la poudre pousserent en l'air de tous côtez des Canons, des piéces de fer, & des parties entieres de Vais-

En Avril.

Le 2. de Juin.

seau brûlé, qui écrasoient tout en tombant. Le Maréchal de son côté ne fit presque aucune perte. De long-temps on n'avoit gagné une Victoire si complette ; elle fit trembler toute l'Italie, mit Messine dans l'abondance, & fut suivie, deux mois aprés, de la prise de Taormine, de la Scalette, de Saint-Placide, & d'autres petites Places le long de la Côte. La prise de Philisbourg qui se rendit aux Alliez aprés un an de blocus, & trois mois de Siége, ne fut pas capable de contrebalancer de si grandes pertes. La place étoit considérable, tant par ses fortifications, que parce qu'elle couvre l'Alsace, & tient dans sa dépendance tout le Palatinat ; mais ce Siége fut si long, & il y perit tant de monde, qu'une conquête à ce prix est moins utile, que funeste. L'Armée des Alliez se trouva en si mauvais ordre, & celle qui les côtoioit, les resserra tellement dans toutes leurs marches, qu'ils furent encore obligez, comme l'année d'auparavant, d'aller hyverner chez eux, & s'y remettre de leurs pertes.

En Septembre.

L'année suivante, le Roy ouvrit la Campagne par la prise de Valenciennes, de

CAMPAGNE DE 1677.

S iij

Cambray & de Saint-Omer, & par le gain d'une Bataille: expédition des plus célébres dont on eût ouï parler depuis plusieurs siécles, soit pour la renommée & pour la force de ces Places, soit par le peu de jours que le Roy mit à les réduire, dans un temps où il n'y avoit ni fourage en campagne, ni apparence de la tenir. Cambray est situé à la tête de toute la Flandre : cette Place morguoit nos frontiéres; elle portoit le fer & le feu jusques dans l'Isle de France, tiroit des contributions de quoi entretenir la plûpart des Troupes ennemies, & souvent nous faisoit la loi dans le temps que nous la donnions à tout le reste du Païs. Saint-Omer désoloit l'Artois & le Boulonnois; Valenciennes n'étoit pas moins de conséquence ; mais ces Villes étoient si fortes, que dans quelque necessité que le Roy fût de les avoir, on n'osoit se flater, qu'il fût ou assez puissant pour faire en même temps le Siége de toutes les trois, ou assez heureux pour les prendre. Il y avoit dans Valenciennes trois mille hommes de pied, mille chevaux, & deux mille Bourgeois aguerris ; les Nobles des environs étoient

Le Roy prend Valenciennes le 17. de Mars.

venus s'y renfermer : elle étoit défenduë d'un côté par des eaux & par des marais ; de l'autre, par de grands dehors, plus forts les uns que les autres, tous environnez de fossez, dans la plûpart desquels l'Escaut roule ses eaux d'une grande rapidité. Ces avantages & la memoire de la défaite du Maréchal de la Ferté rendoient ses Bourgeois si vains, que quand la Ville fut assiégée, bien loin de s'en allarmer ils en firent des réjoüissances, donnerent le Bal sur leurs remparts, & firent des festins dans toutes les ruës. Cette fausse joïe ne fut pas de longue durée, & peut-être n'a-t-on point vû de Place d'un aussi grand nom faire si peu de résistance. Dés l'année précédente, le Roy avoit pris Condé & Bouchain, petites Villes sur l'Escaut, l'une au dessous, l'autre au dessus de Valenciennes, & pendant tout l'hyver un grand corps de Cavalerie l'avoit tenuë comme bloquée. Elle fut investie le premier de Mars ; le Roy arriva le quatre, la tranchée fut ouverte du huit au neuf, & poussée cette même nuit plus de seize cens pas. La principale attaque fut à l'ouvrage couronné, dans la

Le 16. de Juillet 1656.

gorge duquel il y avoit une demi-lune, & devant cette piéce un ravelin nommé *le Pasté*. Pendant trois ou quatre jours, le Canon & les Bombes foudroïerent tous ces dehors, ensuite on les attaqua sur les huit heures du matin : les Troupes commandées étant venuës, comme des Lions, fondre par quatre endroits sur la contrescarpe, les Ennemis lâchent le pied & s'enfuïent de toutes leurs forces. Les nôtres les suivent l'épée dans les reins ; ils entrent avec eux dans l'Ouvrage couronné, ils les y attaquent en tête, en queûë & en flanc : ils en taillent huit cens en piéces ; le reste, voulant se sauver, est poursuivi de poste en poste, d'une si grande furie, que perdant le courage & le jugement, ils ne songerent point à lever le Pont, qui communique à la Ville, ni à fermer sur eux le guichet, qui étoit ouvert. Alors les Vainqueurs, emportez autant par l'occasion que par leur valeur, se saisissent de ce guichet, brisent la porte à coups de hache, montent un à un sur le rempart par un petit degré, tournent le Canon, & le pointent contre la Ville, pendant que d'autres se barricadent
dans

dans une ruë à la vuë de la Garnison & des Bourgeois armez, qui furent si épouvantez de voir une telle audace, qu'ils se rendirent sur le champ, & sans capituler demanderent misericorde. L'idée des désordres qui se commettent au sac des Villes, (quels maux ne se font point dans ces horribles journées, quand la licence & la fureur viennent à se déborder sur toute sorte d'âge, de condition & de sexe) le souvenir de leurs bravades, & cette vieille haine qu'en tant d'occasions ils avoient marquée contre nous, les faisoient justement trembler de devenir la proïe & la victime du Vainqueur. Ils ne furent que quelques momens dans de si cruelles allarmes : Aussi-tôt que le Roy eût sçu ce qui se passoit, il envoïa à toute bride défendre aux Troupes de piller. Les Soldats avoient commencé, & quatre ou cinq maisons avoient déja éprouvé une partie des malheurs d'une Ville prise d'assaut : l'occasion d'assouvir sa vengeance & son avarice, devoit, ce semble, les rendre sourds à l'ordre que l'on leur donnoit ; cependant à peine eurent-ils appris qu'il venoit de la part du Roy, qu'incontinent le pillage ceffa, au grand étonnement de toute la Ville, qui ne pouvoit affez admirer que dans ces momens de fureur, des Troupes fuffent auffi foumifes, foit qu'on leur ordonnât de vaincre, foit que le Roy leur défendît d'ufer des droits de la victoire. Le refte de la Garnifon qui fe montoit encore à deux mille huit à neuf cens hommes, fut fait prifonnier de Guerre; les Bourgeois furent confervez dans leurs principaux Privileges, & dés l'aprés-dînée la Ville fut prefque auffi calme que fi elle n'eût point changé de domination & de Maître. Memorable journée! où l'on vit en une demie-heure une poignée de gens forcer de grands dehors, franchir quatre ou cinq foffez, & emporter d'affaut une des Villes les plus fortes & les plus peuplées de toute la Flandre, fans qu'il en eût coûté plus de quarante hommes. La prife de Valenciennes fut comme un coup de foudre, qui fit trembler tout le Païs, & il n'y eut aucune Ville, qui aprés cette cataftrophe ofât fe croire en fûreté. Pour les r'affurer, les Etats Généraux envoïerent le Prince d'Orange, à la tefte de trente mille hommes, faire lever

DE LOUIS LE GRAND. Liv. III. 147

le Siége de Cambray, ou de Saint-Omer, que le Roy avoit afliégées toutes deux dans le même temps; l'une lui-même, & l'autre par fon Frere Unique. Cambray étoit fi fort, & d'une telle conféquence, qu'on difoit que les Efpagnols l'eftimoient prefque autant que tout le refte de la Flandre ; cependant ils s'attacherent à fecourir Saint-Omer plûtôt que Cambray , tant parce qu'il eft plus aifé de fe faifir de quelque pofte aux environs de Saint-Omer, que parce qu'ils s'étoient flattez de forcer quelqu'un des quartiers que jamais on n'avoit pû joindre. La marche des Ennemis ne r'allentit en rien le progrés ni le cours de l'un ni de l'autre Siége ; chacun faifoit fon devoir avec d'autant moins de peine , qu'on avoit tout en abondance ; la maxime du Roy aïant toujours été d'avoir des magazins pleins en hyver de toute forte de provifions, pour être en état de prévenir fes Ennemis , & de fe mettre en campagne d'aufli bonne heure qu'il le voudroit. Cambray fut attaqué fi vivement , que la Ville fe rendit en fix jours de tranchée ouverte: le lendemain le Roy fit un détachement

Philippe de France, Duc d'Orleans.

Le Roy prend Cambray le 5. d'Avril.

T ij

de neuf Bataillons, avec ordre de marcher à grandes journées pour joindre le Duc d'Orleans avant que les Ennemis puſſent attaquer ſes lignes, ou livrer bataille. Ce Prince preſſoit Saint-Omer, & tout nouvellement il venoit d'enlever un Fort ſi conſidérable, que de la priſe de ce poſte dépendoit celle de la Ville, lors qu'il eut des avis certains que l'Armée ennemie n'étoit plus qu'à ſix ou ſept lieuës. Ses Troupes étoient fatiguées, & beaucoup moins nombreuſes que celles du Prince d'Orange; neanmoins comme le Roy avoit donné ordre qu'à l'approche des Ennemis on marchât droit à eux, le Duc ſortit des lignes, & ne laiſſant que des Milices avec quelques Regimens à la garde des Forts & de la tranchée, il s'avança juſques à Caſſel, perſuadé que le Roy avoit ſi bien pris ſes meſures, que le renfort arriveroit quand il ſeroit temps: en effet ces Bataillons joignirent ſi à propos, qu'ils euſſent été plus à charge qu'utiles s'ils fuſſent arrivez plû-

Victoire de Caſſel le 11.d'Avril.

tôt. Avec ce ſecours les forces devenant égales, le Duc d'Orleans ne ſongea plus qu'à bien exécuter ſes ordres. Dés le lendemain, plein de joie & de confiance il paſſa le ruiſſeau qui ſéparoit les deux Armées, & fit charger les Ennemis. Le choc fut terrible, & pendant quelques heures le ſuccés douteux, comme ſi la fortune eût pris plaiſir de voir diſputer la Victoire à de ſi vaillans hommes, juſques à ce que les Ennemis, aprés trois heures de réſiſtance, plierent enfin de tous côtez, & s'enfuïrent à vauderoute, laiſſant pour gages de leur défaite leurs munitions & leurs bagages, dix-ſept Etendarts, quarante-quatre Drapeaux, treize piéces de Canon, trois mille priſonniers, & le Champ de bataille tout jonché de morts. On en comptoit juſques à ſix mille, le reſte ſe ſauva à la faveur des haïes & des défilez; la nuit, & les canaux dont ce terrain eſt tout coupé, obligea les Victorieux à pourſuivre les fuïards avec plus de prudence que d'ardeur. Le Duc d'Orleans acquit beaucoup d'honneur en cette journée, il diſpoſa ſon Armée en grand Capitaine, & combatit en vaillant homme: il reçut deux coups dans ſes armes, r'alliant quelques Bataillons, & les ramenant à la charge : il demeura un jour ou deux prés du Champ de bataille, pour donner ſes ordres pour les ſuites de la Victoire, & pour voir ſi les Ennemis, venant à ſe r'allier, ne voudroient point tenter un nouveau combat ; mais aiant ſçu de ſes Coureurs, qu'ils s'étoient retirez juſques dans le cœur du Païs, il r'entra dans ſes lignes pour continuer tranquillement le Siége de Saint-Omer : Le jour d'aprés, ſes batteries furent en état, & la tranchée pouſſée juſques au glacis. La contreſcarpe emportée, la bréche faite, le foſſé comblé, tout ſe préparoit à l'aſſaut, lors que la Place ſe rendit aprés s'être défenduë avec beaucoup de vigueur & de réſolution. Trois jours auparavant, la Citadelle de Cambray avoit auſſi capitulé : il y avoit ſept vieux Regimens, deux d'Eſpagnols, autant de Lorrains, & trois de Walons commandez par un Gouverneur également brave & habile. La Place étoit munie, ſes fortifications paſſoient pour une merveille, tout concouroit à une forte réſiſtance, le Roy n'avoit alors que neuf à dix mille hommes. C'étoit bien peu de monde pour un Siége de cette importance, toutefois ſon exemple & ſa vigilance

Le Roy prend la Citadelle de Cambray le 17. d'Avril.

redoublerent tellement leur activité & leurs forces, que malgré le feu continuel & les sorties des Assiégez, tous les dehors furent emportez en neuf ou dix jours. Le Canon d'ailleurs aïant ruïné un bastion, & fait une si grande bréche, qu'il pouvoit y monter trente hommes de front, le Gouverneur capitula de peur d'être pris d'assaut. Le Roy lui fit grace, & quoi qu'il pût le contraindre de se rendre à discrétion, il voulut bien lui accorder cette triste consolation de sortir par la bréche, tambour battant, Enseignes déploïées, avec deux piéces de Canon. La prise de ces Villes, & la Victoire de Cassel troublerent si fort les Alliez, qu'ils furent long-temps à se remettre, & ce ne fût que trois mois aprés, qu'ils s'assemblerent à Vesel pour se déterminer sur quelque entreprise d'éclat, qui pût rétablir leur réputation & leurs espérances. L'Electeur de Brandebourg, le Duc de Neubourg, qui tout nouvellement s'étoit declaré contre nous, l'Ambassadeur de Dannemark, le Pensionnaire de Hollande, l'Amiral Tromp, les Envoyez de l'Empereur, d'Espagne & des Electeurs se trouverent à la Conféren-

ce, dont le resultat fut de faire le Siége de Charleroy, & d'en confier l'exécution au Prince d'Orange. Aussi-tôt que ce Prince eut investi la Place avec soixante mille hommes, les Troupes du Roy se posterent incontinent entre les Assiégeans & les Villes de Flandre d'où ils tiroient leur subsistance. L'Armée du Prince se vit par-là comme bloquée, & commençant au second jour à manquer de vivres, il faloit ou donner bataille ou lever le Siége ; mais les Alliez n'oserent risquer un second combat : Ils décamperent en désordre au bout de huit jours, & consumerent la campagne à se plaindre les uns des autres, sans s'opposer que foiblement aux Troupes du Roy qui desolerent le Païs, ou le mirent sous contribution. Ses autres Armées ne furent pas moins heureuses : le Duc de Navailles ravagea tout le Lampourdan, & défit dix mille Espagnols en repassant les Pyrenées ; il en tua trois mille cinq cens, & en fit huit cens prisonniers sans perdre plus de deux cens hommes : Du côté d'Allemagne, les Troupes des Cercles commandées par un Duc de Saxe, aprés avoir été battuës en
plusieurs

Victoires de Catalogne & d'Allemagne.
Philippe de Monraut, Duc de Navailles Marêchal de France en 1675.

plusieurs rencontres, furent contraintes de se sauver dans une des Isles du Rhin. Loin d'y être en sûreté, elles étoient à la veille d'y perir de faim, ou d'être passées au fil de l'épée, si le Magistrat de Strasbourg n'eût obtenu, en leur faveur, un passeport pour se retirer, à cette condition qu'elles ne serviroient point pendant le reste de la Campagne. Le passeport accordé par le Maréchal de Crequy qui commandoit en Allemagne, cette Armée & son Général alloit se mettre en chemin, escortée par un Garde qui faisoit toute leur sûreté, quand le Prince Charles de Lorraine accourut à propos pour leur épargner cette honte : Il acheta cher la gloire de les dégager, toute la Cavalerie de son aîle droite fut taillée en piéces à quelques jours de-là, & défaite à platte-coûture. Ce Prince étoit heritier & neveu du Duc de Lorraine, qui étoit décedé en 1675. Aprés la mort du Duc, l'Empereur, pour gagner le Prince, lui donna le Commandement de son Armée sur le Rhin, & lui promit en mariage sa Sœur Reine Doüairiere de Pologne, & d'emploïer toutes ses forces à le mettre en pos-

V

session de la succession de Lorraine : En 1676. ce dessein ne put réüssir ; le Prince le crut si sûr à l'entrée de cette Campagne, qu'il fit mettre sur ses Etendarts, *Maintenant ou jamais.* Il passa la Saarre, & s'avança jusques à Mouson ; mais le Maréchal de Crequy sçut si bien lui couper les vivres, enlever ses convois, battre ses partis, fatiguer son Armée par des marches & des contremarches, & rompre toutes ses mesures, qu'il l'obligea, par ce moien, à repasser le Rhin, sans avoir pû rien faire de toute la Campagne. Les Allemans retirez, le Maréchal incontinent fit investir Fribourg, Capitale du Brisgau ; quoique la Ville fût grande, & qu'elle eût une Citadelle tres forte par sa situation & par de bons travaux, il la pressa si vivement, qu'il la prit en sept ou huit jours, avant que le Prince Charles pût arriver à temps pour la secourir. Un mois aprés, le Roy fit prendre Saint-Guillain : cette Place est située au milieu du Hainaut : elle étoit forte & fournie de tout ; on étoit au mois de Decembre ; il faisoit grand froid ; cependant elle fut emportée en neuf jours. Le Roy depuis cette

1677.

En Novembre.

Guerre avoit accoûtumé ses Troupes à braver toutes les saisons. Cette suite continuelle de revers & de pertes faisoit souhaiter la Paix au peuple de Hollande avec autant d'empressement, que le Prince d'Orange en avoit à la reculer. L'interêt de ce Prince étant de se conserver cette puissance presque absoluë, que donne le Commandement des Armées de mer & de terre, il se servoit de tous moïens pour empêcher que les Etats, ou ne pressassent les Alliez de faire tous en même temps une Paix générale, ou qu'ils n'en fissent avec le Roy une particuliére; mais quatre années d'une Guerre aussi ingrate que cruelle, aïant épuisé les forces & l'argent des uns & des autres, le Prince n'eut plus de ressource que du côté de l'Angleterre. Les Anglois regorgeoient de biens; ils avoient fait depuis trois ans tout le commerce de l'Europe. Leur trop d'abondance, la jalousie de nos conquêtes, & l'envie de se signaler leur faisoient souhaiter la Guerre, & ils avoient plus d'une fois sollicité leur Roy de se joindre aux Alliez. Cette disposition étoit favorable aux desseins du Prince d'O-

Ligue de l'Angleterre avec la Hollande.

range : il paſſa à Londres autant pour y ménager quelque alliance contre la France, que pour y époufer la fille aînée du Duc d'Yorck. Le Prince étoit Néveu du Roy d'Angleterre qui avoit de l'eſtime & de la tendreſſe pour lui : la Religion du Prince, ſon eſprit, ſes grandes richeſſes, ſon averſion contre la France, & les cabales des Hollandois lui avoient fait beaucoup d'amis dans les deux Chambres du Parlement. En cette occaſion il fit joüer tous ſes reſſorts pour engager le Roy ſon Oncle, à preſcrire un plan de Paix, & à ſe declarer contre celle des deux Couronnes qui refuſeroit de s'y ſoumettre. Comme la France ne voulut point s'aſſujetir à ce projet, on leva des Troupes en Angleterre; il en paſſa en Flandre ; mais cette nouvelle Ligue, ni ces Troupes Auxiliaires ne purent empêcher le Roy de faire, avant le Printemps, de nouvelles conquêtes.

CAMPAGNE DE 1678. Pour cacher ſon deſſein il partit pour Lorraine au commencement de Février, & il y demeura le reſte du mois avec la Reine & toute la Cour. Pendant ce voïage, ſes Armées de Flandre, celles de Lorraine &

d'Allemagne étant toutes en mouvement, leurs marches & leurs contre-marches déconcerterent tellement la prévoïance des Ennemis, que ne diftinguant plus ce qui étoit en peril & ce qui étoit en feureté, ils ne fçurent quelles méfures prendre, ni quelle Place ils devoient munir, de peur d'expofer les autres. Le Roy aïant des magafins depuis la mer jufques au Rhin, & un fi grand amas de toute forte de préparatifs, qu'il pouvoit faire aifément quatre ou cinq Siéges à la fois; les Alliez apprehendoient tout, fans pouvoir donner ordre à rien: d'un autre côté, le Marêchal d'Humieres aïant feint d'en vouloir à Ipres, le Gouverneur des Païs-Bas y envoïa auffi-tôt la plus grande partie des Troupes qui étoient à Gand; mais à peine furent-elles en marche, que foixante mille hommes, partis de divers endroits arriverent à la même heure devant cette derniere Place, & l'inveftirent de tous côtez, tandis que des Camps volans tenoient bloquées toutes à la fois, Ipres, Charlemont, Namur, Mons & Luxembourg, cinq Places des plus importantes, où les Alliez avoient jetté toute l'élite de

Le Roy prend Gand le 9. de Mars.

leurs Troupes. Gand a toûjours paſſé pour la plus grande Ville qu'il y ait dans les Païs-Bas : il y a une Citadelle, de beaux dehors, un bon rempart, un foſſé large & profond. Ces fortifications, le nombre de ſes habitans, leur humeur martiale, la facilité d'inonder tous les environs : (elle eſt ſituée dans un marais au confluent de trois Rivieres, & de deux Canaux) rendoient ce Siége ſi difficile, que quand même il fut formé, on avoit peine à le croire. Le Roy avoit donné des ordres ſi juſtes; ils furent exécutez avec tant d'exactitude, que quoi qu'il n'y eût que trois jours que la Place fût inveſtie quand il arriva, la circonvallation qui contenoit plus de huit lieuës, étoit déja preſque achevée, malgré les pluïes de la ſaiſon, & les obſtacles qu'on rencontre dans un païs de marécage. Il partit de Stenay par un temps fâcheux, & fit en moins de trois jours plus de ſoixante grandes lieuës : Il arriva au Camp de Gand, le quatriéme de Mars. Sans deſcendre de cheval, ni ſe repoſer, il fit le tour de la Place, & viſita tous les travaux : le même jour le Gouverneur aïant lâché ſes écluſes, le Roy fit faire des saignées & des digues avec un si grand succés, que les Troupes souffrirent peu, & qu'elles n'en eurent pas moins d'ardeur à emporter le lendemain la contrescarpe & les dehors. Cette grande Ville fit encore quelque resistance, jusques à ce que les Habitans virent pleuvoir sur leurs maisons une grêle de bombes, de carcasses & de boulets rouges; alors ils perdirent courage, & firent battre la chamade. Le jour d'aprés, la Citadelle fut assiégée en plein jour: quoi qu'elle eût quatre bastions & mille hommes à la défendre, elle fut contrainte de se rendre en trois jours de trenchée ouverte. Gand pris, le Roy, sans perdre de temps, marcha aussi-tôt à Ipres, Ville bien fortifiée, & qui lui étoit nécessaire pour le commerce de ses Places, & pour assurer ses conquêtes. Quoique les Espagnols en eussent tiré deux Bataillons pour secourir Bruge que le Roy avoit menacée, il y restoit encore trois mille hommes de vieilles Troupes: une si forte Garnison, animée par l'exemple de quantité d'Officiers & de Volontaires, fit d'abord ce qu'on doit attendre d'une vigoureuse dé-

Ipres en Mars.

fense ; cependant les approches étant faites, la Ville & la Citadelle qui n'esperoient point de secours, capitulerent en même temps, aussi-tôt que leurs contrescarpes eurent été enlevées l'épée à la main aprés beaucoup de résistance. Ce Siége fut meurtrier, quoi qu'il ne dura que neuf jours, & les Troupes Françoises n'eurent pas seulement à vaincre la bravoure des Assiégez, mais encore toutes les rigueurs d'un froid cuisant, & d'une pluïe continuelle.

Le Roy donne la paix à l'Europe.

Le Roy se vit alors dans une haute prosperité ; rien ne pouvoit lui resister, & le nombre des Princes liguez n'avoit servi depuis quatre ans qu'à donner un nouvel éclat à sa réputation & à sa puissance : il avoit deux Flottes en Mer, * cinq Armées sur pied, quantité de bons Officiers ; ses Troupes étoient aguerries, ses frontiéres toutes bordées de forteresses, ses Places munies ; ses finances étoient en bon ordre, son Roïaume paisible : il sçavoit la Guerre, il l'aimoit. Dans un état si florissant il pouvoit esperer de faire sans beaucoup de peine de nouvelles conquêtes ; mais comme il a toujours eu autant de modération que d'amour

* Il avoit sur pied soixante mille Chevaux, & deux cens quarante mille hommes d'Infanterie sans compter les Troupes des Armées Navalles.

mour pour la belle gloire, ſes Ennemis étant abbatus, & ſes frontiéres étenduës à de juſtes limites, il ne ſongea plus qu'à la Paix. Le Roy d'Angleterre n'eut pas plûtôt fait ſon Traité avec les Hollandois, qu'il penſa auſſi-tôt à ménager, s'il ſe pouvoit, une Paix générale : ſa médiation fut acceptée ; toutefois les choſes n'en étoient guére plus avancées, & deux ans s'étoient écoulez à convenir de Nimegue pour le lieu de l'Aſſemblée, à fixer l'étenduë de ſa neutralité, à faire l'échange des Pleins-pouvoirs, à en examiner la forme, & en ces autres préliminaires, qui ne ſervent ordinairement qu'à amuſer les Conférences, pendant que le ſort des armes decide en campagne les principaux points du Traité. Quoique les Eſpagnols qui avoient declaré la Guerre, euſſent fait chaque année quelque perte conſidérable, ils proteſtoient d'abord de ne jamais faire de Paix, que le Roy ne leur eût rendu ce qu'il avoit conquis ſur eux : les demandes de l'Empereur n'étoient pas moins fortes ; mais le Roy ne s'appliqua d'abord qu'à détacher les Hollandois, étant ſûr de faire la Paix avec les autres Puiſſances auffi-tôt qu'il auroit conclû avec les Etats. L'ombrage que leur donnoit le mariage du Prince d'Orange, la décadence de leur négoce, la crainte où ils étoient que fi la Guerre continuoit, il ne paflât en Angleterre pour ne plus revenir chez eux ; la dépenfe énorme qu'ils étoient obligez de faire pour l'entretien de leurs Armées & de celles de toute la Ligue, leur faifoient fouhaiter la Paix ; mais autant qu'ils avoient d'interêt à la defirer, autant trouvoient-ils de difficultez à la faire. Si l'Empereur & le Roy d'Efpagne n'avoient rien pû exécuter, du moins de confidérable, le Roy de Dannemarck & l'Electeur de Brandebourg avoient eu d'un autre côté des avantages fur la Suéde qui s'étoit declarée pour nous en 1675. Depuis trois ou quatre ans que duroit la Guerre du Nord, fi les Suédois avoient gagné trois Batailles fur terre, ils en avoient perdu trois autres fur mer, & on avoit conquis fur eux l'Ifle de Rugen, & prefque toute la Pomeranie. L'Exemple de la Suéde faifant croire aux Confédérez que la France pourroit à fon tour être vaincuë comme les autres, l'Empereur

& les Espagnols vouloient continuer la Guerre, quoique leurs espérances ne fussent fondées sur autre chose que sur la rouë de la fortune, & sur cette vicissitude qui regne ordinairement dans les évenemens du monde ; ainsi quelque ardeur qu'eussent les Etats de voir avancer la Paix, la résistance de ces Princes en faisoit languir le traité, & peut-être l'eût fait échoüer, si le Roy n'eût résolu de le finir, & d'obliger ces Potentats à recevoir la Paix. Lui-même en dressa le plan, & en l'envoïant à Nimegue, il ordonna à ses Ministres de déclarer aux Mediateurs, que si dans quarante jours les Alliez ne l'acceptoient pas, il seroit libre, aprés ce temps, d'en changer les conditions, & d'en ajoûter de nouvelles. Ce projet étoit de garder toutes ses conquêtes à la reserve de Mastricht, & de six Places en Flandre, Gand, Courtray, Ath, Oudenarde, Charleroy, Limbourg, & Saint-Guillain razé ; Que le Roy promettoit de rendre, Mastricht aux Hollandois, & les six Villes aux Espagnols ; Que le Traité de Munster demeureroit en son entier ; Que Fribourg resteroit au Roy, si l'Empereur gardoit Philisbourg ; Que le Prince de Furstemberg seroit remis en liberté & en tous ses biens & honneurs ; Et qu'enfin les Princes du Nord rendroient à la Suéde ce qu'ils avoient conquis sur elle. La plûpart des Confédérez se récrioient sur ces articles : ces vaines clameurs n'en firent rien diminuer, & aprés beaucoup de menaces, d'intrigues & de mouvemens, ils furent contraints de s'y soumettre. Lors que les Hollandois eurent accepté ces conditions, l'Empereur & l'Electeur de Brandebourg leur reprocherent vivement leur infidélité & leur ingratitude. Entre les Potentats se trouve-t-il de la reconnoissance ? Ne se donnant les uns aux autres plus ou moins de secours que selon le degré, non d'amitié, mais d'interêt, en sont-ils beaucoup obligez à ceux de qui ils le reçoivent, si ce n'est une ingratitude de trop examiner les motifs d'un bienfait que l'on a reçû ? Malgré ces reproches, les Etats bien loin de changer, engagerent l'Espagne à faire aussi sa Paix, & ils étoient prêts à signer, lors qu'un obstacle imprévû faillit à rompre le Traité. Quand le Roy avoit proposé de remettre six Villes en Flandre, le temps de la cession n'aïant point été limité, les Etats entendirent que ce seroit aussitôt aprés que la France & l'Espagne auroient ratifié la Paix. Le Roy rendant ces Villes, moins pour laisser une barriere entre lui & les Hollandois, & calmer les terreurs que leur donnoit son voisinage, que pour servir de récompense de ce qu'on rendoit à la Suéde, il vouloit qu'elle fût satisfaite avant que d'évacuer ces Places. Cette étincelle étoit capable de produire de grandes flammes, & d'allumer la Guerre avec plus d'animosité & de chaleur qu'auparavant, l'Empereur & les Espagnols se servant de l'occasion pour jetter des soupçons, & persuader aux Hollandois que le Roy vouloit les surprendre, & n'avoit, quoi qu'il en pût dire, nulle inclination pour la Paix. Pour la faciliter il avoit r'appellé ses Troupes de Sicile, prolongé le terme à la priere des Hollandois, dans lequel les Princes liguez devoient se déterminer sur ses propositions ; & quoique depuis un mois, le nombre de ses conquêtes fût accru de deux bonnes Places, l'une en Flandre, l'autre en Catalogne ; bien loin de s'en prévaloir, il

Ce fut François d'Aubusson-la-Feuillade Duc & Pair, Maréchal de France en 1675. qui ramena de Sicile les Troupes du Roy.

Leuve.
Puicerda.

avoit declaré qu'il les rendroit fans récompenſe : c'étoit bien témoigner ſon inclination pour la Paix ; neanmoins tout fut en ſuſpens juſques à ce que le Roy de Suéde fiſt declarer par ſes Miniſtres, non-ſeulement qu'il conſentoit, mais encore qu'il prioit le Roy de rendre les Villes de Flandre, & de ne point différer de donner la Paix à l'Europe pour l'intereſt particulier de la Couronne de Suéde. Cet obſtacle levé, la Paix fut ſignée entre le Roy & les Etats le 10. d'Août 1678. Le Prince d'Orange ne laiſſa pas d'attaquer quatre jours aprés, le Duc de Luxembourg, qui depuis les irréſolutions de l'Aſſemblée de Nimegue tenoit Mons bloqué avec quarante mille hommes. Le Prince avoit en vuë, ou de faire rompre le Traité, ou du moins de faire changer quelques-unes des conditions ſi le ſort lui étoit heureux ; le Duc ne pouvoit prévoir cette attaque des Ennemis, aïant des nouvelles ſûres que le Traité étoit ſigné, mais il ſçut bien-tôt diſſiper par ſa réſolution, le péril qu'il avoit couru par un peu trop de confiance. L'action fut ſanglante ; la nuit la termina ſans avantage,

Bataille de Saint-Denis le 14. d'Août,

sinon que les Ennemis se retirerent en desordre, & qu'ils furent poussez jusques dans leur Camp. Le lendemain on cessa les hostilitez ; la Paix fut annoncée le même jour, & ratifiée un mois aprés. Ce Traité conclû, l'Espagne fut contrainte d'une nécessité presque indispensable d'agréer les conditions que les Hollandois avoient négociées pour elle. En vain les Confédérez firent de leur côté tous les efforts imaginables pour l'empêcher de s'y résoudre ; elle ne put s'en défendre, & sa Paix fut signée le 17. de Septembre. Aussi-tôt aprés, le Roy sans perdre de temps, se prépara avant l'hyver, d'attaquer avec vigueur l'Empereur & l'Empire ; alors la plûpart de ses Princes commencerent à se détacher & à solliciter les Espagnols & les Etats de les comprendre dans leur Traité ; l'Espagne cependant de concert, à ce qu'on croïoit, entre les deux Maisons d'Autriche, differoit de ratifier ; de sorte que le temps marqué pour l'échange des deux Traitez étoit presque écoulé, quoique le Roy l'eût prolongé jusques à deux fois, à la priere des Hollandois. Dans cet intervalle, les Troupes Françoises firent des courses de tous côtez, & poussèrent jusques dans les cantons les plus riches de toute la Flandre, qui avoient été jusques-là à couvert de l'insulte : elles en exigerent de si grosses contributions, & y firent de si grands ravages, qu'au jugement des Ennemis le Païs souffrit plus pendant le temps qui se passa depuis le Traité signé jusques à sa ratification, qu'il n'avoit été desolé dans le fort de la Guerre. Les cris des Peuples émurent le Conseil d'Espagne, & malgré les oppositions de tous les autres

En Decembre 1678. Confédérez, lui firent ratifier le Traité. Incontinent aprés, le Roy fit declarer aux Ministres de l'Empereur, que si dans un certain temps leur Maître n'avoit accepté toutes les conditions qui avoient été proposées, il ne faloit plus parler de Paix. Cette déclaration, & la crainte des Armes du Roy, aïant enfin déterminé l'Empereur & l'Empire de plûtôt échoüer, que de tenir la Mer dans une aussi rude tempête que celle qui les menaçoit, l'Empereur fit sa Paix avec le

En Février 1679. Roy, aux conditions de maintenir le Traité de Munster, & de ceder Fribourg au Roy avec toute l'Alsace en pleine Souveraineté.

Dans

Dans le cours du Traité, à la priere de l'Empereur & des autres Confédérez, le Roy avoit laissé le choix au Prince Charles de Lorraine, ou de lui rendre ce Duché en retenant celui de Bar, selon le Traité des Pyrenées, ou de lui rendre tous les deux, en gardant Nancy & toutes les terres & chemins qui seroient nécessaires pour la marche des Armées du Roy. Le Prince avoit accepté ce dernier parti : ensuite le trouvant trop dur, il ne voulut d'aucun des deux. Quoique la Paix fût signée entre le Roy & l'Empereur, le Roy de Dannemarck & l'Electeur de Brandebourg continuoient leurs préparatifs, & prétendirent conserver toutes les conquêtes qu'ils avoient faites sur les Suédois en Allemagne ; mais à peine les Troupes Françoises furent-elles arrivées sur les terres de Brandebourg, que ces Princes, loin de résister, ne demanderent que la Paix, & firent aussitôt aprés, autant d'avances pour l'obtenir, qu'ils avoient témoigné en être éloignez jusques-alors. La Suéde fut satisfaite, ils lui rendirent entiérement ce qu'ils avoient conquis sur elle, sans autre dédommagement, que de quelques sommes que le Roy donna à ces Princes. La Posterité aura peine à croire qu'il ait pû soûtenir lui seul les efforts de tant d'Ennemis ; & qu'aprés les avoir vaincus, il les ait obligez à recevoir la Paix. Jamais la France n'en avoit fait de plus utile ni de si glorieuse : on ne peut négocier avec plus d'habileté. Le Roy en eut toute la gloire : lui-même traça le projet, & fixa toutes les démarches de ses Ambassadeurs * selon le progrés du Traité. Couronné de lauriers & d'olives, il devint par-là l'objet de l'admiration, non seulement de ses Sujets, mais encore de toute l'Europe.

* Geofroy d'Estrades Maréchal de France en 1675.
Charles-Colbert Marquis de Croissy, depuis Ministre & Secretaire d'Etat.
Antoine de Mesmes, Comte d'Avaux.

Fin du troisiéme Livre.

ESSAI DE L'HISTOIRE DU REGNE DE LOUIS LE GRAND.

LIVRE QUATRIEME.

A Paix rétablie, toutes les vûës du Roy furent de l'affermir ; & sans vouloir étendre les frontiéres de son Roïaume, il ne songea qu'à les fortifier pour les mieux défendre : aprés avoir écouté ses plus habiles Ingenieurs, il traçoit le Plan, fixoit la dépense, & tout le détail des Ouvrages. Depuis la fortification moderne on n'en a point vû de si belle, que celle des Places qu'il fit bâtir en Flandre, en Alsace, en Franche-Comté, pour garder les passages de la Lis, de l'Escaut, du Rhin, de la Saarre, de la Moselle, de la Meuse, & des autres Rivieres qui ferment l'entrée

Ses occupations dans la Paix.

Il fortifie ses frontieres. On compte plus de deux cens-vingt Places, Forts, Citadelles, Ports & Havres fortifiez & revêtus depuis 1660.

Y ij

de ses Etats : Non content de ces forteresses, comme il n'en est point de plus sûre que de tenir ses Ennemis dans un continuel respect, il n'avoit licentié qu'une partie de ses forces pour être toûjours invincible, quoique ne pensant qu'au repos il n'eût point d'intention de vaincre. En reformant les Regimens, il conserva les Officiers ; & pour en former de nouveaux au milieu de la Paix, il fit mettre sur pied des Compagnies de Gentils-hommes : il les entretenoit dans des Citadelles : ils apprenoient, à ses dépens, leurs exercices & la Guerre ; & quand ensuite il vaquoit des Lieutenances ou des Compagnies, on les donnoit à ces Eleves, à proportion de leur mérite. Pour animer les Troupes par l'assurance d'une retraite, il fit bâtir les Invalides dans un des Fauxbourgs de Paris, superbe Maison, où les blessez & les vieillards trouvent un honorable asile. Pour soulager les Gentils-hommes, qui souvent se trouvent épuisez par les dépenses du service, il fonda à Saint-Cyr une Communauté de trois cens jeunes Demoiselles : elles font preuves pour y entrer. Elles y sont élevées

Institution des Academies de Cadets.

Les Invalides.

Maison de Saint-Louis à Saint-Cyr.

DE LOUIS LE GRAND. *Liv. IV.* 173
avec un soin singulier, depuis sept ans jusques à vingt, & alors ou on les marie à des partis avantageux, ou on en fait des Religieuses, si l'inclination les y porte. Nous n'avons point d'exemple d'un établissement plus noble. Les Troupes campoient tous les ans : lorsque les Camps étoient formez, il faisoit un voïage pour les visiter & pour tenir dans le devoir les Gouverneurs de Place, les Intendans de ses Ouvrages, & tous ceux qui par leur employ doivent veiller sur la frontiére. Au retour d'un de ces voïages où il menoit toute la Cour, la Reine mourut d'une fiévre qui l'emporta en quatre jours. C'étoit une Princesse de grande vertu, toute à Dieu, charitable envers les pauvres, benigne à ses Officiers, affable à tout le monde. Avant que de mourir, elle avoit eu la joïe de voir le Dauphin marié, & de lui voir un Fils ; de six Enfans qu'elle avoit eus, il ne restoit que le Dauphin, beau Prince, sage, moderé, d'un temperament vigoureux, adroit à ses exercices, & intrepide dans le danger. Jamais Prince n'a eu une éducation plus noble, soit par le choix des Officiers, que le Roy

Mort de la Reine Marie-Therese d'Autriche le 30. de Juillet. 1683.

Louis-Dauphin né à Fontainebleau le premier de Novem. 1661. à midi sept minutes.

Il eut pour Gouverneur, Charles de Sainte Maure, Duc de Montausier, Pair de France, Protecteur des gens de lettres.

Y iij

en avoit chargez, soit par les soins qu'il se donnoit à le former lui-même. Quand un Prince aime son Païs, en vain fait-il de grandes choses, s'il n'apprend à son Successeur à conserver par son mérite cette haute réputation. Toute l'Europe avoit soupiré après un tel parti, d'autant plus que l'engagement pris quelques années auparavant avec l'Electeur & l'Electrice de Baviere sembloit être rompu par la mort de l'un & de l'autre ; mais encore que cette alliance n'eût plus les mêmes avantages, le Roy jaloux de sa parole maria le Dauphin à leur Fille aînée.

Quoique les Espagnols & les Ministres de l'Empereur fissent naître des difficultez sur l'exécution de la Paix, on en joüit deux ou trois ans, & personne de côté ni d'autre, n'aïant encore repris les armes, le Roy n'emploïa ses forces qu'à châtier dans cet intervalle les Corsaires d'Afrique, Nation qui met son honneur, son commerce & sa profession à voler & piller les autres. On coula à fond force Vaisseaux des Tripolins. Duquesne en brûla huit dans le Port de Chio. Le Maréchal d'Estrées Vice-Amiral

Et pour Precepteur, Jacques-Benigne Bossuet, Evêque de Meaux, si célébre par tant d'Ouvrages & par tant de victoires qu'il a remportées sur les Hérétiques.

Le 7. de Mars 1680.

Il fait bombarder Tripoli. . . . . . . 1685.

Alger { 1682. 1683. 1684.

Jean Comte d'Estrées Maréchal de France en 1681.

de France bombarda leur Ville quatre années aprés, & ce ne fut qu'à la priere du Grand-Seigneur, que le Roy leur donna la Paix une seconde fois. Les Algeriens, les plus fameux de ces Pirates, fiers d'avoir autrefois bravé la puissance de Charles-Quint, avoient eu la hardiesse de déclarer la Guerre au Roy. Pour les en punir, Alger fut bombardé trois fois; ils rendirent à la seconde six cens Esclaves sans rançon; ils furent si maltraitez à la troisiéme que quelques secours que leur offrissent les Genois & les Espagnols, ils envoïerent en France demander pardon & la Paix. La Republique de Genes s'étoit aussi attiré l'indignation du Roy. Les Genois étoient accusez d'avoir trempé dans le dessein de brûler dans les Ports de Marseille & de Toulon les Galeres & Vaisseaux du Roy: ils s'étoient mis tout recemment sous la protection d'Espagne, & avoient fait construire quatre nouvelles Galeres pour les joindre aux Escadres de cette Couronne. Pour les en faire repentir, le Roy fit bombarder leur Ville. On y jetta treize mille bombes, qui presque toutes firent effet, &

Genes bombardée en 1684.

la superbe Genes auroit été réduite en cendres dans un second bombardement, si elle ne l'avoit prévenu par la médiation du Pape, & par un prompt repentir. Quoique le Roy d'Espagne eût pris dans ses qualitez celle de Protecteur de cette République, il ne put obtenir du Roy qu'elle fût comprise dans la Tréve qui fut concluë en ce temps-là entre les deux Couronnes, & il falut pour expier tout le passé, que le Doge & quatre Senateurs vinssent au nom de la République faire ses soumissions au Roy, implorer sa clemence, & subir les conditions qu'il trouva à propos de leur imposer. Mais c'est assez parler de ces petites expéditions, il y a tant d'evenemens dans le regne d'un si grand Roy, qu'on ne peut dire qu'en passant les choses moins considérables pour reprendre le cours des grandes affaires.

En Mai 1685. le Doge de Genes, & quatre Senateurs viennent au nom de la République faire ses soumissions au Roy.

Differend pour les limites du Roïaume du côté d'Allemagne.

Le Traité de Nimegue aïant confirmé au Roy la Haute & la Basse Alsace en pleine Souveraineté, il fit sommer l'année d'aprés, tous les Princes, toutes les Villes, & généralement tous les Vassaux qui en relevent, de lui rendre foy & hommage. Quelques-uns ques-uns obéïrent, beaucoup refuférent. Sur leur refus le Confeil de Brifac réünit leurs Terres au Domaine fuivant la loi des Fiefs, qui permet la confifcation quand le Vaffal néglige, ou qu'il dénie à fon Seigneur l'hommage qui lui eft dû. En même temps la Chambre établie à Metz, réüniffant de fon côté tous les Fiefs démembrez des trois Evêchez, toutes ces réünions qui comprennent un fort grand païs, allarmerent tellement les Princes voifins, qu'ils en firent leurs plaintes à la Diette de Ratifbonne, & demanderent du fecours pour en arrêter le progrés. Ils eurent beau reprefenter que le befoin étoit preffant, la Diette ne put rien réfoudre. Ces réünions étant regardées par les uns comme des infractions, & par d'autres au contraire comme de pures exécutions de la Paix de Nimegüe, tandis qu'une partie crioit aux armes, l'autre expofoit en même temps le danger évident qu'il y avoit à les reprendre. Pendant ces irrefolutions, la Ville de Strasbourg, capitale de la Baffe Alface, & l'une des plus confidérables de toute l'Allemagne, fe foumit au Roy avant l'arrivée des

Metz.
Toul.
Verdun.

Strafbourg fe foumet au Roy en Septembre 1681.

Troupes, qui approchoient de toutes parts pour faire le Siége de cette Place. Elles y entrerent le même jour que d'autres Troupes du Roy prirent poſſeſſion de la Citadelle de Caſal, dont il avoit traité avec le Duc de Mantouë. En partant pour Strasbourg avant que l'on eût reçû la nouvelle de ſa ſoumiſſion, le Roy feignit un voïage à une Maiſon de plaiſance ; puis tournant tout d'un coup du côté d'Allemagne, il ſe rendit ſur la frontiére en relais. Il apprit dans ſa marche, que ſes Troupes étoient dans la Ville ; cependant il ne laiſſa pas d'avancer pour recevoir lui-même le ſerment de fidelité. Straſbourg étoit d'un ſi grand nom, que la priſe de cette Ville augmenta les fraïeurs de la Diette de Ratiſbonne. La diviſion y fut plus grande que jamais, d'autant plus que le Roy offroit de terminer, ſi l'on vouloit, ce differend à l'amiable. Les Miniſtres d'Autriche rejetterent d'abord cette propoſition ; enſuite y donnant les mains, dans la crainte où ils étoient d'une invaſion des Turcs, on envoïa de part & d'autre des Plenipotentiaires * qui s'aſſemblerent à Francfort pour regler les limites

*Les Plénipotentiaires de France furent .... de Saint-Romain, Abbé de Preaux, Conſeiller d'Etat.
Nicolas-Auguſte de Harlai, Comte de Celi, depuis auſſi Conſeiller d'Etat.

DE LOUIS LE GRAND. *Liv. IV.* 179
de la France & de l'Empire. Un an s'étant
écoulé fans qu'on ouvrît ces Conférences à
cause des contestations sur les titres, sur la
préséance, entre les Députez de l'Empereur
& de l'Empire, le Roy r'appella ses Commissaires, & pour ne point essuïer de nouvelles longueurs, il offrit à la Diette par le
Ministre qu'il y avoit, de renoncer pour   Louis-Verjus,
toûjours à ce qui restoit des dépendances   Comte de Creci.
de l'Alsace & des Evêchez, quoique ces prétentions s'étendissent fort loin, si l'Empereur & l'Empire dans le temps que le Roy
marquoit, vouloient ceder par un Traité
Strasbourg & son territoire, & tous les Païs
réünis avant l'Assemblée de Francfort.
Cette proposition étoit favorable ; elle fi-
xoit les limites, & elle établissoit une Paix
durable. Le College des Electeurs étoit
d'avis de l'accepter ; la plûpart des Princes
opinant au contraire à la rejetter, la deci-
sion traîna une année ou deux, le Roy aïant
accordé délai sur délai, tant à cause des dispositions que la Diette avoit à la Paix, que
par générosité. Les Turcs en ce temps-là
étant venus, comme un torrent, se répandre dans la Hongrie, ils avoient poussé

Z ij

1683.

Jean-Sobieski Roy de Pologne.

jusques à Vienne, qu'ils assiégerent avec plus de cent mille hommes. La Place étoit à l'extrêmité aprés deux mois de Siége, quand le Visir fut obligé de le lever à l'approche du Roy de Pologne, & des Armées de l'Empereur & de l'Empire, qui se joignirent toutes ensemble, & s'avancerent avec bravoure pour forcer les lignes des Turcs. Les Ministres d'Autriche, enflez de ce succés, presserent la Diette plus fortement de ne conclure avec le Roy ni Tréve ni Paix; mais comme les grands Empires ont de grandes ressources, les Turcs, aprés cette disgrace, étoient encore si fort à craindre, que pour être plus en état de leur resister, ou de faire sur eux des conquêtes, l'Empereur & l'Empire accepterent les offres du Roy, & signerent dix mois aprés; une Tréve de vingt années.

DIFFEREND POUR LES LIMITES DU CÔTÉ DE FLANDRE.

L'Espagne conclut en même temps un pareil Traité pour terminer les differends qu'elle avoit avec le Roy, pour les limites de la Flandre. Le Traité de Nimegue ne fut pas plûtôt ratifié, que le Roy pressa les Espagnols de députer des Commissaires qui convinssent avec les siens de toutes les dépendances des Provinces & des Villes qui lui demeuroient par la Paix. L'ouverture des Conférences fut d'abord suspenduë jusques à ce que le Roy d'Espagne eût envoïé un plein pouvoir, sans y prendre parmi ses titres celui de *Comte-Duc de Bourgogne.* L'année d'aprés, les Commissaires des deux Rois se r'assemblerent à Courtray ; mais les Ministres Espagnols ne songeoient qu'à ne rien finir, & qu'à broüiller, s'ils eussent pû, le Roy & les Hollandois. Alost s'étant trouvé dans ses dépendances, les Etats Généraux en prirent l'allarme ; en vain eussent-ils travaillé à se faire une barriere par la derniere Paix , si une Place si avancée, & presque aux portes d'Anvers, fût tombée au pouvoir du Roy. Pour calmer leurs fraïeurs, le Roy consentit de prendre un équivalent, & le Conseil d'Espagne differant, par mistere, à rendre réponse, il fit bloquer Luxembourg ; mais aussi-tôt qu'il eût appris le puissant armement que les Turcs faisoient pour fondre en Hongrie, il donna ordre au Commandant de lever le Blocus. L'Espagne cependant , bien loin de le satisfaire , commença peu de temps aprés à faire des hostilitez. De son côté le Roy fit assiéger Courtray. La Ville & la Citadelle se rendirent en cinq jours, & Dixmude sans coup ferir. Les Espagnols un mois aprés, sans argent ni Troupes, ni sans autre ressource que la nécessité où ils mettoient leurs Alliez de ne pas les laisser perir, declarerent la Guerre au Roy. Ils ne furent pas long-temps à ressentir tous les malheurs qu'attire ordinairement l'indignation d'un Roy puissant. Ses Troupes pendant l'hyver ravagerent la Flandre jusques aux Fauxbourgs de Bruxelles. Sur la fin d'Avril il envoïa un corps d'Armée assiéger Luxembourg, Place tres forte, bâtie sur un roc environné d'une Riviere presque de toutes parts; & pour couvrir le Siége il s'avança en même temps à la tête d'une autre Armée entre Condé & Valenciennes. L'Empereur pressa la Diette. Le Gouverneur des Païs-Bas & le Prince d'Orange, firent de leur côté, tous les efforts imaginables pour obliger les Hollandois d'envoïer au secours d'une Place si importante. Tous ces efforts furent inutiles : il ne parut point de secours, & la Place se rendit aprés s'être

Le Roy fait prendre Courtray en Novembre 1683. Louis legitimé de France, Comte de Vermandois Amiral, mourut à Courtray âgé de seize ans. Il s'étoit trouvé à ce Siége ; c'étoit un Prince de grande espérance.

Le Roy fait prendre Luxembourg en 1684.

DE LOUIS LE GRAND. Liv. IV. 183
défenduë vingt-sept jours de tranchée ouverte. Le Roy offrit ensuite de rendre Dixmude & Courtray, & de renoncer même à ses autres prétentions, pourvû que les Espagnols lui cedassent Beaumont, Bouvines & Chimay, petites Villes non fortifiées entre Sambre & Meuse, & que Luxembourg lui demeurât avec les quinze Villages de sa dépendance. Les Espagnols rejetterent la proposition jusques à ce que les Hollandois les contraignirent de l'accepter, aprés avoir réfléchi sur l'embarras où se trouvoit l'Empereur & l'Empire, & sur le peu de secours qu'il y avoit à esperer du côté d'Angleterre, soit à cause des divisions qui regnoient continuellement entre le Roy & son Parlement, soit parce que ce Charles II. Roy Prince sembloit n'aimer que les plaisirs & le d'Angleterre. repos; ainsi en 1684. il se fit dans le même temps un Traité général, & l'Empereur, Tréve de vingt l'Espagne & l'Empire conclurent avec le années entre le Roy, l'Empe- Roy à quatre jours prés l'un de l'autre une reur, l'Espagne Tréve de vingt années. & l'Empire en 1684.

Pendant que ces Traitez rétablissoient AFFAIRES la Paix dans la Chrêtienté, les différends DE ROME. qu'avoit le Roy avec la Cour de Rome s'aigrissoient de moment à autre ; & le Pape, loin de s'adoucir, sembloit vouloir porter les choses aux dernieres extrêmitez. La querelle avoit commencé à l'occasion de la Regale, qui consiste dans la jouïssance du revenu des Evêchez, & dans la collation des Dignitez & des Prébendes pendant la vacance des Siéges. La Güienne & le Dauphiné, la Provence & le Languedoc n'étoient point sujettes à ce droit, soit parce que la loi des Fiefs qui est, à ce qu'on prétend, une des sources de la Regale, n'aïant point lieu dans ces Provinces, elles s'étoient conservées dans leur liberté naturelle, soit qu'elles eussent été affranchies par leurs Princes avant qu'elles fussent unies à la Couronne ; mais en 1608. le Parlement de Paris qui connoît seul de la Regale, declara qu'elle devoit s'étendre dans tout le Roïaume, & défendit aux Avocats de rien avancer au contraire. Cette nouveauté aïant excité le zele du Clergé, Henry IV. sur ses remontrances ordonna qu'il seroit sursis à l'exécution de l'Arrest, & évoqua l'affaire au Roy & à son Conseil. Elle y fut instruite. Ces Provinces y produisirent les

La Regale.

Le Seigneur jouït des revenus du Fief aprés la mort du Vassal jusques à l'investiture du nouveau.

Par Arrest du 24. Avril à l'occasion du Doyenné de l'Eglise du Bellay.

les titres de leur privilege. Ces titres y furent examinez, & aprés une procédure de plus de soixante années, enfin le Conseil decida en 1673. que la Regale a lieu dans toutes les Terres & Païs de l'obéïssance du Roy. Tous les Prélats de Languedoc se soumirent à ce jugement, hors l'Evêque d'Alet & celui de Pamiers, qui porterent leurs plaintes au Pape. C'étoit Innocent XI. homme de bien, mais d'une humeur austere, d'un zele à tout entreprendre, & fort attaché à ses sentimens. Quelque vertueux que soient les hommes, ils ne donnent jamais tant à la vertu, qu'ils ne laissent beaucoup à l'humeur. Ces Prélats par leurs Lettres, leurs Agens dans leurs Audiences lui representant la Regale comme une espece d'heresie, capable de ruïner toute la pureté de la Religion, il écrivit deux Brefs au Roy, qui avoient bien moins l'air de remontrances paternelles, que de monitions Canoniques. Dans un troisiéme, le Pape menaçoit le Roy de lancer contre lui les foudres de l'Eglise, ajoutant ce présage affreux, que ce ne seroit plus à lui que ce Prince auroit affaire, mais à JESUS-

En Fevrier.

Il s'agissoit principalement du Languedoc.

Benoist Odescalchi, natif de Cosme dans le Milanez.

A a

CHRIST même, contre lequel il n'y avoit ni prudence ni force qui pût lui servir. Les gens de bon esprit, qui sans s'arrêter à l'écorce, creusent & approfondissent pour en mieux découvrir le fin & la cause des évenemens, ne pouvoient assez s'étonner que pour un mal qui n'étoit grand que dans l'idée de deux Prélats, le Pape en usât ainsi à l'égard d'un Roy si puissant, & d'ailleurs plein de zele pour la Religion. Que la Province de Languedoc (disoient ces Politiques) fût soumise à la Regale, ce n'étoit point un sujet d'une assez grande affliction pour exciter les armes & les gemissemens de l'Eglise, qui n'en souffroit pas plus de dommage que de tant d'autres Provinces de tout temps sujettes à ce droit. Sous un autre Regne cette étincelle eût peut-être allumé un feu qu'on auroit eu peine à éteindre. Il n'est point d'armes qu'on doive manier avec plus de retenuë que celles de l'Eglise ; & souvent il est plus utile de souffrir avec patience, que de corriger sans succés, au péril de causer un Schisme. Ces réfléxions faisoient dire à bien des gens, qu'on n'étoit point fâché à Rome de l'incident de la Regale, & de quelques autres broüilleries, pour avoir occasion de se déclarer contre nous : Que la maxime de tous les Papes avoit été depuis long-temps de tenir autant qu'ils ont pû les Puissances en équilibre, dans la crainte que si l'une d'elles devenoit l'Arbitre des autres, l'Italie & le Pape même ne perdissent leur liberté : Qu'on ne cherchoit qu'un prétexte de se joindre à nos Ennemis, la réputation du Roy, sa prosperité & ses forces étant montées à un point, qu'il donnoit plus de jalousie & plus de crainte aux autres Princes, que la fortune de Charles-Quint n'en avoit donné le siecle passé. La fermeté du Pape à ne point écouter les remontrances qu'on lui faisoit, donnoit de nouvelles forces à ces conjectures. Pour l'éclaircir & pour tâcher de l'appaiser, le Roy envoya à Rome le Cardinal d'Estrées, * grand homme, un des plus beaux genies du siecle, sçavant Theologien, homme de belles lettres, grand homme d'Etat ; mais ni l'habileté du Ministre, ni les soumissions du Roy ne purent en venir à bout. Dans cette conjoncture, les Evêques demanderent au Roy

* Cesar d'Estrées Cardinal, ancien Evêque, Duc de Laon, fils de François-Annibal, Duc d'Estrées, Pair & Marêchal de France.

Assemblée du Clergé de 1682. la permission de s'assembler pour chercher les moïens, ou de calmer le Pape, ou de prendre de justes mesures pour ne point craindre ses menaces. L'Assemblée fut nombreuse, & de sujets recommandables par leur capacité & par leur vertu. On y examina les Brefs, & aprés y avoir pesé toute l'affaire de la Regale, le Clergé consentit à son extension, & le Roy à se relâcher de ce qu'il y avoit dans la Regale de contraire à la Discipline & aux Usages de l'Eglise. Ce temperament sembloit plus avantageux à l'Eglise en général, que la franchise de ce droit n'étoit à celles de Languedoc; néanmoins le Pape en fit un nouveau crime, & sa réponse à la Lettre que l'Assemblée lui écrivit, fut un Bref fulminant, qui cassoit ce qu'elle avoit fait. Ces nouvelles aigreurs faisant tout craindre de sa part, les Evêques pour donner des bornes à son zele, en lui faisant ressouvenir quelles sont celles de sa puissance, prirent enfin le parti de publier leurs sentimens, & d'apprendre à leurs peuples à respecter l'autorité du Vicaire de JESUS-CHRIST; mais à n'en point craindre les menaces quand on la porte au delà de ses justes limites. Le Clergé déclara que le Pape ni l'Eglise même n'a aucun pouvoir ni absolu ni indirect sur le temporel des Rois : Qu'ils ne peuvent être déposez, ni leurs sujets absous du serment de fidelité : Que les Conciles Généraux sont supérieurs au Pape : Que l'usage de sa puissance doit se regler par les Canons, & que ses décisions ne sont point certaines sans le consentement de l'Eglise. Cette déclaration fut reçuë bien diversement chez les Etrangers. Les uns écrivirent contre, de l'aveu même de leurs Princes, & ils la condamnerent comme une doctrine nouvelle. D'autres soutinrent au contraire, que bien loin qu'elle fût nouvelle, c'étoit celle de toute l'Eglise avant l'onziéme siecle. Gregoire VII. disoient-ils, appuïé des grandes richesses de la Comtesse Mathilde, fut le premier qui entreprit de déposer un Empereur, à la faveur des divisions & des guerres civiles qui désolerent l'Allemagne. Pendant plus de mille ans tous les Papes se sont soumis à l'autorité des Conciles, & ils ont reconnu être obligez plus que les autres à en observer les

Canons. D'autres blâmoient le Clergé de France de s'être ainsi declaré contre les prétensions des Papes, dans un temps où la Cour de Rome ne se brouïlloit avec le Roy, du moins selon les apparences, que pour maintenir la liberté de quelques Eglises de France. Chacun chez les Etrangers en jugeoit selon sa passion, l'intereft la plûpart du temps étant la regle de la doctrine. Cette déclaration du Clergé déplut tellement au Pape, que le Roy lui aiant nommé quelques Sujets de l'Assemblée pour remplir les Siéges vacans, le Pape refusa de les agréer, disant qu'ils avoient souscrit une doctrine téméraire & contraire aux prééminences & aux droits du Pontificat. On eut beau lui representer que ces points n'étoient pas de foi, il laissa insensiblement vaquer jusques à trente Eglises, plûtôt que de donner des Bulles à ceux qui avoient été de cette Assemblée du Clergé.

LE ROY ETEINT LE CALVINISME DANS SON ROÏAUME. Le refus du Pape faisoit d'autant plus de peine, que la plûpart de ces Eglises avoient besoin plus que jamais, de la presence des Evêques, dans un temps où le Roy s'appliquoit avec zele à éteindre le Calvinisme;

Entreprise admirable, soit pour la grandeur du dessein, soit par les difficultez qu'il y avoit à l'exécuter ! Cette Secte nâquit sous François Premier. C'étoit encore peu de chose du temps de Henry II. mais sous les Regnes de ses enfans, elle devint si formidable qu'elle surprit la plûpart des Villes, démolit les Eglises, renversa les Autels, brisa les Images, pilla jusques aux Tombeaux, & fit des ravages inouïs par tout où ses Sectateurs purent se rendre les plus forts. Aprés avoir perdu un million de braves hommes dans le massacre général, en quatre Batailles, à défendre ou à attaquer quatre à cinq cens Villes, & dans prés de trois cens combats ; ils étoient encore si puissans qu'Henry IV. pour avoir la Paix, fut contraint de leur accorder la liberté de conscience, de l'argent pour païer leurs Troupes, des Temples de tous les côtez, des Juges particuliers, l'entrée aux Charges & aux Honneurs, cent Places de sûreté, & un fond pour entretenir leurs Ministres & leurs Garnisons. Loüis XIII. reprit ces Places en sept ans d'une rude Guerre, & il détruisit pour jamais ces asiles publics de

François II.
Charles IX.
Henry III.

Edit de Nantes.

sédition & de révolte : cependant le parti subsistoit toûjours ; & quoi qu'il n'eût plus dés-lors ni Troupes, ni Villes, ni Chefs, il faisoit encore prés de deux millions d'ames, quand le Roy monta sur le Trône. Dés qu'il eut commencé à gouverner lui-même, son zele pour la Religion, leurs frequentes révoltes, leur commerce séditieux avec les Etrangers, leurs conspirations au dedans, l'audace & la cruauté qu'ils avoient fait paroître sous les Regnes passez, l'avoient déja déterminé à ruïner cette faction ; mais la reforme de l'Etat & la Guerre que lui suscita la jalousie de ses Voisins, ne lui permettant pas de faire éclorre ce dessein, il fut contraint jusques à la Paix d'en suspendre l'exécution. Quand une Secte est établie, les supplices & la violence ne servent qu'à l'enraciner, comme le trop de douceur ne fait qu'accroître sa hardiesse. Le moïen de l'anéantir est d'emploïer, avec sagesse, l'indulgence quelquefois, & tantôt une séverité moderée, la plus grande partie des hommes étant plus sensibles à la crainte, que dociles à la raison. Pour abolir cette Hérésie sans trouble & sans éclat,

le

le Roy commença d'abord par exhorter tous les Evêques à faire prêcher la Controverse dans les lieux de leurs Dioceses les plus peuplez de Calvinistes, & par y envoïer des Missionnaires sages & zelez, qui pussent par leurs instructions & par l'exemple de leurs vertus r'amener insensiblement ces Oüailles à la Bergerie. A ces instructions le Roy joignit des récompenses, des honneurs & des privileges pour ceux qui se convertiroient ; & pour punir les obstinez, non seulement il les exclut de sa Maison, des Charges & de tous emplois ; mais il voulut encore que des Troupes logeassent chez eux en attendant leur changement. Si on se contente d'instruire sans presser l'homme par la crainte, il ne peut presque surmonter un certain engourdissement (si j'ose parler de la maniere) que produit la coûtume, & qui fait songer au Salut avec trop de nonchanlance. L'habitude & la prévention ont un si grand pouvoir sur la plûpart des hommes, qu'ils ne pensent presque jamais à rechercher la verité, s'ils n'y sont obligez par le desir de vivre en Paix, & par l'apprehension des peines. Le Roy supprima toutes les Chambres de l'Edit, & fit plusieurs Ordonnances en faveur de la Religion, ôtant aux Catholiques la malheureuse liberté d'abjurer la vraïe Religion, & à ceux qui l'embrasseroient, la liberté de retomber dans leur ancienne héréfie, sous des peines afflictives, sous celle de fermer les Temples où ils auroient été reçus, & d'interdiction aux Ministres. Ceux-ci étoient trop remuans pour observer ces Ordonnances. Leurs contraventions firent raser quantité de Temples ; le Calvinisme fut défendu en une infinité de lieux, où l'exercice s'en faisoit contre les Edits mêmes qui le favorisoient le plus. C'est ici où on peut dire hardiment, qu'il y a des choses vraïes, qui sont si peu vrai-semblables, qu'elles paroissent fables. La posterité aura peine à croire ce que nous avons vû, qu'un Parti si puissant se soit ainsi anéanti par des voïes douces & tranquilles. Les Villes entieres se réünirent à l'Eglise par déliberation publique, & elle eut la consolation, en moins de quatre ou cinq ans, de voir r'entrer dans son giron deux millions de ses Enfans. Alors le Roy aïant abrogé les Edits de Nantes &

de Nismes, tous les Temples furent rasez, les Ministres chassez du Roïaume, & le Calvinisme aboli sans le moindre soulevement.

Le 22. d'Octobre 1685.

Ces grands évenemens faisant croître de jour en jour cet amour tendre que chacun avoit pour le Roy, on ne peut bien representer quelle fut la consternation, quand environ un an aprés, on courut risque de le perdre. Depuis sept à huit mois il ne s'étoit point bien porté, il avoit eu de temps en temps quelquefois un accés de fiévre, ou d'autres incommoditez ; quand enfin le mal s'étant declaré, on fut obligé de lui faire l'opération. Il ne pouvoit en échaper si la fiévre fût survenuë ; mais comme le plus souvent c'est la peur qui en est la cause, le Roy n'aïant fait paroître aucune inquiétude, à peine eut-il quelque émotion plus qu'à l'ordinaire ; il vit du monde le même jour ; il tint Conseil le lendemain, & pendant tout le cours du mal, qui dura plus de cinq semaines, il ne cessa de travailler & de donner ses ordres comme en pleine santé. Tant qu'il fut en danger, tout le Roïaume fit des vœux ; on voïoit l'Artisan se dero-

Tout le Roïaume fait des vœux pour la santé du Roy.

En Decembre 1686.

ber à son travail pour accourir dans les E-glises qui ne désemplissoient point pendant toute la journée. Le monde y venoit en foule demander à Dieu la santé du Roy. Lors qu'elle fut rétablie, chacun à l'envi voulut signaler sa joïe ; ce ne furent que réjouïssances, & le zele fut porté si loin, qu'il falut y donner des bornes ; mais autant que sa convalescence étoit agréable à ses peuples, autant surprit-elle ses jaloux & ses Ennemis. Il y avoit plus d'un an, que le Prince d'Orange, les Ministres de l'Empereur, & le Duc de Neubourg, Prince des plus habiles, vif, entreprenant, toûjours attentif à ses interêts, cabaloient de tous les côtez, principalement en Espagne & en Allemagne, pour animer ces Princes à se liguer contre le Roy, excitant la crainte des uns, allumant par leurs artifices la jalousie des autres, & leur representant à tous, que le Traité de Ratisbonne ne leur étoit pas moins honteux, que celui de Nimegue : Qu'il faloit reprendre les Armes pour recouvrer, s'il se pouvoit, leur réputation & leurs pertes ; Qu'une Guerre ouverte étoit plus à souhaiter qu'une Paix

Motifs qui l'obligent a reprendre les armes.

Tréve signée à Ratisbonne en Août 1684.

pleine de défiance ; Que les forces de la France consistant principalement en la personne du Roy, le temps étoit favorable ; la santé de ce Prince étant si foible & si caduque, qu'il ne seroit plus en état de monter à cheval, ni d'animer par sa presence l'exécution de ses desseins. A force d'intrigues & de mouvemens, il se fit à Ausbourg une Ligue contre la France entre l'Empereur, le Roy d'Espagne, les Etats Généraux des Provinces-Unies, l'Electeur Palatin, ceux de Saxe & de Brandebourg, beaucoup de Catholiques, & généralement tous les Protestans d'Allemagne. Depuis la prise de Luxembourg & la conclusion de la Tréve, toute l'inclination du Roy avoit été de maintenir le repos de la Chrêtienté ; il avoit vû tranquillement l'Empereur gagner des Batailles, conquerir un Roïaume, sans faire aucun mouvement, qui pût empêcher ce Prince de pousser ses conquêtes & de ruïner l'Empire Ottoman, qui paroissoit en ce temps-là sur le point de sa décadence ; & quoique la conduite du Duc de Neubourg dût attirer dans ses Etats les armes Françoises, le Roy avoit mieux aimé suf-

La Ligue d'Ausbourg en Juillet 1686.

pendre son ressentiment, que d'interrompre le progrés des Armées Chrêtiennes en Hongrie, par une diversion sur le Rhin. L'Electeur Palatin étant mort sans enfans, la Duchesse d'Orleans, sa Sœur & son heritiere, demanda au Duc de Neubourg, qui avoit succedé à l'Electorat, les meubles de la succession, les biens allodiaux, & tous les Fiefs héréditaires. Le nouvel Electeur consentoit à rendre les meubles, mais il s'étoit emparé du reste. Pour en tirer raison, le Duc d'Orleans fut obligé de demander des Troupes au Roy pour se mettre en possession des Fiefs échus à la Duchesse. L'occasion étoit belle pour châtier le Palatin; cependant le Roy qui ne songeoit alors qu'à l'affermissement de la tranquillité publique, empêcha que le Duc, son Frere, ne poursuivît ses droits par la voïe des Armes, & l'engagea à se soumettre à la décision du Pape. Les Auteurs de la Ligue imputant à foiblesse cette condescendance, ou au peu de santé du Roy, redoublerent leurs intrigues & leur vivacité, à Rome principalement, dans la crainte que le Pape ne revînt de ses préventions. Les conquêtes

Differend pour la succession Palatine.

Philippe de France, Duc d'Orleans, fut marié en premieres nôces à Henriette-Anne d'Angleterre, Fille de Charles I. Roy de la Grande Bretagne; & en secondes nôces à Charlotte-Elizabeth de Baviere, Fille de l'Electeur Palatin.

d'Hongrie faisant alors sa passion, il voïoit agréablement que le Roy par modération n'avoit point voulu les troubler, & il ne pouvoit être insensible au témoignage de confiance que le Roy lui avoit donné, en le choisissant pour Arbitre de la succession Palatine ; mais les Ministres de l'Empereur sçurent étouffer ces sentimens, & l'engagerent tellement dans leurs vûës & leurs interests, qu'il ne cherchoit qu'une occasion ou un prétexte d'éclater, quand il crut l'avoir rencontré dans la franchise des Quartiers. On doit respecter la Maison des Ambassadeurs, puisque c'est moins la leur, que le Palais des Rois & des Princes qu'ils representent ; & c'est par cette raison que selon le droit des Gens, ces Maisons sont inviolables. Comme ordinairement les Ambassadeurs des Couronnes ont à Rome une grande suite, leurs Palais étant trop petits, ils logeoient de leurs Domestiques dans les maisons des environs, qui alors étoient regardées à cause de la Sauve-garde, comme faisant partie du Palais de l'Ambassadeur. Par respect pour lui, les Officiers de la Justice n'osoient y faire de fonctions : on

Différend pour la franchise du Palais des Ambassadeurs à Rome.

y étoit en sûreté, mais les gens de l'Ambassadeur, & quelquefois lui-même n'ufant pas bien de ces franchifes, les Papes avoient défendu, fous de griéves peines, de s'y refugier, & aux Juges de les tolerer : Cependant elles fubfiftoient encore quand Innocent XI. entreprit de les abolir. Aprés la mort du Duc d'Eftrées, Ambaffadeur du Roy à Rome, le Pape pour les fupprimer excommunia par une Bulle ceux qui voudroient s'y maintenir, & les debiteurs ou coupables qui y chercheroient un refuge. La peine parut trop forte. Si cette cenfure ne doit être fulminée que pour des crimes énormes, où eft, difoit-on, celui d'un malheureux qui fe jette dans un azile pour y fauver fa vie ou fa liberté ? En conféquence de cette Bulle, le Marquis de Lavardin, qui avoit fuccedé au Duc, aïant communié & affifté aux faints Offices dans la Paroiffe de Saint-Loüis, le Cardinal Vicaire interdit cette Eglife dés le lendemain, fuppofant que l'Ambaffadeur étoit tombé notoirement dans les cenfures de la Bulle. Cet interdit dura deux mois, au bout defquels il fut levé, fans que l'Ambaffadeur eût fait aucune

François-Annibal, Duc d'Eftrées, Pair de France, Frere du Cardinal.

Henry-Charles de Beaumanoir, Marquis de Lavardin.
La Nuit de Noël 1686.

aucune satisfaction, ni témoigné de repentir. Comme depuis son arrivée il n'avoit point eu d'Audience, on ne sçavoit si ce Ministre s'étoit mis en possession de la franchise du Quartier, ou pour s'y maintenir, ou pour la remettre. Il en avoit usé de maniere à faire croire, qu'il avoit ordre d'y renoncer, aïant chassé de son Quartier tous gens suspects, & défendu avec rigueur d'y donner retraite à aucun. Personne ne l'avoit vu de la part du Pape, ni ne lui avoit notifié la Bulle contre les Franchises, quoi qu'elle eût été publiée long-temps avant qu'il arrivât ; ainsi quand son caractere ne l'auroit pas mis à couvert de toutes censures, il étoit difficile de montrer, qu'il y fût tombé. Le Pape cependant fut toûjours infléxible à lui refuser audience, & quelques instances que sçut faire l'Ambassadeur, il ne put jamais l'obtenir.

Les Alliez triomphoient de la disposition du Pape, & s'en servant utilement pour gagner quelques Catholiques qui balançoient encore à entrer dans la Ligue, ils s'appliquerent à la grossir & à la rendre si puissante, qu'elle pût accabler la France.

L'Empereur a-voit épousé en troisièmes nôces la Princesse Marie-Magdelaine de Neubourg.

L'Electeur Palatin pressoit l'Empereur son Gendre, de conclurre avec la Porte, & de sacrifier une partie de ses conquêtes pour venir fondre sur le Rhin. Les Turcs jusques-alors avoient demandé la Paix pour se remettre de l'agitation & des troubles que les divisions avoient causé dans leur Empire; mais le trop grand empressement des Ministres de l'Empereur leur fit prendre courage, & la résolution de ne point faire de Traité, que sous de bonnes conditions. La Paix est un si grand bien qu'on doit toûjours la souhaiter; mais souvent il est dangereux d'en précipiter le desir. Pendant ces pour-parlers, les Alliez travailloient à

Affaires de Cologne en 1688.

se fortifier sur le Rhin, en plaçant à Cologne un Electeur de confiance, qui leur livrât ses Places & passage, quand ils le voudroient. L'Archevêque étoit si cassé, que ne pouvant vivre long-temps, il agréa que le Chapitre lui choisît un Coadjuteur. L'Electeur Palatin, toûjours attentif à profiter des conjonctures, souhaitoit avec passion une Place de cette importance pour un des Princes ses Enfans. S'il avoit pû se rendre Maître de ce second Electorat, il n'y avoit plus rien au dessus de ses espérances ; & quelque liaison qu'il eût alors avec la Maison d'Autriche, peut-être pensoit-il déja à fraïer à ses Fils un chemin pour la supplanter, & pour lui enlever l'Empire, si l'occasion s'en presentoit : il mit tout en œuvre pour faire un de ses Enfans Coadjuteur de l'Archevêque. L'Empereur & les Hollandois y épuiserent leur credit. La Brigue eut si peu d'effet, que de vingt-deux Capitulans qui se trouverent au Chapitre, dix-neuf donnerent leurs voix au Cardinal de Furstemberg, Doyen de cette Eglise, & depuis fort long-temps Premier Ministre de l'Archevêque. Le mérite du Cardinal, son âge, son expérience, ses services passez, ceux qu'on devoit en esperer, la recommandation du Roy, & celle de leur Archevêque, avoient déterminé les Chanoines à le préférer. Toutes ces raisons ne purent persuader le Pape ; & quelques efforts qu'ils purent faire pour surmonter sa résistance, il ne voulut jamais confirmer cette Postulation, quoi qu'elle fût revêtuë de toutes les formes, & qu'elle dût affermir la Paix. Le Roy de son côté écrivit au Pape une Lettre

Guillaume-Egon de Furstemberg, Cardinal Evêque de Strasbourg.

de sa propre main. La Lettre fut portée par un homme affidé. L'Envoïé la montra aux Ministres de Sa Sainteté, & sans leur découvrir ses ordres, leur fit connoître qu'il en avoit dont le Pape seroit content; mais à quoi ne se portent point les hommes les plus sages, quand ils ne croïent que leurs lumieres ? Quelque chose qu'on pût dire au Pape sur les suites de ce refus, jamais il ne voulut voir ni la Lettre ni l'Envoïé. Sur ces entrefaites, l'Archevêque étant mort, les Alliez changerent de vûë, & donnerent pour concurrent au Cardinal de Furstemberg, le Prince Clement de Baviere: C'étoit un jeune Prince de grande espérance; mais comme il n'avoit alors que dix-sept ans, & que d'ailleurs il n'étoit point Chanoine de Cologne, il falut que le Pape, oubliant en cette occasion son ancienne rigidité, & celle des Canons, lui accordât une Dispense pour être élû Archevêque de cette Eglise. La Ligue, ce Bref en main, emploïa tous les artifices, offres, promesses, menaces, tout fut mis en usage ; l'Envoïé de l'Empereur dit aux Chanoines en plein Chapitre, & en presence du Cardinal, que

Le Prince Clement, Frere de Maximilien II. du nom, aujourd'hui Electeur & Duc de Baviere.

si le sort tomboit sur lui, on les dépoüilleroit de leurs Privileges. Malgré ces violences, quatorze demeurerent fermes, & il n'y en eut que neuf, qui donnerent leur Suffrage au Prince Clement. L'affaire portée à Rome, chacun des deux Concurrens, & les Princes qui les appuyoient, emploïerent tout leur crédit pour obtenir des Bulles de confirmation. Il y eut une Congrégation pour examiner tous les Actes. Une cause de cette importance, & dans une conjoncture aussi délicate, n'avoit garde de se terminer par les formalitez du Droit, mais par des vuës supérieures. Les Ennemis de la France representoient au Pape, que ce seroit livrer au Roy Cologne & l'Electorat, que de faire le Cardinal Archevêque de cette Eglise : Que le Roy Maître de Cologne, le seroit en fort peu de temps, non seulement des Païs-Bas, mais même encore de l'Empire ; Cologne étant une porte pour y entrer quand il voudroit, & pour en assujettir les Princes. Il n'étoit pas besoin que ces Emissaires fissent de grands efforts pour allarmer le Pape, il n'étoit que trop disposé à exclure le Cardinal, soit par ressentiment ou par prévention, soit dans la crainte d'augmenter la puissance du Roy ; ainsi le Prince de dix-sept ans l'emporta sur le Cardinal, au jugement du même Pape qui lui avoit donné la Pourpre. Alors le Roy aïant épuisé tous les moïens imaginables pour conserver la Paix, prit enfin la résolution de rompre avec le Pape, en conservant pour le Saint-Siége tout le respect qui lui est dû,

Le Roy reprend les armes en 1688. & de porter plûtôt la Guerre dans les Etats des Ennemis, que de l'attendre dans les siens. Pour détourner l'orage dont le Pape le menaçoit, le Roy fit interjetter par son Procureur-Général un Appel au futur Con-

En Septembre 1688. cile, des Griefs qu'on avoit reçus, & de ceux que l'on pouvoit craindre de la partialité du Pape. Cette sorte d'appel, quand il est bien fondé, rendant nulles de Droit toutes les censures qu'on fulmine au préjudice de cet Acte, le Roy ne pouvoit trouver un plus sage temperament pour ôter au Pape, ou la volonté de lui nuire, ou les moïens d'exécuter cette mauvaise volonté. Il publia en même temps les raisons qui l'avoient contraint à reprendre les armes; & comme son dessein étoit moins d'attaquer que de se défendre, ce Manifeste avoit plus l'air d'un Projet de nouvelle Paix, que d'une Déclaration de Guerre. Le Roy consentoit de terminer à l'amiable les differends qu'il y avoit sur la succession Palatine; il offroit de raser Fribourg, & de démolir Philisbourg, dont il alloit se rendre Maître; pourvû que de leur côté l'Empereur & l'Empire consentissent à convertir le Traité de Tréve en Traité de Paix, & qu'ils laissassent en repos le Cardinal de Furstemberg & les Chanoines de Cologne joüir de leurs droits & privileges. Pour appuïer ces conditions du secours des armes, il fit avancer des Troupes aux environs de Philisbourg, le Dauphin l'assiégea le 6ᵉ d'Octobre. Quoique ce fût la premiere fois que ce Prince eût commandé, il fit voir dans cette Campagne, qui ne dura que six semaines, tant de conduite & tant de valeur, qu'il s'acquit l'estime des Troupes. La saison avancée, les pluïes continuelles, & des Marais impraticables, rendoient ce Siége difficile. Le Gouverneur se défendit en homme de teste & de cœur; mais n'esperant point de secours, & ne pouvant plus

Il fait prendre Philisbourg en 1688.

résister à la fureur des Bombes, ni à la vigueur des attaques, il fit sa composition le 29. d'Octobre ; & le premier du mois suivant, le Dauphin célébra le jour de sa naissance par son entrée dans cette Place. Pendant le Siége de Philisbourg, le Roy n'avoit pas laissé de faire encore négocier, dans l'espérance que ces éclairs feroient craindre aux Confédérez la foudre qui les menaçoit. Ces démarches furent inutiles, & le Roy ne pouvant s'attendre qu'à soûtenir une longue Guerre, le Dauphin, par son ordre, acheva la conquête de tout le Palatinat, par la prise des Forteresses de Manheim & de Frankendal, pendant que des détachemens s'emparerent de Spire, de Maïence, de Tréves & de Wormes, pour contraindre les Ennemis à accepter la Paix, ou pour les réduire à s'épuiser d'hommes & d'argent, à reprendre leurs propres Places, qui ne couterent au Roy que la peine de s'en saisir.

Conquête du Palatinat en 1688.

Fin du quatriéme Livre.

ESSAI

ESSAI DE L'HISTOIRE DU REGNE DE LOUIS LE GRAND.

LIVRE CINQUIEME.

ES premieres conquêtes ré- Toute l'Allemagne se déclare contre le Roy.
pandirent l'allarme dans toute
l'Allemagne ; mais loin d'ab-
batre le courage, elles le rele-
verent, & chaque Cercle en
particulier, apprehendant le voisinage d'u-
ne si terrible Puissance, offrit de lever des
Troupes, sans disputer à l'ordinaire sur le
plus ou le moins que chacun doit fournir
pour son contingent. Tous les Princes en
général, tous les Electeurs se déclarerent
contre le Roy, jusqu'au Duc de Baviere,
quoique sa Sœur eût eu l'honneur d'épouser le Dauphin. Le Duc s'étoit signalé dans
la Guerre de Hongrie ; il vouloit main-

tenir son Frere dans l'Archevêché de Cologne. On le flatoit de la succession d'Espagne. Ces liaisons étoient si fortes, que quoique jusques-alors l'interest de sa Maison eût été de balancer le crédit superieur de la Maison d'Autriche, le Duc devint un des Chefs les plus attachez à la Ligue. Il est si difficile que ce grand nombre de Souverains qui dominent en Allemagne, n'aïent tous qu'un même interest, ou se trouvent de même avis, que de long-temps on ne les avoit vûs réünis, moins encore pour épouser la querelle de l'Empereur, la maxime fondamentale de la liberté de l'Empire étant toujours de prévenir, bien loin de favoriser les desseins & l'accroissement de la puissance de son Chef. On avoit peine à comprendre que ces Princes eussent tant d'ardeur à se ruïner eux-mêmes dans une Guerre, dont le profit seroit tout entier pour lui, & à se mettre dans l'impuissance de resister quand le temps & les conjonctures feroient naître dans la suite le desir de les attaquer. Quelques Troupes que pût fournir toute l'Allemagne jointe ensemble, l'Empereur & l'Empire ne se croïant pas assez forts pour pouvoir, sans secours, résister aux forces du Roy, écrivirent à tous les Princes, jusqu'au Roy de Pologne, & à ces autres Potentats si fort confinez dans le Nord, qu'ils n'ont presque point de part aux évenemens de la belle Europe. Les Suisses furent vivement sollicitez, ou d'entrer dans la Ligue, ou du moins de livrer passage. Quelques offres & quelques ménaces que l'on pût faire aux Cantons, ils résolurent de garder cette Neutralité exacte qui fait venir chez eux l'argent de tous les côtez, & qui les fait considerer des plus redoutables Puissances. De tous les Princes d'Italie, quoique secretement ils desirassent tous de voir diminuer la Grandeur du Roy, pas un ne se déclara hors le Duc de Savoïe. * La gloire de se voir à la teste d'une grande Armée, que la Ligue promettoit de lui entretenir, l'espérance d'attirer chez lui l'argent de Hollande & d'Angleterre, & d'en avoir en abondance, l'envie d'éclater & de se faire considérer ; la part qu'on lui promettoit au debris de la Monarchie, si la Ligue venoit à bout de ses magnifiques desseins ; tous ces

* Victor-Amé II. Duc de Savoïe, se joint aux Alliez.

Dd ij

motifs éblouïrent si fort le Duc, qu'il se joignit aux Alliez, quelque temperament que le Roy lui fist proposer, du moins pour demeurer neutre. La Guerre de Piedmont coûte de si grands frais, à faire traîner du Canon, à faire porter sur des Mulets des vivres & des munitions à travers des chemins affreux, & les Troupes ont tant de mal à passer & à repasser les monts, que rien n'étoit plus favorable aux Alliez que d'avoir pû par leurs intrigues susciter une Guerre au Roy dans un endroit si incommode. Le Roïaume d'ailleurs étoit presque ouvert de ce côté-là, l'interest qu'avoit la Savoïe d'être bien avec la France, la liaison étroite qu'il y avoit entre les deux Cours, la réputation du Roy, la crainte de ses forces, aïant été par le passé un rempart plus que suffisant pour mettre cette frontiere en sûreté ; cependant quoique les Alliez se flatassent de percer par-là jusques dans le cœur du Roïaume, leur espérance principale étoit moins dans cette irruption, que dans le changement, qu'ils attendoient en Angleterre, & qui arriva en effet, lorsque l'on y pensoit le moins. Autant que le climat est orageux en Angleterre, autant le Gouvernement est-il sujet en ce Roïaume à des révolutions, qui pour être frequentes n'en sont pas moins étranges. Cette diversité de Sectes & de Religions qu'on y tolere depuis le Schisme, est une source intarissable de troubles & de divisions, qui ont pensé plus d'une fois renverser cette Monarchie. Quoique Jacques II. n'étant encore que Duc d'Yorck, eût été presque declaré par une des Chambres du Parlement exclus du Trône d'Angleterre, ce Prince y étoit monté avec acclamation, faisant profession ouverte de la Religion Romaine. Cette noble fierté de ne point masquer sa Religion, r'assura ses Peuples, & leur fit croire que sa parole seroit une sauve-garde & un asile inviolable pour les franchises du Païs. Cette confiance ne dura pas long-temps : le zele de ce Prince à avancer les Catholiques, & les bruits que les Factieux répandirent de tous côtez, que son dessein étoit de renverser les Loix, pour élever sur leur ruïne un pouvoir arbitraire, aïant allarmé les peuples ; sur ces fausses terreurs il se fit un Parti, où les Chefs des

Révolution d'Angleterre sur la fin de 1688.

Dd iij

Communes, & presque tous les Grands entrerent si secretement, qu'ils demanderent aux Hollandois, & en obtinrent du secours, sans qu'on en eût rien découvert que quelques mois avant la descente du Prince d'Orange. La trame fut si bien conduite, & l'agitation des esprits étoit si grande en Angleterre, que quand ce Prince y arriva à la teste de vingt mille hommes, la Noblesse & les Peuples allerent au devant de lui, les Villes ouvrirent leurs portes, les Armées de terre & de mer se déclarerent en sa faveur, & abandonnerent leur Roy, qui pour sauver sa vie ou sa liberté fut contraint de s'enfuïr en France. Terrible exemple de l'instabilité des grandeurs du monde! Si ce Prince avoit accepté les offres du Roy, cette conspiration eût apparemment échoüé, le Roy lui aïant offert aussi-tôt qu'on en eût avis, ou de faire passer à son secours une Armée de François, ou d'attaquer les Hollandois pour prévenir leur entreprise. Le Roy d'Angleterre se croïoit si sûr de sa Flotte, & son Armée de terre étoit si fort supérieure aux Troupes de Hollande, qu'il ne se persuada que trop tard, que le Prince d'Orange pouvoit réuſſir. Ce Prince étant Neveu & Gendre du Roy d'Angleterre, eût dû, ce ſemble, le ſecourir s'il avoit été attaqué, bien loin de ſe mettre à la teſte des Factieux. Mais ſur quoi ne l'emporte point l'eſpérance d'une Couronne ! Ambitieux de regner, mais ambitieux avec conduite, il ſçut ſi bien tout diſpoſer, que les Anglois de leur côté témoignerent plus d'empreſſement à l'élever ſur le Thrône, qu'en apparence il n'en avoit à y monter. Les Princes doivent avoir de l'amour pour la gloire, parce qu'on mépriſe les vertus quand on mépriſe leur récompenſe ; mais cette ſoif de gloire ne doit pas être inſatiable, ni leur faire ſacrifier les loix du ſang & de la juſtice. Aprés la fuite du Roy Jacques, le Thrône d'Angleterre fut declaré vacant, le Prince d'Orange fut couronné & reconnu Roy legitime, non ſeulement par les Anglois & par les Princes Proteſtans, mais même par le Roy d'Eſpagne, par l'Empereur, par les Electeurs, & généralement par ceux des Princes Catholiques, qui étoient entrez dans la Ligue. Comme les Alliez s'étoient toûjours imaginé que le Roy d'Angleterre pouvoit, en se declarant, ou faire pancher la balance, ou du moins la tenir égale, ils se crurent alors dans une pleine prospérité, & publierent que le Roy pourroit à peine soûtenir une ou deux Campagnes, quand le Prince d'Orange joindroit aux forces de la Ligue celles de trois Roïaumes : ils se representoient la France proche de sa ruïne, assiégée par mer & par terre, & succombante sous l'effort de cinq ou six Armées, qui devoient dans le même temps l'envahir de tous les côtez; cependant les Alliez, à l'ordinaire, ne triompherent qu'en idée, & tout ce pompeux appareil d'Armées de terre & de mer, de Traitez, d'Assemblées de tant de Princes Confédérez, n'a abouti depuis neuf ans, qu'à perdre six grandes Batailles, & leurs Places les plus importantes, sans avoir entamé le Roïaume ni ses conquêtes, & sans avoir rien entrepris, du moins de considerable, que d'assiéger trois de leurs Villes, dont le Roy ne s'étoit saisi que pour user toutes leurs forces à les reprendre.

CAMPAGNE DE 1689. La révolution d'Angleterre augmentoit tellement la considération & la puissance de de la Ligue, qu'elle auroit effraïé tout autre que le Roy ; mais son activité & sa vigilance le mettant au dessus de tout embarras, cette fâcheuse conjoncture ne servit qu'à lui procurer une nouvelle gloire : il reçut le Roy d'Angleterre avec une générosité sans égale, faisant rendre à ce Prince & à la Reine son Epouse, tous les honneurs imaginables, leur donnant un train magnifique, les prévenant avec plaisir sur tout ce qu'ils pouvoient desirer, & ne cherchant de jour en jour, que de nouveaux moïens de les consoler. Une partie de l'Irlande étant demeurée fidelle, le Roy, sans perdre de temps, y fit passer des provisions, des armes, & de bonnes Troupes, à la teste desquelles se mit le Roy d'Angleterre. Ce Prince y fit quelque progrés, les Rebelles en firent sur lui, sans qu'il y eût de part ni d'autre rien de décisif. Cette premiere Campagne fut stérile en évenemens, le Prince d'Orange de son côté n'aïant songé qu'à s'affermir, & le Roy étant résolu de se tenir d'abord sur la défensive, pour être en état d'envoïer en Irlande des secours plus considérables, & pour laisser évanoüir le

Le Roy envoye du secours en Irlande, en Mars, May} 1689. En Mars 1690.

E e

premier feu des Ennemis. Parmi des gens d'inclination & d'intereſt ſi differens, la Guerre ſe fait toujours avec moins d'ardeur qu'on ne l'entreprend, & les alliances les plus fortes ſe rompent ordinairement avec la même facilité que l'on les contracte. Du côté des Alpes il n'y avoit point d'Armées ſur pied. Le Duc de Noailles* prit Campredon en Catalogne ; c'étoit pour le démolir. Les Armées de Flandre ne firent que ſe regarder, ſans aucune eſcarmouche, & ſans autre action que l'aſſaut donné à Valcourt, petite Ville ſans défenſe, que le Maréchal d'Humieres voulut emporter d'emblée, quoi qu'il n'y eût point de bréche ; & quoique les Ennemis qu'il avoit pouſſez juſques-là, aprés les avoir chaſſez des hauteurs voiſines, fuſſent les maîtres d'une porte par où, de moment à autre, ils envoïoient des Troupes fraîches. Le Maréchal fut repouſſé : il y eut en cette occaſion quatre à cinq cens tuez ou bleſſez, parmi leſquels il y avoit trente ou quarante Officiers, & quantité de braves hommes, qui valoient mieux qu'une Bicoque. Le Maréchal fut trompé par ſes Eſpions. Du

* Anne-Jule de Noailles, Duc & Pair, Maréchal de France en 1693. Frere de Louis-Antoine, Archevêque de Paris, auſſi Duc & Pair.

Echec reçu à Valcourt en Août.

Jacques-Henry de Durasfort,

côté du Rhin, les Alliez avoient en trois corps, plus de soixante & dix mille hommes commandez en chef par le Prince Charles de Lorraine, & par les Electeurs de Baviere, de Saxe & de Brandebourg. Pour les empêcher d'avancer & de prendre des quartiers d'hyver dans le voisinage de nos frontieres, on fut contraint de ravager le Wittemberg & le Palatinat, & de tout désoler jusques à Strasbourg. On brûla Spire & Wormes : on démolit les autres Places dont on s'étoit saisi l'année précédente, à la reserve de Maïence, de Bonne, de Philisbourg & de Keiservert, petite Ville peu fortifiée sur le Rhin, que l'Electeur de Brandebourg emporta en quatre ou cinq jours. Maïence fut assiégée par le Prince Charles de Lorraine, & par les Electeurs de Baviere & de Saxe, qui le joignirent à ce Siége. La Place étoit si peu de chose, quand l'Electeur reçut Garnison Françoise, qu'avec toute la diligence d'un fort grand nombre d'Ouvriers, à peine dans le peu de temps que l'on eut à la fortifier, y pût-on faire de bons dehors. Sa principale force consistoit dans la Garnison de huit à neuf mille hom-

Duc & Pair, Marêchal de France en 1675. commandoit les Troupes du Roy en Allemagne.

Frederic II. du nom, Electeur de Brandebourg, qui avoit succedé à Frederic Guillaume, son pere, mort en May 1688. Siége de Maïence.

mes, tous résolus à se défendre jusques aux dernieres extrêmitez. Si l'attaque fut vigoureuse, on n'avoit point de souvenir d'une résistance plus vive. En quarante-huit jours de tranchée ouverte, les assiégeans n'avoient encore qu'un petit logement sur l'angle saillant de la contrescarpe. Les assiégez faisoient leurs sorties en plein midi, Enseignes déploïées, tambour batant, quelquefois quatre en un jour, & à deux heures l'une de l'autre : il sortoit deux à trois mille hommes, qui donnoient des batailles, tailloient tout en pieces, encloüoient le canon, combloient les travaux, & poussoient l'ennemi si loin, qu'ils posterent une fois leur grand'-garde de Cavalerie, où avoit commencé l'ouverture de la tranchée. Une si fiere défense, qui traînoit le Siége en longueur, desesperant les Alliez, ils résolurent de donner un assaut général, & d'emporter la contrescarpe, quelque monde qu'il en pût coûter. Toutes leurs batteries commencerent à tirer dés la pointe du jour, & ne cesserent point jusques à ce que le jet des Bombes eût marqué l'heure de l'attaque. Dés les premiers momens la terre

fut jonchée de morts. Le Canon des aſſiégez, leurs Grenades & leurs Bombes, le
feu de leur mouſqueterie, & principalement l'épée de ces vaillans hommes, firent
un carnage épouvantable. Cette journée
coûta quatre mille hommes aux Ennemis,
& ce ne fut qu'aprés cinq heures de combat,
que le grand nombre l'emportant ſur des
gens las & fatiguez, les Alliez eurent l'a-
vantage, & ſe rendirent maîtres de la contreſcarpe. Les Aſſiégez vouloient tenter
le lendemain de la reprendre avec leur ſeule
épée (les Bombes avoient fait ſauter ce qui
reſtoit de poudre dans les Magaſins;) mais
le Gouverneur * ne voulut pas ſacrifier de * Nicolas-Cha-
ſi bonnes Troupes. Il battit la chamade, lon du Blé, Mar-
& les Alliez ſe crurent heureux d'accorder quis d'Uxelles.
à la Garniſon de ſortir de la Place Enſeignes
déploïées, avec ſix pieces de Canon. Pendant le Siége de Maïence, l'Electeur de
Brandebourg s'étoit approché de Bonne. Siége de Bonne.
Il l'avoit canonnée l'eſpace de plus de deux
mois avec cent piéces de Canon, & ruïné
à force de Bombes les maiſons de la Ville,
& une partie des dehors. La réſiſtance y
fut encore plus vigoureuſe qu'à Maïence.

E e iij

Les Affiégez penferent prendre prifonnier l'Electeur lui-même. Tout plioit devant eux, & quoique le Prince de Lorraine fût accouru au fecours avec un puiffant renfort pour affiéger la Place en forme, le brave Asfeld ne la rendit qu'un mois aprés, n'aïant plus dehors ni maifons, ni vivres, ni munitions, ni d'endroit où fe retirer. Ces deux entreprifes coûterent vingt mille hommes aux Ennemis, le refte de leur Armée fut fi fatigué, qu'ils s'en retournerent chez eux dés le mois d'Octobre y prendre des quartiers d'hyver.

Bidal, Baron d'Asfeld.

CAMPAGNE DE 1690.

La valeur des François avoit fi fort brillé dans la défenfe de ces Places, que les Alliez eux-mêmes commencerent à defefperer du fuccés de la Ligue, comptant pour de grandes pertes, des conquêtes achetées fi cher. Leur furprife fut bien plus grande la Campagne fuivante, pendant laquelle le Roy fut victorieux de tous côtez. La Ligue avoit en Flandre quarante mille hommes, l'élite de fes Troupes, commandez par le Comte de Valdec, vieux Général, & fort eftimé parmi eux. Le Marêchal de Luxembourg qui commandoit l'Armée de France, en avoit à peu prés autant, quand par ordre du Roy il attaqua les Ennemis en plein midi. Ils se preparerent au combat avec beaucoup de vigueur, l'Infanterie postée dans le centre, la Cavalerie sur les aîles. Leur feu fut prodigieux, leur Canon chargé à cartouche fit ravage pendant une heure, ce fut leur plus grand effort. Leur droite fut renversée du premier choc, la gauche ne le put être qu'au second. Leur Cavalerie lâcha le pied, l'Infanterie se r'allia jusques à trois fois ; à la quatriéme une partie fut taillée en piéces, le reste se sauva dans les bois voisins. La perte des Ennemis fut de six mille tuez sur la place, & de cinq mille blessez. On fit prés de huit mille prisonniers, parmi lesquels il y avoit neuf cens Officiers. On leur prit encore quarante-neuf piéces de Canon, quatre-vingt-douze Etendarts, huit paires de Tymbales, & cent cinquante Chariots chargez de toutes sortes de munitions. Il y eut de nôtre côté trois mille hommes tuez ou blessez, parmi lesquels on regreta des gens de mérite. Aprés la Bataille, l'Electeur de Brandebourg vint joindre le débris de l'Armée des

Victoire de Fleurus le premier de Juillet.

Alliez ; mais ils n'entreprirent autre chose le reste de cette Campagne, que de piller la Flandre, qui devint la proïe de l'Ami & de l'Ennemi. Dix jours aprés cette Victoire, l'Armée Navale du Roy en remporta une autre sur les Flottes de Hollande & d'Angleterre jointes ensemble. Il n'y avoit dans les Ports de France sous le Regne de Henry IV. pas une Galere ni Vaisseau. Loüis XIII. commença à prendre soin de la Marine ; ce ne fut sous ce Prince qu'un établissement naissant ; & quelque dépense qu'eût fait le Roy dés les commencemens du Regne pour attirer de tous côtez des Matelots & des Officiers, sa puissance sur mer fut long-temps inferieure à celle du Roy d'Angleterre ou des Hollandois ; mais depuis la derniere Guerre il s'étoit si fort appliqué à faire construire des Vaisseaux, à nettoïer ses Ports, à les rendre capables d'y tenir une Armée Navale, à y avoir des Magasins de toutes choses nécessaires pour l'équippement d'une Flotte, que sans compter trente Galeres qu'il a toûjours entretenuës sur la mer Méditeranée, il avoit sur l'Ocean en 1690. cent Vaisseaux de ligne,

Victoire remportée sur les Armées Navales d'Angleterre & de Hollande.

En 1681. on enrôlla soixante mille Matelots, dont vingt mille sont emploïez tour à tour au service du Roy, & les quarante mille autres au Commerce de ses Sujets.

si bien équippez de tout, qu'un des siens en valoit trois des Ennemis. Quand la Flotte de Hollande eût joint celle d'Angleterre, le Roy envoïa ordre au Comte de Tourville d'entrer dans la Manche, & de les combattre. Ce Comte étoit Cadet d'une famille de Normandie, & né presque sans autre bien que beaucoup de disposition à devenir, comme il a fait, dans un âge peu avancé, un des plus habiles hommes de mer qu'on ait vû en Europe depuis Ruïter & Duquesne ; s'il n'a pas surpassé, ou du moins égalé ces hommes uniques. Les Ennemis étoient forts de trente Brûlots, d'autant de Frégates, & de quatre-vingt Vaisseaux de Guerre. La Flotte du Roy étoit de soixante-quinze, de vingt Brûlots, de six Frégates, & de vingt Bâtimens de charge. Quoique les Ennemis eussent le vent depuis sept jours, ils fuïoient toûjours le combat ; mais ne pouvant plus l'éviter ils vinrent enfin sur notre Flotte à la faveur de la marée. Les nôtres les reçurent avec une habileté & une vigueur sans égale ; Tourville & les autres Officiers firent voir dans cette Bataille toute la science de la Mari-

Anne-Hilarion de Costantin, Comte de Tourville, Vice-Amiral du Levant, Maréchal de France en 1693.

ne. L'action dura sept heures, & elle ne finit que par la fuite des Ennemis. Une Bombe emporta la poupe d'un Vaisseau du Roy. Pas-un ne perdit aucun de ses mâts, ni ne reçut d'autre dommage que des coups de Canon dans le corps du Vaisseau. La perte des Ennemis fut au moins de quatre mille hommes. Les Anglois souffrirent le moins, s'étant retirez de bonne heure : les Hollandois combattirent comme des lions. On prit un de leurs Vaisseaux, de soixante piéces de Canon. Un autre fut coulé à fond ; un troisiéme brûlé, douze de leurs plus grands furent démâtez de tous mâts, & si fort mal-traitez, qu'ils furent contraints, deux jours aprés, de les faire sauter ou couler à fond. Tourville les poursuivit deux jours durant pour achever de les défaire ; mais le vent lui fut si contraire, qu'ils eurent le temps de se sauver. Cette disgrace jetta d'autant plus de trouble parmi les Ennemis, qu'ils s'étoient crû supérieurs en équipages & en Vaisseaux, & que personne jusques-alors n'avoit osé leur disputer l'empire de la mer. Le Prince d'Orange rejetta ce malheur sur son Amiral, il fit commencer son procés. Les deux Nations se plaignirent l'une de l'autre ; mais pendant qu'elles s'imputoient la perte de cette Bataille, les François en gagnerent une autre environ cinq semaines aprés. Dés que les Troupes Auxiliaires d'Espagne & de l'Empereur eurent joint le Duc de Savoïe, il se mit en campagne, & aprés quelques mouvemens il vint camper hardiment en vuë de l'Armée du Roy, aïant un bois à sa droite, à sa gauche un marais, & un ruisseau devant lui. Les deux Armées étoient égales, celle des Alliez étoit commandée sous le Duc par leurs meilleurs Officiers. Le Général François ne s'étoit point encore trouvé à la teste d'une grande Armée : c'étoit le Sieur de Catinat, né d'une famille de Robe, mais devenu par ses services un des hommes les plus estimez qu'il y ait eu dans l'épée depuis tres longtemps. Ce sage Capitaine, aïant sondé le marais, fit attaquer par cet endroit pour prendre en flanc les Ennemis. Du premier choc, leur aîle gauche est mise en fuite, la droite soûtint plus long-temps, mais elle fut bien-tôt renversée. Le carnage fut

Victoire de Staffarde le 18. d'Août.

Nicolas de Catinat Maréchal de France en 1693.

grand, l'Infanterie taillée en piéces. La Cavalerie en défordre fe fauva au delà du Pô. Toute l'Armée fe débanda, laiffant aux Vainqueurs le Champ de bataille, toute l'Artillerie, hors une piéce de Canon, qui fut jettée dans la Riviere, quantité de Drapeaux, toutes les munitions, & quatre mille hommes fur la Place. Du côté des François il n'y eût que quatre cens bleffez, & cent cinquante hommes de tuez. Le fruit de la Victoire fut la conquête de la Savoïe, qui fe foumit au Roy avec une partie du Piedmont. Saluffes ouvrit fes portes le lendemain de la Bataille. Suze Ville & Château fe rendirent quelque temps aprés, & on fut maître du plat païs jufques au quartier d'hyver. On ne pouvoit fouhaiter de plus grands fuccés. Du côté d'Allemagne il n'y eut aucune action. Sur l'avis qu'eurent les Alliez, que le Dauphin paffoit le Rhin, ils fe mirent à couvert du Nécre, & ils fe retrancherent fans qu'on pût les forcer ni les attirer au combat; ainfi rien n'auroit manqué au bonheur de cette Campagne, fi les Troupes Françoifes avoient été auffi heureufes fous le Roy d'Angleterre dans son expédition d'Irlande. Dés que le Prince d'Orange fût passé dans cette Isle pour achever de la réduire, il donna Bataille vingt jours aprés son arrivée. Sept mille François soûtinrent toute la furie du combat. La Cavalerie Irlandoise y fit aussi son devoir, mais toute l'Infanterie aïant été mise en désordre, ce ne fut plus qu'une déroute. Cette défaite jetta tant de fraïeur dans le Païs, que le Roy d'Angleterre, n'y étant plus en sûreté, repassa aussi-tôt à Brest. Le Maréchal Duc de Schomberg, homme couvert de lauriers tant qu'il avoit été au service du Roy, fut tué en cette journée. Son obstination dans le Calvinisme l'avoit fait sortir du Roïaume, & il s'étoit donné au Prince d'Orange. Ce Prince fut blessé légérement dans la mêlée. Cinq semaines aprés, il fit le Siége de Limeric. La Place étoit défenduë par six mille François qui s'y retirerent en bon ordre. Le Siége fut poussé d'abord avec beaucoup de vigueur, mais le courage des Assiégez, les secours qu'ils reçurent, la difficulté des fourages, les pluïes & les maladies rebuterent tellement les Troupes du Prince d'O-

Journée de la Boyne en Irlande en Juillet.

Siége de Limeric en Irlande défendu par…… de Boisseleau François, Capitaine aux Gardes.

range, qu'il fut contraint d'abandonner cette entreprise. C'étoit le septiéme Siége que les François l'avoient obligé de lever.

<small>CAMPAGNE DE 1691.</small>

Aussi-tôt que ce Prince fut retourné en Angleterre, il songea à passer en Flandre au commencement de l'année suivante, & à y envoïer des Troupes. Les Alliez l'avoient menacé de traiter avec la France, s'il ne venoit les secourir. Quand il fut à la Haye, l'Electeur de Baviere, celui de Brandebourg, les Landgraves de Hesse, trois Ducs de la Maison de Brunswic, & plus de trente autres Princes, le Gouverneur des Païs-Bas, l'Envoïé de l'Empereur, ceux d'Espagne, des Electeurs, & de Savoïe, tous les Officiers Généraux s'y rendirent en même temps, pour y tenir avec ce Prince le Conseil général de toute la Ligue. Pendant qu'ils déliberoient, Mons fut investi le 15. de Mars, sans qu'ils en eussent eu de soupçon, & le Roy arriva au Camp le 20. ou le 21. A ce coup de foudre, l'Assemblée se dissipa. La plûpart de ces Princes se retirerent dans leurs Etats, pour n'être pas spectateurs de la prise de cette Place, ou pour faire marcher en

<small>Mons pris par le Roy le 9. d'Avril.</small>

hâte des Troupes pour la secourir. Mons est fortifié par l'art & par la nature : c'est une grosse Ville, bâtie sur des éminences ; au pied sont de grands marais : Elle a de bons dehors, & trois fossez toûjours pleins d'eau par le moïen de ses éclusés. Il y avoit dans la Place quantité de Canon, des Bourgeois aguerris, cinq à six mille hommes de Troupes reglées ; mais le quartier d'hyver n'étant pas encore fini, la plûpart des Officiers n'étoient point à la Garnison, & quelques efforts qu'ils purent faire pour se jetter dans la Place, pas-un ne put y entrer, tant les lignes étoient bien gardées. Lors qu'elles furent achevées, le Canon commença à tirer avec furie. A peine une batterie avoit-elle achevé de faire sa décharge, qu'une autre sans interruption commençoit le moment d'aprés. Jamais l'Artillerie n'avoit été si bien servie. Il y avoit au Camp un million de poudre, vingt-quatre Mortiers, & soixante piéces de Canon. On ne voïoit en l'air que Bombes & que Boulets rouges. La Ville étoit toute en feu, & la flamme surpassoit les plus hauts Clochers. Le Roy étoit nuit & jour dans un continuel mouvement, visitant la tranchée deux fois tous les jours, animant par sa vigilance chacun à faire son devoir. Les Troupes & les Officiers pousserent l'audace si loin, que le Roy pour la moderer se vit contraint de leur défendre de travailler à découvert, & de porter, comme ils faisoient, des fascines en plein midi, malgré le feu des Assiégez, qui fut continuel & toûjours tres-grand. Ce fut presque leur seule défense ; ils ne firent aucune sortie. L'ouvrage à corne fut le seul qu'ils défendirent avec bravoure, jusques à ce que les Assiégeans l'emporterent l'épée à la main, aprés avoir essuïé une grêle de Carcasses, de Grenades & de Bombes. Les Bourgeois avoient crû d'abord que le Prince d'Orange viendroit enfin à leur secours, comme plus d'une fois il les en avoit assurez. Ce Prince y accourut, & il s'avança jusques à Hall, qui n'est qu'à six lieuës de Mons. Il avoit quarante mille hommes ; mais se croïant beaucoup trop foible pour oser attaquer le Roy, il resta dans son poste jusques à la prise de la Place, qui dans la crainte d'un assaut, se rendit par composition aprés après un Siége de seize jours. Mons pris, les Troupes de côté & d'autre r'entrerent en quartier d'hyver. L'Eté se passa en marches & en campemens ; & quoique les Alliez eussent menacé dés le Printemps de faire un Siége considérable, ils n'assiégerent que Beaumont, petite Ville toute ouverte, où il n'y avoit que cent cinquante hommes. Le Prince d'Orange étoit déja à la Haye, prest de passer en Angleterre, quand croïant la Campagne faite, il apprit la nouvelle de la défaite entiere de sa Cavalerie. Le Maréchal de Luxembourg avoit suivi les Alliez, épiant l'occasion de donner sur l'Arriere-garde. Le moment arrivé, il alla à eux avec vingt-huit Escadrons, à la teste desquels étoit la Maison du Roy : les Ennemis le reçurent en assez bonne contenance, postez sur trois lignes, au nombre de soixante-quinze Escadrons, leur front couvert d'un rideau, & leurs aîles de deux ruisseaux. La Maison du Roy s'avança sans tirer, & essuïa de douze pas toute leur premiere décharge. Aussi-tôt aprés, entrant dans ces Escadrons le sabre à la main, elle les poussa si vivement, qu'elle les renversa.

Combat de Leuze le 18. de Septembre.

Des Escadrons frais se succedant les uns aux autres, le Combat continua avec opiniâtreté, jusques à ce que les Alliez rompus de tous les côtez, se retirerent en désordre, aprés être revenus jusques à quatre fois à la charge. Il resta sur la place quinze cens des Ennemis. On en fit trois cens Prisonniers, & on prit quarante Etendards. Toute leur Cavalerie fut battuë ou mise en déroute, à cinq ou six Escadrons prés, qu'on ne voulut pas attaquer sous le feu de l'Infanterie. Une action de cette vigueur ne coûta au Roy que quatre cens hommes tuez ou blessez. Ses autres Armées n'eurent pas de moindres succés. Le Duc de Noailles prit en huit jours une Place qui le rendit maître de tout le Comté de Cerdagne. Le Maréchal de Lorge fit le dégât en Allemagne, & il sçut si bien fatiguer l'Armée des Confédérez, commandée par le Duc de Saxe, qu'elle se ruïna, sans combattre, par des marches précipitées, & par la disette des vivres. Le Maréchal de Catinat, (je l'appelle ainsi par avance, quoiqu'il ne reçut le Bâton que deux années aprés) avoit pris dés le mois de Mars Ville-

La Seu d'Urgel prise en Juillet.

Franche en douze ou quinze heures, & la Ville & Château de Nice en cinq jours de tranchée ouverte. Ville-Franche est un beau Port, & le seul qui soit en Piedmont. Le Château de Nice est un des plus forts de l'Europe : il est bâti dans un endroit environné de précipices. Les Bombes aïant fait sauter les deux Magasins de la Place, le Gouverneur fut contraint de capituler ; la fureur de la poudre renversa le Donjon, démonta toutes les batteries, & tua quatre à cinq cens hommes. Aprés cette conquête, Carmagnole & Veillane se rendirent sans résistance. On assiégea Coni pour aller de là à Turin ; mais celui qui commandoit le Siége, le leva précipitamment, dans la crainte d'être forcé avant que d'avoir reçu le renfort qu'on lui envoïoit. Le Duc de Savoïe eut le même malheur au Siége de Suze. Quoique l'Electeur de Baviere fût accouru à son secours, il fut contraint de décamper à l'approche des Troupes Françoises. Pour finir la Campagne avec le même éclat qu'elle avoit commencé, & pour avoir toutes les clefs du Piedmont & de la Savoïe, le Maréchal de Catinat assié-

Conquêtes en Piedmont.

gea Montmélian à la mi-Novembre. Cette fameuse Forteresse fut défenduë avec courage ; cependant malgré les rigueurs d'une aussi fâcheuse saison, le Maréchal s'en rendit maître aprés trente jours de Siége.

CAMPAGNE DE 1692.

Quelque gloire qu'eût le Roy de tant de conquêtes, il y étoit bien moins sensible, qu'à l'espérance qu'on conçut du rétablissement du Roy d'Angleterre : ce fut une fausse joïe. L'heure de ce Prince n'étoit point encore venuë, & les nouveaux efforts que l'on fit pour le secourir, ne servirent qu'à faire éclater l'infidelité de ses Peuples, & l'excés de son infortune. Quoique l'Irlande fût perduë, (un Lieutenant du Prince d'Orange avoit pris Limeric, & contraint les François à repasser la mer,) on espera plus que jamais, au commencement de l'année suivante, que le Roy d'Angleterre pourroit remonter sur le Trône : il lui restoit des créatures & quelques serviteurs fidéles, qui s'emploïerent si vivement à gagner les Officiers des Armées de terre & de mer, que croïant en être assuré, ce Prince demanda au Roy une flotte pour se mettre en mer, & des Troupes pour le soûtenir dans le débarquement. Sur cette intelligence il se rendit, avec ces Troupes, sur les Côtes de Normandie, & l'Armée Navale du Roy commandée par Tourville, Vice-Amiral de France, alla chercher les Ennemis avec vent contraire. Bien loin de se laisser battre, ou de se déclarer pour le Roy d'Angleterre, comme on l'avoit fait esperer, les Anglois reçoivent Tourville avec vigueur. La Flotte Françoise étoit beaucoup moins nombreuse, il n'y avoit en tout que quarante-quatre Vaisseaux de Guerre. Celle des Alliez étoit de quatre-vingt-dix ; cependant il les attaque, les fait plier pendant trois heures, fracasse tous les mâts de plusieurs de leurs grands Vaisseaux, en coule un à fond, & la plûpart de leurs Brulots, sans perdre ni Vaisseau ni mâts dans un Combat si inégal. La nuit & le broüillard aïant separé les Flottes, Tourville qui apprehendoit d'être accablé par le grand nombre, ne songea qu'à se retirer, l'inégalité de ses forces ne lui permettant pas de tenter un second Combat. L'obscurité fit écarter une partie de ses Vaisseaux ; vingt & un des plus grands gagne-

Perte de quinze de nos Vaisseaux sur la fin de May.

rent Saint-Malo, où ils furent en sûreté. Le vent & les mauvais fonds empêcherent d'en sauver quinze autres. L'ennemi les pourfuivant, on en tira les Equipages & le Canon, enfuite on y mit le feu, plûtôt que de les laiffer prendre. C'étoit le feul échec que le Roy eût reçu en quatre ans d'une rude Guerre. Quand le fuccés n'eft pas heureux, quelque conduite qu'on ait euë, on ne fe juftifie qu'avec peine, le malheur tient lieu de faute, la malice des hommes attribuant ordinairement les bons fuccés à la fortune, & les adverfitez à la mauvaife conduite; cependant Tourville en cette occafion avoit fi bien fait fon devoir, qu'il fut loüé par fes Envieux, & par les Ennemis.

<small>Prife de Namur par le Roy. La Ville fe rend le 5. de Juin, & le Château le 30.</small>
Les fuccés de Flandre eurent bien-tôt effacé l'idée de cette difgrace, tant la prife de Namur étonna les Confédérez & toute l'Europe. Namur eft fitué au confluent de deux Rivieres : la Ville eft dans la plaine, le Château fur un roc, tous deux fortifiez avec d'autant plus de foin, qu'il n'eft point dans toute la Flandre de pofte de cette importance. Les Efpagnois n'aiant plus, au

siécle passé, que cette seule Place, recouvrerent avec elle ce qui leur reste aux Païs-Bas. Les ouvrages du Château étoient autant de Citadelles. Ils avoient des dehors, des fossez, une Garnison, & des Officiers séparez. On comptoit jusques à deux mille hommes dans le Fort-Guillaume, & de l'Artillerie pour défendre une grosse Ville. Ces Forts dominent de hauteur en hauteur jusques au vieux Château, dont ils gardent les avenuës. Il y avoit dans Namur, quand le Roy en forma le Siége, huit à neuf mille hommes, des munitions en abondance, des provisions de toute sorte, des Commandans habiles & de confiance. Le Prince d'Orange étoit en Flandre ; il pouvoit assembler jusques à cent mille hommes. Rien ne put ébranler le Roy ; plus il trouvoit d'obstacles, plus il sentoit d'empressement à les surmonter. Quand tout fut prest pour son départ, il fit assembler deux Armées, la plus grande pour couvrir le Siége ; une moins forte pour le faire. Il faloit tous les jours pour ces deux Armées deux cent cinquante mille rations de pain, & trente mille boisseaux d'avoine à demi boisseau pour Cheval. Le Roy avoit donné de si bons ordres, que pendant tout le cours du Siége il y avoit dans les deux Camps des provisions pour quinze jours. Vingt mille Pionniers eurent bien-tôt achevé les lignes. La tranchée fut ouverte trois jours aprés à découvert. La Ville se défendit les premiers jours, au huitiéme elle capitula, dans la crainte d'être prise d'assaut. Cette rapidité faisant craindre au Prince d'Orange, que le Château, quoiqu'imprenable, ne fist pas plus de résistance, il s'avança en diligence jusques sur les bords de la Mehagne, avec le Comte de Valdec, qui commandoit les Hollandois, & le Duc de Baviere que l'Espagne nouvellement avoit fait Gouverneur à vie de ce qu'elle a aux Païs-Bas. Toutes leurs Troupes jointes ensemble faisoient prés de cent mille hommes, sans compter un corps de vingt mille, qui sous les ordres d'un Lieutenant voltigeoit de côté & d'autre pour couper les Convois, & pour enlever quelque quartier, si l'occasion s'en presentoit. Le Maréchal de Luxembourg, aussi fort que les Alliez, les attendit tranquillement,

DE LOUIS LE GRAND. *Liv. V.* 241
ment, campé sur des éminences à demi-lieuë de la Mehagne, laissant entre lui & eux une plaine où donner bataille : mais, ou le Prince d'Orange n'en avoit point d'envie, ou il n'en trouva pas le moment, il fit cinq ou six fois jetter des Ponts sur la Riviere, & les rompre aussi-tôt aprés. Ces deux grandes Armées furent en présence pendant un mois, firent les mêmes mouvemens, se canonnerent de fois à autre sans jamais en venir aux mains. Le Siége cependant continuoit avec vigueur. Le Roy lui-même le conduisoit, & veilloit à l'exécution. La goutte l'aïant pris dans le temps que l'on étoit prest pour l'attaque d'un chemin couvert, il se fit porter en un endroit d'où il pouvoit tout découvrir, & donner ses ordres selon le besoin. Le Comte de Toulouse fut blessé à côté du Roy. Le coup n'effraïa point ce jeune Prince, heureux augure du courage qu'il a fait voir les Campagnes suivantes. L'exemple du Roy rehaussant l'intrepidité & la force des Troupes, jamais elles n'ont fait voir tant de patience, ni de valeur qu'elles en témoignerent à ce Siége. Le feu des Assiégez fut

Loüis-Alexandre legitimé de France, Comte de Toulouse, Amiral, né le 6. de Juin 1678.

H h

toûjours extraordinaire. Le temps étoit cruel, il faifoit continuellement des orages de pluïe & de vent. Les travaux étoient difficiles tant à caufe des pluïes, que par la rencontre du roc. C'étoit un prodige de voir la tranchée, elle embraffoit tout à la fois plufieurs montagnes, plufieurs valons, avec une infinité de tours & de retours; cependant rien ne put épuifer les Troupes, leur courage croiffoit avec le danger. L'on vit des Soldats grimper effrontément fur des brêches efcarpées, demeurer fermes fur ces brêches au milieu d'une grêle de coups de moufquet, recevoir l'épée à la main ceux qui s'approchoient d'eux, & lancer des grenades fur ceux qui fe retiroient. La premiere action, & une des plus vigoureufes qui fe foit faite à ce Siége, fut de chaffer les Ennemis d'une hauteur, dont il faloit fe rendre maître pour ouvrir la tranchée devant le Château. Le Roy les fit attaquer l'épée à la main & la baïonnette au bout du fufil. Ils étoient retranchez. Ils firent grand feu; enfin ils furent contraints de s'enfuïr, aprés y avoir perdu deux à trois cens hommes. A fix jours delà, on força le retranchement & les redoutes de l'Hermitage. Le Fort-Guillaume tint dix jours. Au dixiéme, le chemin couvert fut emporté avec carnage ; & aussi-tôt aprés les Hollandois capitulerent. Ce Siége fini, il restoit celui du Château & des dehors, qui l'envelopent. Quoique ce fût le plus difficile, les travaux furent poussez avec tant d'activité, que le Roy en quatre ou cinq jours fit insulter la contrescarpe. Les Assiégez la défendirent en gens de cœur ; mais en aïant été chassez, leur Canon étant démonté, l'allarme continuelle où les mettoit le jet des Bombes, empêchant de pouvoir dormir ; deux Bombes d'ailleurs aïant fait sauter un des principaux Magasins ; une autre, tombée dans le puits, en aïant empuanti l'eau ; enfin les Mineurs étant attachez à un des Bastions de l'Ouvrage à corne, la disette & la soif, la nécessité du repos, & la crainte d'être pris d'assaut, obligerent le Gouverneur & les Assiégez à se rendre, quoique le corps du Château fût encore entier, & qu'avant que d'y arriver il y eût un Ouvrage à corne tres difficile à attaquer. De huit à neuf mille hommes qu'il y avoit dans Namur quand on l'afliégea, il n'en fortit que douze cens du Fort-Guillaume, & deux mille cinq cens du Château. Le refte perit de fatigues & de maladies, ou fut tué par les Bombes & dans les attaques & forties. La prife de cette Place emportée en prefence d'une Armée de cent mille hommes, mit la confternation dans toute la Flandre. Les Efpagnols reprochoient au Prince d'Orange de n'avoir point voulu combattre. Les Peuples murmuroient. Ils infulterent les Hollandois à Bruxelles, & en d'autres lieux, & ne pouvant dire du Prince, qu'il manquât de courage ou de capacité, ils fe plaignoient qu'il ne cherchoit qu'à tirer la Guerre en longueur. Pour rétablir la confiance & le calme dans le Païs, il réfolut un mois aprés, de donner Bataille. Tout concouroit à la gagner: il avoit alors trente mille hommes d'Infanterie plus que le Duc de Luxembourg. Le Duc étoit fans Canon, l'Artillerie n'arriva que la veille de l'action. L'attaque devoit commencer dans un endroit qui n'étoit propre qu'à faire agir l'Infanterie, étant tout coupé de ruiffeaux, de haïes

Victoire de Steinkerque le 3. d'Août.

épaisses, de grands fossez. Ce terrain étoit occupé par la Maison du Roy, à laquelle le Prince en vouloit, & qui n'étoit couverte que par une seule Brigade. L'Infanterie Françoise étoit à une lieuë delà. Ces circonstances sembloient au Prince si favorables, qu'il crut la victoire sûre. La veille du Combat, pour amuser les Espions, il donna l'ordre sur le soir, qui étoit que le lendemain les Troupes iroient au fourage. L'ordre donné, il retint auprés de lui tous les Officiers Généraux, & les renvoïant à dix heures, il fit prendre les Armes, & partir une demi-heure aprés pour arriver de grand matin, à la vûë du Camp des François. Sa joïe fut si grande de n'avoir point été découvert, que ne pouvant se contenir, il s'écria en arrivant, qu'enfin il alloit les tailler en pieces, soit parce qu'il le crut ainsi, soit pour allumer le courage de ses Soldats, & pour leur inspirer cette impétuosité qu'imprime ordinairement l'assurance de la Victoire. (C'est un grand art de sçavoir à propos remplir ses Troupes de confiance.) S'il eût donné en ce moment, peut-être eût-il réüssi, mais aïant attendu l'Electeur de Baviere, & le Comte de Valdec, qui n'arriverent qu'une heure aprés, on l'apperçut affez à temps pour le bien recevoir. En vain prend-on bien fon temps, fi on ne fçait en profiter. Le Maréchal de Luxembourg fit approcher en diligence fes meilleurs Bataillons. Cette Infanterie fut foûtenuë par la Maifon du Roy. On pofta derriere d'autres corps de Cavalerie. Le terrain étoit fi étroit, que les lignes ne pouvant s'étendre, on fut contraint de les doubler. Pendant plus de deux heures le feu fut horrible. Les Bataillons fe trouverent fouvent le moufquet croifé. Le feu des Ennemis fut quelque temps fupérieur. Ils gagnerent un peu de terrain, & quatre piéces de Canon; mais la Moufqueterie ne pouvant les faire plier, on jetta le Moufquet par terre, & nos Troupes animées par l'exemple des Officiers, & principalement des Princes, * chargerent l'épée à la main, & pousserent les Ennemis avec tant de furie, qu'une partie fut taillée en piéces, pendant que l'autre fe fauva dans un bois voifin. Ils furent pourfuivis une heure durant. Le Champ de Bataille qui

marginal notes:

* Philippe Duc de Chartres, âgé de dix-fept ans, Fils unique de Philippe de France, Duc d'Orleans, reçut deux coups dans ce Combat.

Loüis Duc de Bourbon, Fils unique d'Henry Jule, Prince de Condé, fut pendant toute l'action à la tefte des Bataillons.

François-Loüis de Bourbon, Prince de Conty, les mena à la charge, & eut deux Chevaux tuez fous lui.

Loüis-Augufte legitimé de France, Duc du Maine, commandoit la Cavalerie.

Loüis-Jofeph, Duc de Vendôme.

Philippe de Vendôme, Grand-Prieur de France.

tenoit une bonne lieuë, étoit jonché de corps morts. Les corps étoient en quelques endroits entaffez de fix pieds de haut. Cette Victoire coûta deux à trois mille hommes, parmi lefquels il y avoit des gens de mérite & de qualité. Il refta fur la Place huit à neuf mille des Ennemis, fans compter autant de bleffez. On prit neuf Drapeaux & dix piéces de Canon. On ne fit que treize cens prifonniers, les Regimens Anglois n'aïant point voulu de quartier.

Loüis de la Tour-d'Auvergne, Prince de Turenne, Fils aîné du Duc de Boüillon, mourut de fes bleffures le lendemain, regreté pour fon grand courage & pour fes autres qualitez.

Le Duc de Savoïe étoit entré en ce temps-là dans le haut Dauphiné, où il perdit beaucoup de monde fans donner Bataille. Le grand deffein des Alliez avoit été depuis long-temps d'entrer en Provence ou en Dauphiné, s'affurant qu'à leur arrivée les nouveaux Convertis fe révolteroient de toutes parts. Pour exécuter ce deffein, le Gouverneur du Milanez, & le Général Caprara, un des premiers Officiers des Armées de l'Empereur, fe joignirent au Duc de Savoïe. On portoit à leur fuite de quoi armer trente mille hommes. Dans tous les lieux de leur paffage, des Miniftres prêchoient la Révolte & le Calvinifme;

Irruption du Duc de Savoïe en Dauphiné au mois d'Août.

mais les nouveaux Catholiques, bien loin de se mutiner, furent les plus ardens à poursuivre les Ennemis, à leur dresser des embuscades, & à tuer sans pitié autant qu'il s'en écartoit du gros de l'Armée. Les conquêtes des Alliez se bornerent à bien peu de chose. Ils prirent Guillestre en trois jours. Ambrun en tint six. Gap ouvrit ses Portes, il ne s'y trouva que dix hommes. Guillestre est un Village où il ne reste pour défenses, que de vieux Bastions ruïnez. Ambrun, une petite Ville qui n'a qu'une simple muraille; toutefois le courage des Assiégez réparant le défaut des Fortifications, ces Siéges furent meurtriers. Il y perit plus de quinze cens des Ennemis. C'est où se termina cette expédition. Le Duc de Savoïe étant tombé malade, & l'Armée qu'il commandoit, diminuant de semaine à autre, de fatigues & de maladies, elle repassa les Alpes sans emporter d'autres dépoüilles que les Cloches d'Ambrun & de Gap. Le Maréchal de Lorges défit

Défaite du Duc de Wirtemberg à Phorzein sur la fin d'Août. dans ce même mois six mille Chevaux Allemans dans le Duché de Wirtemberg. Ce ne fut point une Victoire. Une défaite de
Fuïards

Fuïards qui ne coûte point de sang au Vainqueur, n'eſt pas digne d'un ſi beau nom. Cette Cavalerie prit la fuite auſſi-tôt qu'elle eût apperçû l'Avant-garde de l'Armée du Roy. Dans la pourſuite des Fuïards on en tua neuf cens ; on fit ſix cens priſonniers, du nombre deſquels fut le Duc de Wirtemberg, qui commandoit ces ſix mille hommes. Phorzein fut pris le lendemain : On y trouva des proviſions pour le reſte de la Campagne. Sur l'avis de cette défaite & de la marche du Maréchal, le Landgrave de Heſſe leva le Siége d'Ebernbourg, petite Ville nouvellement fortifiée pour y placer les Magaſins de l'Armée du Roy. Les Aſſiégeans eurent ſi grand'-peur, qu'ils laiſſerent dans leurs lignes une partie de leur Canon, toutes leurs munitions & tous les inſtrumens du Siége.

Ces diſgraces continuelles devoient épuiſer les forces & la haine des Alliez. Mais dans la fauſſe eſpérance que la France, de ſon côté, ſe ruïneroit à force de vaincre, rien ne pouvoit les rebuter, ni les détacher de la Ligue, le Prince d'Orange ne ceſſant d'ailleurs, de leur remontrer, que ſi tous ne pouvoient ensemble balancer la puissance & le bonheur du Roy, le Roy les dépoüilleroit chacun en particulier, s'ils venoient à se séparer. On se prépara donc avec plus de chaleur qu'auparavant ; les Alliez à se défendre, & le Roy à les attaquer la Campagne suivante. Elle s'ouvrit en Flandre au mois de Janvier par la prise de Furnes. Quatre mille Anglois la défendoient, l'Electeur de Baviere s'approcha pour les secourir ; cependant elle fut emportée en quinze heures. La Place étoit de conséquence pour couvrir le Païs conquis, & pour faire échoüer le dessein d'assiéger Dunkerque. Il y avoit si long-temps que le Prince d'Orange avoit promis aux Alliez de faire une descente en France, qu'enfin pour les satisfaire il fit équiper une Flotte, avec force Bateaux plats, & assembler des Troupes pour le débarquement. Pour prévenir ces menaces, & pour r'assurer les Peuples, le Roy envoïa une Armée dans les Provinces Maritimes, sous le commandement du Duc d'Orleans son Frere Unique. Cette prévoïance fut aussi sage qu'inutile. Les menaces du Prince d'Orange,

& tous ces faſtueux apprêts n'aïant enfin abouti qu'à faire paſſer ſes Troupes en Flandre, il avoit eſperé qu'arrêtant par ces mouvemens les forces du Roy dans le Roïaume, les frontiéres ſeroient dégarnies & plus aiſées à envahir ; mais tous ces artifices n'étoient que de foibles ruſes, qui coûtoient à ce Prince des dépenſes extraordinaires, ſans en tirer d'autre avantage, que de répandre de la crainte, qui dans la ſuite devenant vaine, ne ſervoit qu'à encourager, & qu'à r'aſſurer les Peuples. Le Roy, loin de rien craindre, fit attaquer de tous côtez. Le Maréchal de Noailles aſſiégea Roſes en Catalogne, & prit cette Place forte en huit jours de tranchée ouverte. Le Maréchal de Tourville étant allé vers le Détroit attendre le Convoy de Smyrne, compoſé des Flottes Marchandes d'Angleterre & de Hollande, prit, brûla, ou coula à fond plus de quatre-vingt de ces Navires. Le reſte fut ſi diſſipé, que l'Eſcadre des Vaiſſeaux de Guerre, qui ſervoit d'eſcorte au Convoy, revint fuïant en Angleterre. Le commerce des deux Nations n'avoit point fait depuis long-temps de perte ſi conſidérable.

Priſe de Roſes par le Maréchal de Noailles le 9. de Juin.

Expédition du Maréchal de Tourville entre Lagos & Cadix, le 29. de Juin.

Les Ennemis l'estimerent à plus de trente Millions. A l'entrée du Printemps le Roy se rendit en Flandre. Le bruit courut en ce temps-là que c'étoit pour assiéger Liege; mais quand il eût donné ses ordres pour le succés de la Campagne, il revint en France, aprés avoir détaché jusques à trente mille hommes sous la conduite du Dauphin, pour grossir l'Armée d'Allemagne. Dés le mois de Mai, le Marêchal de Lorges avoit forcé Heidelberg, Capitale du Palatinat, avant que les Ennemis fussent prêts de la secourir, & aprés avoir fait sauter les Fortifications de la Ville & du Château, il s'étoit avancé pour combattre le Prince de Bade qui commandoit les Alliez. Sur l'avis de sa marche, le Prince avoit reculé; mais à l'approche du Dauphin, il prit le parti de s'enterrer dans des endroits inaccessibles, préférant d'endurer plûtôt en cette espece de prison la faim & les maladies, que de risquer une Bataille, ou d'oser décamper en la présence du Dauphin, au hazard de se faire battre. Le Prince d'Orange n'étoit point ainsi enterré; il tenoit la Campagne, quoi qu'avec toutes les précautions d'un homme qui fuït le Combat. Le Duc de Luxembourg, qui avoit ordre de l'y engager, feignit d'en vouloir à Liege & aux retranchemens, qui fervoient comme de dehors, & de défenfe principale à cette groffe Ville. Cette fauffe allarme aïant fait avancer le Prince, le Duc marcha droit à lui, & arriva prés de fon Camp à fix ou fept heures du foir. Le Prince fut furpris, mais profitant en habile homme du peu de temps qu'il y avoit jufques au moment de la mêlée, il fit, pendant la nuit, en moins de fix ou fept heures, mettre fes Troupes en bataille, placer fes batteries, fermer fon Camp de palliffades, femer fur les avenuës des chauffe-trapes, des Chevaux de frife, fortifier deux Villages qui couvroient fa droite & fa gauche, garnir leurs haïes & leurs maifons de fa meilleure Infanterie: & pour couvrir fon front, qui occupoit tout le terrain qui eft entre ces Villages, il fit faire en ce peu de temps un foffé large de fix pieds, & de trois quarts de lieuës de long, en dehors une palliffade, en dedans un bon parapet, & border ce rempart de prés de cent piéces de Canon. Le corps

Victoire de Netwinde le 29. de Juillet.

de Bataille faisoit face au retranchement. La Cavalerie la soûtenoit rangée derriere sur deux lignes. C'étoit bien les plus belles Troupes que l'on eût vuës depuis long-temps. Peut-on porter l'audace & l'intrepidité à un plus haut point, que d'entreprendre de forcer soixante mille braves hommes dans de si fiers retranchemens? Dés la pointe du jour, le Canon de côté & d'autre commença à tirer sans discontinuer jusques à quatre heures du soir. Celui des Ennemis avec beaucoup plus d'effet, étant placé sur la hauteur où le Prince étoit campé, il foudroïoit toute la plaine. Les vieux Officiers ne se souvenoient point d'avoir jamais essuïé de si prés, ni si long-temps, une canonnade plus vive. On eût dit de coups de Mousquet, tant cette Artillerie étoit bien servie : sa furie avoit plus l'air d'une canonnade de mer, que de celle d'un combat de terre. Le feu des Ennemis fut toûjours superieur au nôtre, & la Victoire ne fut duë qu'à la bravoure toute pure des plus vaillans hommes du monde. Les Princes * eurent tres grand'-part au succés de cette journée. Quoique l'assaut fût général, le

* Philippe, Duc de Chartres.
Le Duc de Bourbon.
Le Prince de Conty.
Le Duc du Maine.
Le Comte de Thoulouze.

principal effort fut aux Villages de la Droite. Celui de Nerwinde fut pris & repris deux fois, avec un carnage horrible. Aussitôt que l'on en fut maître, on entra dans la plaine, on attaqua les Ennemis en teste & en flanc. Ils soûtinrent avec courage. L'Infanterie Angloise qui faisoit le corps de Bataille, chargea jusques à six fois ; mais la Cavalerie aïant été mise en désordre, & culbutée dans la Géette, toute l'Armée s'enfuït par troupes & par pelotons. Le Prince d'Orange & le Duc de Baviere se sauverent comme les autres, laissant aux Vainqueurs le Champ de Bataille, soixante-seize piéces de Canon, huit Mortiers, neuf Pontons, douze paires de Tymbales, les équipages d'Artillerie, des monceaux d'Armes de tous côtez, que les Troupes jettoient en fuïant, soixante Etendarts, vingt-deux Drapeaux, & plus de deux mille prisonniers, parmi lesquels il y avoit deux cens Officiers. Il y eut dans cette journée trois mille François tuez sur la place, & quatre mille blessez. La perte des Ennemis fut de vingt mille hommes, tant dans le combat, que dans le desordre de la fuïte. Elle fut si précipitée, qu'il s'en noya un tres grand nombre dans la Géette. Long-temps aprés on traverſoit cette Riviere ſur des Ponts d'hommes & de chevaux. Cette grande Armée fut ſi fort diſperſée, qu'elle ne pût faire corps ni ſe r'aſſembler que ſix jours aprés ; cependant le Prince d'Orange eut bien-tôt reparé ſa perte, aïant reçû des Troupes fraîches, & r'appellé incontinent l'Armée du Duc de Wirtemberg, qui étoit du côté des lignes. Ces Lignes ſont des retranchemens, que dés le commencement de la Guerre le Roy avoit fait faire depuis Maubeuge juſques à la mer, pour garder le Païs conquis. Le Duc de Wirtemberg, trois fois plus fort que les François, avoit franchi cette barriere, & ſe préparoit à piller, quand la nouvelle de la défaite lui fit rebrouſſer chemin, & marcher à grands pas pour joindre le Prince d'Orange. Deux mois aprés cette Victoire, le Maréchal de Catinat en remporta une autre moins ſanglante, & auſſi complette, ſur l'Armée que les Alliez entretenoient en Italie ſous le commandement du Duc de Savoie. Comme le Maréchal n'avoit eu juſques-alors que fort

Victoire de la Marſaille le 4. d'Octobre.

fort peu de Troupes, il n'avoit pû faire autre chose, que de troubler les desseins du Duc, & de le harceler dans ses marches, dans ses campemens. Le Duc & les Espagnols s'étoient enfin déterminez à faire le Siége de Pignerol ; mais aïant été quinze jours à prendre un Fort avancé, bâti depuis une année, ils changerent de résolution, & ils se contenterent de jetter dans la Place des Bombes & des Boulets rouges ; ils espéroient de la réduire, ou du moins de la foudroïer, quand Courriers sur Courriers vinrent apprendre au Duc de Savoïe, que les François avoient brûlé le Château de la Venerie, Maison favorite de ce Prince, & que le Maréchal, renforcé par beaucoup de Troupes, étoit le Maître de la plaine. Le Duc étant accouru, le Maréchal s'avança pour lui livrer Bataille. L'action commença sur les neuf heures du matin. L'aîle droite des Ennemis fut enfoncée du premier choc. La gauche plia à son tour : elles se r'allierent & chargerent plus d'une fois, mais la Cavalerie aïant été mise en déroute, tout s'enfuït, ou fut renversé. Pour se sauver plus aisément, les Soldats jetterent

Le Fort de Sainte-Brigide.

leurs armes. On en trouva de quoi armer seize mille hommes. Les Fuïards furent poursuivis jusques aux Portes de Turin, & le reste du jour on en tua un si grand nombre, que la campagne étoit couverte de Bataillons entiers, particulierement d'Espagnols & de Huguenots. Il resta sur la place huit à neuf mille des Ennemis. On fit sur eux prés de deux mille prisonniers. On leur prit cent Drapeaux, quatre ou cinq Etendards, & trente-quatre piéces de Canon. Il y eut douze à quinze cens tuez ou blessez de nôtre côté. La Gendarmerie fit des prodiges de valeur. L'Infanterie combatit, les uns avec la Bayonnette pointée au bout de leurs Fusils, & les autres avec l'épée. Aprés la défaite, le Duc de Savoïe fit revenir les Allemans, qui bloquoient Casal. Avec ce secours il ne put tenir la Campagne, ni empêcher le Maréchal de Catinat de recueillir dans la plaine une abondance prodigieuse de toute sorte de provisions. Le Roy reçut le même jour la nouvelle de cette Victoire, & de la prise de

Charleroy pris le 11. de Novembre. Charleroy. Cette Place est située entre Mons & Namur. Le Roy la fit assiéger à

DE LOUIS LE GRAND. Liv. V. 259
la mi-Novembre. Le Prince d'Orange étoit tout prest de repasser en Angleterre. A cette nouvelle il revint en Flandre ; il s'avança jusques à Bruxelles. Il assembla des Troupes, mais sans rien entreprendre. Cette Place si forte ne tint que vingt-six jours. Sur la fin de ce mois une Flotte d'Anglois tenta inutilement d'abîmer Saint-Malo, moins par les Bombes qu'ils y jetterent, que par une Machine avec laquelle ils espéroient renverser cette Ville, & la ruïner de fond en comble. Cette Machine étoit un Vaisseau d'environ quatre cens tonneaux, Vaisseau à trois Ponts maçonnez en dedans, & voûtez avec de la brique. Dans chacun de ces trois étages, il y avoit des barils à poudre, des masses paîtries de goudron & de poix-raisine, des Bombes, des Carcasses, & des Barriques foudroïantes. Le temps étant serein, la nuit claire, la mer calme & pleine, cette Machine infernale approchoit avec la marée, quand elle heurta heureusement contre la pointe d'un rocher à une portée de pistolet de la muraille de la Ville. L'Ingenieur s'étant apperçu que sa Machine faisoit eau, se hâta d'y mettre le feu.

Les Anglois tentent inutilement de brûler Saint-Malo, le 26. de Novembre, & suivans.

Ce sont des futailles où l'on met des pots à feu, & des grenades rangées parmi quantité de filasse arrosée d'huile, & trempée dans de la poix noire, & de la poix grecque.

Kk ij

Lui & fes Camarades furent emportez dans le moment, n'aïant point eu le temps de fe retirer affez-tôt. Ce fut un bruit horrible. La terre trembla trois lieuës à la ronde. Toute la Ville reffentit une violente fecouffe ; & l'on vit tout d'un coup tomber de deffus les toits une nuée d'ardoifes & de tuilles. Ce fut tout l'effet de cet effroïable artifice. Pas une maifon ne fut endommagée, perfonne de tué ni bleffé. La poudre aïant eu de l'air, l'eau l'aïant gâtée, elle n'eut plus affez de force pour lancer fur la Ville les Bombes & Barils à feu. Quand la mer fe fut retirée, on trouva fur la gréve jufques à fept cens Bombes, & des barriques pleines de poudre dans le débris de ce Vaiffeau.

CAMPAGNE DE 1694. On ne pouvoit fouhaiter une Campagne plus glorieufe ; mais il n'eft point de félicité fans quelque mélange d'infortune, & quand l'état fouffre au dedans, on n'eft guére fenfible aux profpéritez du dehors. On n'eût pû, dis-je, fouhaiter une plus heureufe Campagne, fi la difette n'eût défolé quelques Provinces du Roïaume, & principalement Paris & fes environs. La

France est si fertile, on y recueille tant de bled, qu'elle en fournit à ses Voisins, & depuis un long-temps il étoit à si grand marché, que le Peuple vivoit aisément, quoique pendant la Guerre il y ait peu de commerce & de gain à faire. La récolte aïant manqué en 1693. soit pour la quantité, soit pour la qualité du bled, le prix en monta si haut, qu'il se vendoit quatre fois plus qu'il ne valoit auparavant. Dans cette conjoncture, le Roy fit venir des bleds du Nord & de Barbarie, ouvrir les Greniers des Particuliers, porter leurs grains aux Marchez, ensemencer toutes les terres, distribuer du pain dans Paris à moitié de ce qu'il lui coûtoit, & donner toutes les semaines une somme considerable aux Pauvres de chaque Paroisse. A ces secours humains, il joignit des Prieres publiques & particulieres. Dieu benit ses soins; le Peuple fut soulagé, & il y eut tant de bled la moisson suivante, qu'environ cinq semaines aprés il revint presque tout d'un coup au même prix où il étoit avant la cherté. Cette disette néanmoins, & la mortalité qui la suit ordinairement, firent croire au

Prince d'Orange, que le moment étoit venu d'attaquer le Roïaume avec avantage ; il r'anima les Alliez, & à force d'argent que les Anglois depuis la Guerre lui fournissoient en abondance, il mit deux Flottes en mer, & groffit de tous les côtez les Armées de la Ligue. Le fuccés ne répondit point à de fi grands préparatifs. Il n'y eut en Piedmont, ni action, ni Siége. Du côté d'Allemagne l'Armée Ennemie n'eut pas plûtôt paffé le Rhin pour piller dans la baffe Alface, qu'elle le repaffa auffi-tôt, le Maréchal de Lorges accourant à grandes journées pour lui livrer bataille. Le Dauphin commandoit en Flandre : il avoit avec lui toute la fleur de la Nobleffe ; fes Troupes étoient choifies, mais elles ne faifoient pas cinquante mille hommes. L'Armée des Confédérez étoit de quatre-vingt mille fous le Commandement du Prince d'Orange & de l'Electeur de Baviere ; cependant quelques menaces qu'ils euffent faites de prendre Namur & Dunkerque, l'Eté fe paffa fans aucune entreprife de côté ni d'autre. Sur la fin du mois d'Août les Alliez décamperent des environs de Liége pour marcher vers les Lignes, dans l'espérance de les forcer, de mettre sous contribution le Païs conquis, & de s'ouvrir le chemin à quelque grand dessein. Quand ils furent arrivez, ils s'avancerent vers l'Escaut, espérant de dresser leurs Ponts avec d'autant moins de peine, qu'ils croïoient n'avoir à combattre que sept à huit mille hommes destinez à garder les Lignes; mais quel fut leur étonnement quand ils virent sur l'autre bord du gros Canon en batterie, & l'Armée du Dauphin se rangeant en bataille à mesure qu'elle arrivoit ! Ils furent quelque temps à ne point croire ce qu'ils voïoient, ne pouvant pas s'imaginer, qu'aïant eu deux journées d'avance, & le chemin qu'ils avoient fait, étant de moitié plus court; ils n'eussent pû prévenir l'arrivée de l'Armée de France, qui avoit eu des défilez & quatre Rivieres à passer. Si-tôt que le Dauphin fût averti de leur départ, il donna ordre sur le champ que toutes choses fussent en état, pour que l'Armée, si elle le pouvoit, pût devancer les Ennemis. Ses ordres furent exécutez avec tant d'exactitude, que dans tout le chemin, elle trouva à point nommé des fourages & des vivres, des rafraîchissemens, des Ponts sur les Rivieres, des Chariots, des Bateaux pour porter ou pour embarquer ceux qui ne pouvoient aller si vîte, ou que l'on destinoit à arriver les premiers. On n'avoit jamais vû tant de gaïeté dans le Soldat. Le poids de ses armes, les injures du temps, la précipitation & la fatigue de la route, rien ne pouvoit le rebuter. C'étoit au contraire à qui feroit plus de diligence, marchant de toutes leurs forces, s'aidant, s'encourageant les uns les autres. Cette ardeur s'étant répanduë dans toute l'Armée, elle fit en moins de quatre jours, prés de quarante grandes lieuës avec ses équipages, & tout l'attirail du Canon. Les Alliez furent si surpris de la voir en presence, qu'ils se retirerent aussi-tôt, & distribuerent peu aprés leur Armée en quartier d'hyver. Auparavant ils en firent des détachemens, qui joints aux Troupes de Liége emporterent en six jours la Ville & Château d'Huy, petite Ville sur la Meuse, prise & reprise autant de fois qu'on est maître de la Campagne. Ils avoient devant cette Place soixante piéces

de

de gros Canon, & trente Mortiers. Dépense digne d'un grand Siége, énorme pour une Bicoque.

C'étoit bien peu de chose pour consoler les Alliez, non seulement de n'avoir rien fait pendant toute la Campagne ; mais encore d'avoir perdu une Bataille & quatre Places en Catalogne. Le Maréchal de Noailles n'y fut pas plûtôt arrivé, qu'il reçut ordre de chercher & de combattre les Ennemis. Ils étoient environ dix-sept à dix-huit mille hommes, retranchez sur l'autre bord du Ter, Riviere large de cent toises, & guéable en beaucoup d'endroits. Le fond est sable mouvant, dont on a peine à se tirer. L'Armée du Maréchal étoit à peu prés égale. Il avoit douze mille hommes de Troupes reglées : le reste n'étoit que milice. A la pointe du jour, des Escadrons de Grenadiers & de Carabiniers s'étant jettez à l'eau, partie l'épée à la main, partie le fusil haut, armé d'une baïonnette, les Ennemis firent sur eux un feu terrible ; mais les Carabiniers, & tous ces autres Braves, les pousserent si vivement, qu'ils entrerent avec eux dans leurs Retranchemens, & les

Victoire du Ter le 27. de May.

L l

en chafferent. Alors toutes les Troupes étant paſſées, l'Armée s'avança pour livrer Bataille. La Cavalerie Eſpagnole foûtint le choc avec vigueur, pour donner à l'Infanterie le temps de ſe retirer. Cette Cavalerie fut enfoncée, & ſe r'allia plus d'une fois. Enfin elle fut rompuë, défaite à platte couture, & pourſuivie pendant trois heures juſques à des défilez. On tailla en piéces une partie de l'Infanterie. La Victoire fut complette : elle ne coûta au Roy que deux à trois cens hommes. Il y eut quatre à cinq mille des Ennemis tuez ou bleſſez, plus de trois mille faits priſonniers. Ils y perdirent ſeize Drapeaux, leurs bagages, leurs vivres & leurs munitions. Auſſi-tôt aprés, le Maréchal de Noailles mit le Siége devant Palamos, petite Ville maritime, dont les approches ſont difficiles. Les Fortifications en étoient revêtuës. Il y avoit trois mille hommes à la défendre ; cependant elle fut priſe en cinq jours : la Place fut battuë par mer & par terre. La Flotte du Roy étoit entrée dans le Port, pendant que le Maréchal foudroïoit du côté de terre. La contreſcarpe emportée, les Troupes aïant ap-

Palamos pris le 7. de Juin.

perçu deux brêches, quoique si petites, qu'il ne pouvoit y passer qu'un homme de front; elles y monterent hardiment, entrerent dans la Ville, & profitant de la terreur où paroissoient les Ennemis, elles s'en emparerent. Le Fort, ou Château, s'étant rendu à discretion, deux ou trois jours aprés, le Maréchal sans perdre de temps alla assiéger Gironne. Cette Place est si forte : elle s'étoit autrefois si bien défenduë, qu'en 1684. une autre Armée de François fut contrainte d'en lever le Siége. La Victoire du Ter, la Conquête de Palamos, la violence des Batteries, une grêle de Bombes qui mit le feu de tous côtez, le peu d'espérance de recevoir aucun secours, firent si grand'peur aux Habitans & à la Garnison, qu'ils capitulerent en cinq jours. On prit encore d'autres Places sur le chemin de Barcelone ; & la consternation étoit si grande dans le Païs, que cette Capitale n'eût pas tenu une semaine, si les chaleurs eussent permis de l'assiéger, & si la Flotte des Alliez n'y avoit débarqué des Troupes & des munitions. Ce fut la seule expédition de cette Armée Navale équipée avec tant de frais

Gironne prise en Juin.

par le Prince d'Orange & par les Hollandois, l'Espagne les menaçant de conclure avec le Roy, s'ils ne venoient la secourir. Le Duc de Savoïe les sollicitant vivement de lui reprendre Villefranche, ils mirent cette Armée en mer. Elle étoit de cent trente Voiles, parmi lesquelles il y avoit soixante-quinze Vaisseaux de ligne : elle devoit prendre Nice, brûler Toulon & Marseille, faire un monceau de pierres de la superbe Genes, pour punir cette Republique de ne pas entrer dans la Ligue. Tous ces projets s'évanoüirent, les maladies & la disette l'empêchant de rien entreprendre; elle tint seulement la mer jusques au temps de desarmer, ensuite elle se sépara pour aller hyverner dans les Ports d'Espagne. Leur Flotte sur l'Ocean fit plus de fracas, & ne fit guére plus de mal. Ils tenterent inutilement une descente à Camaret.* De huit à neuf cens hommes que les Chaloupes mirent à terre, on en tua trois à quatre cens, le reste fut fait prisonnier. La malheureuse destinée de ces Enfans-perdus, & le feu des retranchemens qu'on avoit fait sur le rivage, donna une telle allarme aux

marginal note: Le 18. de Juin. *Camaret est une presque-Isle proche de Brest.

Troupes qui fuivoient pour foûtenir cette defcente, qu'elles fe retirerent avec précipitation à la faveur de leurs Vaiffeaux. Le mois fuivant, ils bombarderent Dieppe. Prefque toute la Ville fut réduite en cendres. Les maifons y étoient ferrées, & bâties de bois, les Habitans s'étoient fauvez avec leurs meilleurs effets ; ainfi le feu fit ravage, faute de monde pour l'éteindre. Cet embrafement coûta cher à ces Incendiaires, la dépenfe de détruire Dieppe n'étant guére moins grande que celle de le rebâtir. Ils jetterent des Bombes dans le Havre & dans Calais, fans y caufer d'autre dommage, que de mettre le feu en quelques endroits, où il fut auffi-tôt éteint. Ils vinrent devant Dunkerque, & pour renverfer les Forts qui gardent l'entrée du Canal, ils firent avancer deux Machines femblables à celle de Saint-Malo ; mais le Canon des batteries, dont le rivage étoit bordé, fit fauter ces Vaiffeaux en l'air à cinq cens toifes des Jettées.

Le 22. de Juillet.

Le 28. de Juillet.

Le peu de fuccés de cette Campagne r'allentit le courage des Anglois & des Hollandois, qui portoient feuls depuis fept ans

CAMPAGNE DE 1695.

les frais immenses de la Guerre. Le peuple demandoit la Paix en Hollande publiquement, à Londres avec moins d'éclat, mais avec plus de danger. Quoique le Parlement eût été jusques-alors dévoüé au Prince d'Orange, la Chambre des Communes, soûtenuë de quelques Seigneurs, demanda compte avec hauteur de l'emploi des deniers publics, de la part que les Alliez portoient depuis sept années de la dépense de la Guerre, & de quelques autres conditions de l'exécution des Traitez. Elle destitua & chassa de ses Assemblées son Orateur ou President : elle fit emprisonner ses principaux Membres, & aprés avoir fait citer le Comte Dambi, Chef de tous les Conseils du Prince d'Orange, elle poursuivit la procedure jusques à la fin du Parlement. De si grands affronts faits sous les yeux du Prince, & à ses Créatures les plus affidées, étoient autant d'étincelles, ou d'un feu caché sous la cendre, ou d'un feu prest à s'allumer. La Princesse d'Orange étant morte en ce temps-là, le Prince avoit tout à craindre des Créatures du Roy Jacques, du parti & des brigues de la Princesse de Dan-

Elle mourut le 18. de Decembre 1694.
Le Roy d'Angleterre avoit eu deux Filles de

nemarck, ou du moins que les Alliez, allarmez de ce changement, n'eussent plus la même chaleur à le maintenir sur le Trône; ce ne furent que de fausses craintes. Il n'y eut aucun mouvement, tant ce Prince fut heureux ou habile à les prévenir. Il se détermina à affronter tant de perils par une bonne contenance ; & quelque risque qu'il y eût à courre à quitter le timon dans ces temps de tempête & de confusion, il repassa en Flandre au Printemps suivant, aprés avoir excité tous les Princes Confédérez à faire, s'il étoit possible, de plus grands efforts que jamais.

son premier mariage ; l'Aînée fut mariée au Prince d'Orange, & la seconde au Prince George, Frere du Roy de Dannemarck.

 Le dessein de la Ligue étoit de faire tout à la fois trois Siéges en cette Campagne, un en Flandre, l'autre en Italie, un troisiéme en Catalogne, pendant que deux grandes Flottes réduiroient en poussiere toutes nos Villes maritimes. La Ligue étoit en état d'exécuter ces grands desseins, par les puissans efforts qu'elle avoit fait de tous côtez pour rétablir par des conquêtes, la confiance dans l'esprit des Peuples : Quoique les Alliez furent plus heureux cette année qu'ils n'avoient été jusques-alors, il n'y eut de tous ces projets qu'un feul qui leur réüſſit. Les Armées d'Allemagne ne purent rien entreprendre de côté ni d'autre, aïant fait des détachemens pour groſſir les Armées de Flandre. Les Eſpagnols en Catalogne firent le Siége de Caſtel-Follit, & ils le leverent auſſi-tôt, à l'approche du Duc de Vendôme, qui avoit ſuccedé au Maréchal de Noailles, tombé malade à l'ouverture de la Campagne. Sur la fin de l'Eté ils aſſiégerent Palamos avec la même infortune. Aprés avoir été cinq ou ſix jours devant la Place, ils en décamperent, ſur l'avis que le Duc marchoit à eux pour les combattre.

Caſal rendu le 10. de Juillet, & razé auſſi-tôt aprés.

Depuis plus de deux ans l'Empereur & les Eſpagnols preſſoient le Duc de Savoïe de faire le Siége de Caſal, Place ſituée ſur le Pô, & dans un poſte dominant pour tenir en reſpect la Savoïe & le Milanez, & les petits Etats de Mantouë, de Modene, & de Parme. La paſſion des Eſpagnols avoit été, depuis le ſiécle, d'être les Maîtres de ce poſte, eſpérant de le devenir du reſte de l'Italie, s'ils pouvoient s'emparer d'une Place auſſi importante. (Ils l'ont aſſiégée cinq fois en cinquante ou ſoixante années.)

L'Empereur

L'Empereur aïant les mêmes vuës, le Duc de Savoïe, jaloux de sa liberté, refusoit de faire ce Siége; mais le Conseil de Vienne sçut si bien calmer les fraïeurs du Duc, qu'enfin ce Prince s'y détermina. On n'avoit point vû de plus terribles préparatifs, & jamais on n'en avoit fait avec plus d'ardeur. Les lignes & les batteries étoient prêtes dés le mois d'Avril. Cette premiere dépense fut entiérement inutile. Les neiges & les mauvais temps obligerent les Alliez à r'entrer en quartier d'hyver, & le Duc de Savoïe ne revint assiéger la Place, qu'environ cinq semaines aprés. Cette opiniâtreté allarmoit d'autant plus les Puissances voisines, que l'Empereur insensiblement, sous prétexte de quartiers d'hyver, se fraïoit le chemin à la conquête d'Italie, s'il pouvoit dans ces conjonctures devenir Maître de Casal. Pour détourner ce coup, ces Princes résolurent, ou de contraindre les Alliez d'abandonner cette entreprise, ou d'obtenir du Roy que la Place fût renduë au Duc de Mantouë, les Fortifications rasées, sauf à dédommager le Roy de ce qu'elle lui avoit coûté, dont ces Princes feroient garants. Elle coûtoit au Roy cinq Millions d'achat, & trois autres à l'entretenir, fans en tirer d'autre avantage, que d'être par ce voifinage plus en état de fecourir les Princes d'Italie. Pour défendre une Place fi éloignée de nos Frontieres, il faloit y entretenir des Troupes d'élite, qui pouvoient mieux fervir ailleurs. D'un autre côté, nôtre Armée de Piedmont n'étant point affez forte pour battre celle des Alliez, & pour leur faire lever le Siége, le Roy fe détermina d'écouter la propofition de rendre la Place rafée, plûtôt que de facrifier quatre à cinq mille hommes à défendre ce pofte jufques aux dernieres extrémitez. Les Suiffes & les Venitiens aïant fait agréer ce Traité au Duc de Savoïe, l'Empereur & les Efpagnols furent contraints d'y confentir; ainfi Cafal fut rendu, quoique les Ennemis n'euffent encore pris aucun ouvrage en treize jours de tranchée ouverte.

Pendant le Siege de cette Place, la grande Flotte de la Ligue qui avoit hyverné dans les Ports d'Efpagne, bordoit les Côtes de Provence, pour attirer à les défendre une partie des forces du Roy, & empêcher par ces allarmes le secours de Casal. Quoique cette Armée Navale fût beaucoup diminuée par la mortalité, & faute de rafraîchissemens qu'elle ne tiroit que d'Angleterre, elle étoit encore si puissante, qu'elle menaçoit de foudroïer Toulon & Marseille : elle n'osa en approcher, on étoit préparé à la bien recevoir. Elle vogua tout l'Eté dans le Golphe de Lyon, dans les Mers de Sardaigne & de Ligurie ; & aprés avoir essuïé une rude tempête, dans laquelle il perit cinq de ses grands Vaisseaux, elle moüilla devant Palamos, jusques à ce qu'elle reçut avis qu'on armoit à Toulon ; alors elle reprit la pleine Mer, errant de côté & d'autre, sans autre vûë ni dessein, du moins à ce qu'il parut, que d'écarter nos Armateurs, & de traverser nôtre Négoce. L'autre Flotte des Alliez étoit sur l'Ocean, de trente Vaisseaux, de vingt Galiottes à Bombe, & d'autres Bâtimens pour porter les munitions. Cette Armée Navale jetta des Bombes dans Saint-Malo. Elles y brûlerent dix maisons, & en endommagerent d'autres. La perte fut estimée cent

Saint-Malo & Dunkerque bombardez.

cinquante, ou deux cens mille livres. C'étoit sur Dunkerque que la foudre devoit tomber. On y attendoit les Ennemis avec plus d'espérance de les battre, que de crainte de leurs artifices. L'entrée du Port étoit gardée par des Batteries, par des Pontons, par des Chaînes, & des Estacades, & principalement par une Flotte de Chalouppes toutes garnies d'hommes choisis, commandez par des Officiers des plus habiles de la Marine. Les premieres Bombes des Ennemis n'aïant pas approché de plus de cent toises, toute la Ville, jusques aux Enfans, se plaça par curiosité sur les toits, & sur les remparts pour voir le bombardement. Quatre Brûlots en feu s'avançant vers les Forts de Bois, qui défendent l'entrée du Môle, les Chalouppes vont au devant, & sans sçavoir si ces Brûlots n'étoient point remplis d'artifice, les nôtres les accrochent, & les tirant loin des Jettées, les font sauter en pleine Mer à la vûë de tout le peuple. Avec la même audace, les Chalouppes s'emparerent d'un grand Vaisseau, & y mirent le feu. Les Ennemis jetterent onze à douze cens Bombes : ils tirerent plus de deux mille coups de Canon, sans faire par ce grand fracas pour trente pistoles de dommage. De colere & de desespoir d'un si chetif suc-cés, cette Flotte bombarda Calais deux fois dans ce même mois. Tout fut reparé à moins de dix mille écus, tant il est vrai que les entreprises de Mer ne réüssissent presque jamais, & que pour faire peu de mal, il en coûte des dépenses énormes. *Calais bombardé en Août.*

Le fort de la Guerre fut à l'ordinaire du côté de Flandre, les Armées y étoient nombreuses, & sans donner bataille, il y perit cette Campagne plus de trente mille hommes. Depuis plus de trois ans les Alliez avoient en vûë de forcer les Lignes, de piller le Païs conquis, & de prendre Dunkerque. Le Roy pour les prevenir fit faire de nouvelles Lignes de l'Escaut à la Lis, & de Courtray jusques à la Mer. Vingt mille Pionniers acheverent en moins de huit jours sept mille toises de fossé, large de quinze pieds, profond de douze, avec un parapet de dix d'épaisseur. Comme cette barriere étoit un nouvel obstacle aux projets du Prince d'Orange, à peine eut-il assemblé l'Armée des Alliez, qu'il s'avança du côté d'Ipres pour interrompre les travaux. Les Lignes de ce côté-là n'étoient point encore achevées ; nôtre Armée n'avoit alors que la moitié de son Canon : elle étoit inférieure de prés de vingt-cinq mille hommes, & si fort fatiguée d'une marche de cinquante heures, qu'elle ne pouvoit, sans se remettre, faire une grande résistance. L'Armée des Alliez étoit de plus de cent mille hommes. C'étoit toutes Troupes fraîches, leur train d'Artillerie étoit effroïable. Tout les flatoit de forcer les Lignes ; mais ils manquerent, soit par lenteur, soit par trop de précaution, le moment de les attaquer. En cinq ou six heures nos Troupes reprirent courage, le Canon arriva, & les Lignes en moins d'une nuit furent en état de les défendre. Ce coup manqué, les Alliez attaquerent le Fort de la Kenoque : ils furent repoussez jusques à trois fois, avec perte de deux mille hommes, sans avoir en huit ou dix jours gagné un pouce de terre. Pendant cette attaque qui cachoit un plus grand dessein, le Prince d'Orange faisoit filer ses bonnes Troupes vers la Meuse, & dés lors qu'il eût eu nouvelle qu'une autre Armée des Alliez, composée des Troupes de Liége & de celles de Brandebourg, avoit investi Namur, il se rendit devant cette Place avec le Duc de Baviere, ne laissant que trente mille hommes sous le commandement du Prince de Vaudemont à la garde de la Basse-Flandre. Namur étoit en état de faire pendant fort long-temps une vigoureuse résistance. Le Maréchal de Boufflers * s'étoit jetté dans cette Place le jour qu'elle fut investie. Il y avoit une Garnison de dix mille sept à huit cens hommes, des Officiers, des Ingenieurs en quantité, & des munitions plus, ce semble, qu'il n'en faloit (les conjonctures faisoient croire que les Alliez seroient contraints d'abandonner cette entreprise.) Le Siége formé, le Roy envoïa ses ordres au Maréchal de Villeroy,* qui commandoit la grande Armée, (le Maréchal de Luxembourg étoit mort d'une pleuresie l'hyver d'auparavant,) ce fut une perte. Il n'y a guére eu de Général d'une plus grande expérience. Il étoit habile, & les Alliez apprehendoient sa hardiesse & sa valeur. Le Maréchal de Villeroy entra dans la basse-

Siége de Namur par les Ennemis.
* Louïs-François de Boufflers Maréchal de France en 1693. Duc & Pair aprés le Siége de Namur.

Le 4. de Janvier 1695.
* François de Neuville Villeroy, Duc & Pair, Maréchal de France en 1693.

Flandre pour combattre, s'il se pouvoit, l'Armée du Prince de Vaudemont. Le Maréchal s'en approcha, & alloit la mettre en déroute, si le Prince qui avoit ordre de ne risquer ni escarmouche ni combat, ne se fût sauvé à propos. De toute cette Armée, dont il ne devoit en apparence échapper que fort peu de monde, il n'y eut que deux Regimens qui furent taillez en piéces dans la poursuite des Fuïards. Fuïte heureuse pour les Alliez, qui sans doute eussent été contraints de lever le Siége de Namur, si le Prince eût été défait. Dix jours aprés sa retraite, le Maréchal de Villeroy fit assiéger Dixmude; cette Place, quoique fortifiée, se rendit en vingt-quatre heures; ensuite Deinse ouvrit ses Portes. Il y avoit dans ces Villes huit à neuf mille hommes de Troupes reglées, qui furent faits prisonniers de Guerre. On y trouva des Magasins de toutes sortes de munitions, & ces Contrées étoient si riches pour avoir été conservées, que le Soldat y fit un butin incroïable.

Ces deux conquêtes qui ouvroient le chemin à la prise de Gand & d'Anvers,
allarmerent

allarmerent d'autant plus les Flamans & les Hollandois, que le Siége de Namur n'alloit que fort lentement, quoique les Assiégeans eussent toutes choses en abondance, & un temps aussi favorable qu'il fut cruel & désolant, quand le Roy fit le même Siége. Ils avoient en vingt batteries cent trente piéces de Canon, & quatre-vingt Mortiers. Cette effroyable Artillerie ne cessa de tirer pendant tout le cours du Siége; ils y consumerent plus de trois millions de poudre. Leur Armée étoit formidable & renforcée de jour en autre de Troupes choisies. Avec ces avantages, quelle Place n'emporte-t-on point ? Cependant les Alliez furent deux grands mois à se rendre Maîtres de celle-ci; tant ils trouverent de résistance, moins dans le feu des Assiégez qui fut toûjours inférieur, que dans leur intrepidité & dans leur valeur. Un simple retranchement fait en hâte pour amuser, ne put être forcé en moins de huit jours. L'Officier qui y commandoit, fit des sorties vigoureuses, il soûtint un assaut, combla les tranchées, fit sauter par ses mines des Bataillons entiers, & il n'abandonna son poste

Le Coclet défendu par..... de Reignac.

que quand il ne lui resta plus de terrain où se retrancher. La Ville tint vingt-quatre jours; elle ne capitula qu'aprés que ses chemins couverts, & quelques autres de ses dehors eurent été si fort ruïnez, qu'on ne pouvoit, sans tout risquer, soûtenir un troisiéme assaut. Le premier fut épouventable. Jamais on n'a combattu avec plus d'acharnement. C'étoit une horreur de voir des tas de morts, & d'entendre les cris des mourans. Les Alliez revinrent à la charge jusques à quatre fois sans forcer aucune des brêches, quoi qu'il tombât en même temps sur les ouvrages attaquez un deluge de feu, & une grêle épaisse de Carcasses, & de pots à feu, de Bombes, & de Boulets rouges.

Une si vive résistance faisant croire que le Château tiendroit beaucoup plus longtemps, le Maréchal de Villeroy s'avança vers Bruxelles pour la bombarder, si les Alliez ne consentoient à ne plus jetter de Bombes dans les Places qu'on n'assiége pas. Rien de plus hardi, ni de mieux conduit que ce bombardement. Il y avoit dans Bruxelles une grosse Garnison; l'Armée du

La tranchée avoit été ouverte la nuit du 11. au 12. de Juillet.

Bruxelles bombardée le 14. & 15. d'Août.

Prince de Vaudemont étoit campée sous les remparts. Un autre corps de Troupes, au moins de douze mille hommes, voltigeoit dans les environs ; le front de la Place étoit inondé. A la teste d'une chauffée (chemin unique pour approcher) les Ennemis avoient fait faire un retranchement haut de vingt pieds, & gardé par un chemin creux, qui lui servoit de fossé. Ces obstacles n'empêcherent point le Maréchal de Villeroy d'affronter ce retranchement, d'ouvrir la tranchée, & de dresser ses batteries, sans que la Garnison, ni l'Armée de Vaudemont, qui s'étoit retranchée derriere la Ville, fissent le moindre mouvement, ni à l'arrivée de nos Troupes, ni quand elles se retirerent : Les batteries en état, le Maréchal de Villeroy fit faire la proposition de ne plus bombarder les Places ; mais le Duc de Baviere accouru à Bruxelles une heure ou deux auparavant, n'aïant cherché qu'à éluder, le Maréchal, sans perdre temps, fit jetter en trois nuits quatre mille Bombes dans la Place. Quel effroi & quelle confusion dans une Ville aussi peuplée, à la vuë de ces foudres, capables de tout abîmer! Les plus grands édifices furent renverſez, les deux tiers de la Ville détruits ou brûlez : le dommage fut ineſtimable. Aprés ce bombardement, l'Armée marcha à Namur. Sur l'avis de ſa marche, le Prince d'Orange quitta le Siége, où il ne laiſſa que vingt mille hommes, & aprés avoir r'appellé l'Armée du Prince de Vaudemont, & reçû un nouveau ſecours, il diſtribua toutes ces forces dans ſes Lignes, réſolu de ne rien riſquer ; mais ſeulement de ſe défendre, couvert par des défilez, par des marais impratiquables, & par des bois épais, dans leſquels il avoit fait faire double retranchement aux endroits les plus menacez. Tout ce que la valeur peut inſpirer de plus hardi, le Marêchal de Villeroy l'eſſaïa en cette occaſion : lui-même alla reconnoître les bois & les défilez, pour voir ſi par quelque endroit on pourroit, ſans trop expoſer les Troupes à la boucherie, forcer quelqu'un des quartiers ; tous étoient ſi bien retranchez, qu'on n'en put attaquer aucun.

Le ſecours retiré, les Alliez redoublerent leur ardeur à preſſer le Siége. Tous les ouvrages du Château n'étoient plus que des monceaux de pierres. Les Troupes, la plûpart du temps, étoient contraintes de se cacher dans les souterrains, pour ne pas être écrasées par les Bombes & par les Boulets. Il y avoit des brêches par tout. Toutes ces brêches étoient si grandes, qu'un Bataillon entier pouvoit y monter de front. Alors le Maréchal de Boufflers fut sommé de rendre la Place, & sur le refus du Maréchal, les Alliez se préparerent à attaquer tous les ouvrages à la fois. On compta jusques à onze attaques. Le jour de l'action on vit paroître à découvert sur les dix heures du matin des colonnes d'Infanterie, qui à mesure qu'elles arrivoient, se mettoient en bataille sur le revers de la tranchée. Aprés le signal donné, ces Troupes partirent en bon ordre, & elles donnerent assaut à toutes les brêches. Trois mille hommes d'élite, qui avoient pour Enfansperdus des Grenadiers Anglois, pousserent l'audace plus loin. Il y avoit plus de trois cens toises de la teste de la tranchée à la brêche du corps de la Place, & on ne pouvoit y aller sans laisser derriere des ouvrages garnis de monde. Ces Braves franchirent à découvert un chemin auſſi dangereux, & malgré le feu continuel qui les foudroïoit de revers, en teſte & en flanc, leur premier Bataillon planta ſes Drapeaux ſur le haut de la brêche. Ce Bataillon mis en deſordre, un autre auſſi-tôt aprés ſe preſenta de bonne grace; mais aïant été renverſé avec encore plus de vigueur, les Fuïards, culbutez les uns ſur les autres, répandirent un ſi grand effroi parmi les autres Troupes qui les ſoûtenoient, qu'elles ſe retirèrent en déſordre. A toutes les attaques on combattit de part & d'autre avec la derniere furie. Quoique la Garniſon fût épuiſée de fatigues, & de ne point dormir, l'exemple du Maréchal, & des autres Officiers, l'honneur de la Nation, & la néceſſité de vaincre, redoublerent tellement ſes forces, qu'elle repouſſa les Ennemis. Le carnage fut grand par tout, & l'action ne finit qu'à cinq heures du ſoir. Elle fut glorieuſe aux Aſſiégez; cependant ils y perdirent tant de monde, que ne pouvant plus ſoûtenir un nouvel aſſaut, le Maréchal de Boufflers fut contraint de capituler. Namur coûta

Le Château de Namur ſe rend aux Ennemis le premier de Septembre.

des frais immenses aux Alliez, & vingt mille de leurs meilleurs hommes. C'étoit la fleur de toutes leurs Troupes.

Quoique les Alliez fissent sonner bien haut une conquête si difficile, les plus sages parmi leurs Peuples en avoient d'autant moins de joïe, que cet evenement sembloit reculer la Paix. Ces Peuples étant épuisez, souhaitoient avec passion de voir par une bonne Paix tarir la source des taxes. Leur Négoce diminuoit, nos Armateurs faisoient sur eux des prises continuelles. Selon un état exact dressé par ordre du Parlement en 1695. les seuls Anglois avoient perdu quatre mille deux cens Vaisseaux Marchands, évaluez par eux-mêmes à trente Millions sterlins. Il y avoit en Angleterre d'autres semences de désordres : l'argent y devenoit rare, & les espéces depuis quatre ans s'y trouvoient tellement rognées, qu'il y avoit sur la plûpart un tiers, ou moitié à perdre. Comme il n'est rien dans le Commerce qui l'interrompe davantage que l'alteration des Monnoïes, ce désordre faisoit crier contre le Gouvernement, le Peuple ne manquant jamais d'imputer à ceux qui com-

CAMPAGNE
DE 1696.

mandent, la faute des malheurs publics, d'autant plus que le bruit couroit que l'on faifoit paffer beaucoup d'efpéces en Hollande pour y amaffer un Tréfor : les grandes richeffes fervent d'azile en tout temps. Les Agens du Roy d'Angleterre, profitant de ces conjonctures, travaillerent à le r'appeller. D'abord ils gagnerent beaucoup de monde. Les uns par amour pour la nouveauté, d'autres par un fage repentir & par affection pour leur Roy, confpirerent à le rétablir. L'occafion étoit favorable. Le Prince d'Orange n'avoit alors ni Troupes pour fe défendre, ni Vaiffeaux pour garder fes Ports. Ses Troupes étoient en Flandre, fa grande Flotte à Cadix, & une Efcadre de gros Vaiffeaux étoit tout nouvellement partie des Dunes pour la joindre. Sur l'efpérance du fuccés, le Roy d'Angleterre s'avança jufques à Calais. Seize mille hommes de vieilles Troupes avec des Chefs d'expérience eurent ordre de l'accompagner. Cette Armée n'attendoit que le moment de s'embarquer ; mais le vent fut toûjours contraire, jufques à ce que cette entreprife aïant été découverte, on perdit l'efpérance

&

& le temps de l'exécuter. Sur les premiers avis de cette descente, les Hollandois incontinent mirent en Mer douze gros Vaisseaux qui vinrent croiser devant Calais. Le Prince d'Orange, de son côté, sans s'effraïer, de la grandeur du péril qui le menaçoit, eut bien-tôt sçu le dissiper. Il s'assura des gens suspects. Il r'appella sa Flotte, il fit passer en Angleterre des Troupes Allemandes & Hollandoises, & border de Milices les principaux endroits, où l'on pouvoit faire descente. Une conspiration quand elle est découverte à temps, ne réüssit presque jamais, & alors, bien loin d'ébranler ce qu'elle prétendoit renverser, elle ne sert qu'à l'affermir. Les Communes & les Seigneurs firent éclater plus que jamais leur attachement pour le Prince. Il se fit une Ligue entre les Membres des deux Chambres, non-seulement pour le maintenir, mais même pour vanger sa vie, s'il venoit à la perdre par quelque accident funeste. Ce zele r'assura le Prince; & les bons ordres qu'il donna, aïant calmé ses inquiétudes pour l'avenir, il repassa la Mer au Printemps suivant.

En Flandre. En arrivant en Flandre, il trouva les Armées du Roy déja en campagne, & sur les terres des Espagnols. Comme le Roy n'avoit en vuë que de se tenir sur la défensive, il avoit donné ordre au Maréchal de Villeroy, qui devoit commander dans la basse-Flandre, de se saisir de quelque poste si commode & si abondant, que l'Armée pût rompre aisément tous les desseins des Alliez, & subsister à leurs dépens jusques à la fin de la Campagne. Du côté de la Meuse, le Roy avoit commandé au Maréchal de Boufflers de partager l'Armée en quatre, & de poster ces Corps à portée de se joindre, & de tout couvrir. Ces ordres furent exécutez, & le succés fut si heureux, que les Alliez furent contraints de manger leur Païs pendant tout l'Eté, sans pouvoir ni faire de Siége, ni donner Combat. Leurs forces néanmoins étoient plus considérables, qu'elles n'avoient été jusques-alors. Ils avoient en Mer une Flotte de cent trente Voiles, qui ne fit autre chose que de brûler quelques maisons à Calais, aux Sables d'Olonne, à Saint-Martin de Rhé. Ils avoient trois Armées dans les Païs-Bas;

une dans la basse-Flandre, de vingt-cinq à trente mille hommes, sous le Prince de Vaudemont, qui ne put empêcher le Maréchal de Villeroy de faire des fourages jusques aux Portes de Gand, & de mettre sous contribution toutes les Places d'alentour. Leur Armée principale, au moins de moitié plus forte, passa toute la Campagne en des menaces continuelles, sans trouver le moment d'en venir à l'exécution. Une troisiéme Armée de dix-huit à vingt mille hommes, composée de Troupes Allemandes, s'avança jusques à Namur sous le Commandement du Landgrave de Hesse-Cassel. Elle resta dans ce poste environ un mois, jusques à ce que, ou faute de païe, ou faute d'une occasion d'être emploïée, elle retourna en Allemagne. Les progrés de la Ligue ne furent pas plus grands sur le Rhin. *En Allemagne.* Le Prince de Bade demeura dans ses Lignes jusques à la fin d'Août, loin de poursuivre l'Armée de France, qui sous le Commandement du Maréchal de Choiseul avoit *Claude de Choi-* passé le Rhin. Elle resta au delà cinq à six *seul, Maréchal de France en* semaines. Au retour du Landgrave, le *1693.* Prince de Bade passa le Rhin. Leurs Troupes jointes ensemble s'avancerent vers Philisbourg, sans en oser faire le Siége : elles s'approcherent ensuite de l'Armée du Maréchal ; mais aprés beaucoup de menaces, & s'être canonnées de côté & d'autre, les Armées se séparerent sans escarmouche, ni combat.

En Catalogne Loüis-Joseph, Duc de Vendôme.

Quoique le Duc de Vendôme eût peu de monde en Catalogne, il fut Maître de la Campagne, moins par le nombre de ses Troupes, que par sa bonne conduite, & par sa valeur. Ce Prince s'étoit fait aimer, on l'estimoit dans le Païs, les Espagnols l'apprehendoient. Il défit leur Cavalerie avec un nombre d'Escadrons beaucoup inferieur au leur. Il démolit tranquillement quantité de petites Places, où se retiroient les Ennemis. Il poussa leur Armée avec tant de vigueur ; il la tint si serrée pendant presque tout l'Eté entre un retranchement & de hautes montagnes, que sans en venir aux mains, il leur fit perdre plus de monde qu'on n'en eût tué dans un combat.

En Italie;

Du côté d'Italie, le Maréchal de Catinat avoit une Armée nombreuse, & presque toute entiere de Troupes choisies, le

Roy voulant, cette année, ou achever de conquerir les Etats du Duc de Savoïe, ou obliger ce Prince à faire la Paix. Lorsque le Maréchal commença à passer les Monts, les Ennemis travaillerent à couvrir Turin par de nouveaux retranchemens ; ils enleverent les grains & les bestiaux de la campagne, & par de fréquens Partis ils s'attacherent à traverser la communication de nôtre Armée à Pignerol. L'Armée, ne subsistant que par des Convois, elle souffrit beaucoup ; cependant elle avançoit dans le Païs avec d'autant plus de lenteur, qu'on étoit en traité avec le Duc de Savoïe, & à la veille de finir. Dés la rupture de la Tréve, le Roy par son Manifeste avoit assez fait entendre, que quelques conquêtes qu'il pût faire, il seroit toûjours disposé de les sacrifier à la tranquillité publique. Il avoit pris les armes, non pour étendre ses frontieres, mais pour les assurer contre les efforts des Princes Liguez ; & ce fut dans cette pensée qu'avant le Siége de Philisbourg, & qu'aprés la conquête non-seulement de cette Place, mais de tout le Palatinat, il fit presser les Alliez de changer en

Paix concluë avec le Duc de Savoïe en Août.

Traité de Paix la Tréve faite à Ratisbonne en 1684. Dans cette même vuë, aprés la prise de Ville-Franche, de Nice & de Montmeliand, il offrit au Duc de Savoïe de mettre ces Places en sequeſtre, & de lui rendre son Païs. Casal dans la suite aïant été démoli, le Duc de Savoïe n'avoit plus pensé qu'à la Paix. (Quand la Paix se presente, on ne doit point la refuser. Heureux le Prince qui peut attendre le moment, sage celui qui en profite.) Quoiqu'au Printemps suivant le Duc fiſt des préparatifs pour le Siége de Pignerol, il songeoit moins à l'emporter par la voïe des Armes, qu'à obtenir qu'il fût rasé par un article du Traité. Le Duc avoit épousé une des Filles du Duc d'Orleans, Frere Unique du Roy. Le Roy, n'aïant point de Filles, avoit marié deux de ses Niéces, l'aînée au Roy d'Espagne, la seconde au Duc de Savoïe. La Reine d'Espagne étoit morte sans laisser d'Enfans; mais la Duchesse de Savoïe avoit eu deux ou trois Princesses, avec l'une desquelles le Roy vouloit marier l'aîné de ses petits Fils, pour renouveller la liaison d'intereſt & de parenté, qui étoit depuis si long-temps entre la France & la Savoïe. Cette alliance & l'avantage d'avoir la Paix dans un endroit si incommode à y continüer la Guerre, firent résoudre le Roy à raser Pignerol, & à le rendre au Duc avec le reste de son Païs, hors Suze, Nice & Montmeliand que le Roy pourroit conserver jusques à la Paix générale. Le Duc, de son côté, s'obligea par un des articles, de proposer aux Alliez la Neutralité d'Italie, & en cas qu'ils la refusassent, de se joindre avec la France pour les forcer de l'accepter. Pendant qu'on négocioit, le Roy avoit accordé une Tréve de trente jours qui fut ensuite prolongée, à l'instance du Pape & des autres Princes d'Italie, qui trouvant l'occasion de faire sortir de leur Païs les Allemans, & autres Etrangers, vouloient ne la pas manquer ; mais bien loin que les Alliez agréassent la proposition, ils emploïerent tous moïens, offres, menaces, reproches, pour vaincre le Duc de Savoïe, & pour faire rompre le Traité. Rien ne put ébranler ce Prince. Les Tréves expirées, il joignit son Armée à celle du Roy, & toutes ces Troupes jointes ensemble marcherent vers le Milanez, pour faire le Siége de Valence. Le Maréchal de Catinat y commandoit les deux Armées sous le Duc de Savoïe. La tranchée ouverte, on poussa les travaux avec tant d'activité, que la Place ne pouvoit tenir, quand la nouvelle vint au Camp, qu'enfin les Ministres de l'Empereur & du Roy d'Espagne acceptoient la Neutralité. Les principales conditions furent, que les Princes d'Italie racheteroient les quartiers d'hyver, & que les Troupes Allemandes se mettroient en marche pour retourner en leur Païs le jour même que l'Armée du Roy reprendroit la route de France. La Paix d'Italie donnoit au Roy de grands avantages : elle lui rendoit trente mille hommes de Troupes aguerries & bien disciplinées : elle lui rendoit un Général ; & épargnant de grandes sommes, elle mettoit le Roy en état, ou d'obliger ses Ennemis à faire la Paix avec lui, ou de continuer la Guerre avec plus de superiorité, & plus de forces que jamais. Un autre avantage qu'on ne peut assez estimer pour ses conséquences, est le mérite de la Princesse * destinée pour Epouse au Duc de Bourgogne.

En Septembre.

Le 9. d'Octobre.

* Marie-Adelaide, Fille aînée de Victor-Amé II. Duc de Savoïe, & d'Anne-Marie d'Orleans.

La

La Paix ratifiée, la Princesse fut conduite en France en attendant son mariage, qui ne devoit se célebrer qu'environ quinze mois après. Elle n'avoit que dix à onze ans, mais on n'a point de souvenir d'avoir vû à cet âge plus d'esprit, ni plus de conduite. Le Duc, son Epoux, n'avoit guére plus de quatorze ans. Marie-Victoire de Baviere, Dauphine de France, étoit morte en la fleur de l'âge, dés 1690. C'étoit une Princesse de grand mérite, Ame noble, qui n'avoit d'autre passion que d'élever les Princes ses Fils dans la Vertu, dans l'amour de la belle Gloire, & de les voir un jour des hommes accomplis. Du mariage de cette Princesse avec Loüis, Dauphin de France, étoient sortis trois Princes. *a* Loüis, Duc de Bourgogne; *b* Philippe, Duc d'Anjou; *c* Charles, Duc de Berry. Jamais Princes n'ont eu une plus belle éducation, par l'attention continuelle du Roy & du Dauphin, & par la vigilance des principaux Officiers que le Roy leur avoit choisis parmi les hommes les plus habiles & les plus sages du Roïaume. * Avec d'aussi bons guides on marche à grands pas dans le chemin de la

a Né le 6. d'Août 1682.
b Né le 19. de Decemb. 1683.
c Né le 31. d'Aoust 1686.

* Ils eurent pour Gouverneur Paul Duc de Beauvilliers-Saint-Aignan, Pair de France, Ministre d'Etat,

Vertu. On ne peut avoir plus d'esprit, plus de Noblesse dans les manieres & dans les sentimens, qu'en ont ces trois jeunes Princes, & l'on voit déja dans l'Aîné des dispositions heureuses pour former un jour un grand Roy. Si la vertu des Grands est une source de tout bien pour les Peuples qui leur sont soumis, que ne doit-on point esperer du mariage d'un Prince accompli, avec une Princesse, dont le merite égale & la grandeur de sa Naissance, & l'élevation du rang où la Providence l'appelle ?

La Paix d'Italie fut un augure favorable de la Paix générale : Il y avoit plus de deux ans, qu'on avoit commencé à faire des propositions, qui ensuite avoient varié selon les événemens ; les choses n'étoient point encore dans un point de maturité. Sur la fin de cette Campagne, tout se disposa à la Paix : Le Peuple la demandoit en Hollande & en Angleterre, avec une vivacité qui marquoit son épuisement. Les Alliez étoient rebutez du peu de succés qu'ils avoient eu dans cette Guerre : La plûpart de ces Princes n'y avoient aucun interest ; le Roy ne s'éloignoit point d'accorder quel-

Chef du Conseil Royal dés l'âge de 36. ans, aussi distingué par son merite que par sa naissance, & par ses emplois.

Pour Precepteur, François de Salignac Fenelon, Archevêque - Duc de Cambray, bel esprit, homme de lettres & de qualité.

ques conditions, que demandoient les Alliez ; ainsi la Paix se fût faite dés 1696. si elle n'eût été traversée par des obstacles imprévûs. Charles II. Roy d'Espagne, étoit tombé malade au commencement du mois d'Octobre, & retombé, jusques à trois fois, dans l'espace de six semaines. Ce Prince n'aïant point d'Enfans, toute l'Europe prenant interest aux querelles, qui pouvoient naître de cette grande succession ; la Ligue, dans cette conjoncture, n'avoit garde de desarmer, que ce Monarque ne fût guéri. D'un autre côté, l'Empereur, & quelques autres Princes, formoient des difficultez, tantôt sur les Passeports, & tantôt sur le choix du Lieu où les Ambassadeurs devoient s'assembler. C'étoit à la Haye, comme au centre de toute la Ligue, que la négociation avoit commencé : Les Hollandois vouloient la Paix ; ils y travailloient avec beaucoup d'empressement. Ils n'avoient point d'argent pour faire de nouvelles Troupes, & pour païer leur part, qui sans doute étoit la plus forte, de la dépense de la Guerre ; Ils avoient même apprehendé que les Puissances Catholiques ne s'accordaſſent entre elles, ou par la médiation du Pape, ou par celle du Duc de Savoïe. Depuis la Paix d'Italie & le Traité executé, le Commiſſaire de l'Empereur étoit reſté à Turin. Le Gouverneur du Milanez y faiſoit de frequens voïages :

<small>René de Froulay, Comte de Teſſé, Lieutenant Général des Armées du Roy.</small>

Le Comte de Teſſé y étoit de la part du Roy ; le Maréchal de Catinat s'y étoit auſſi arrêté avant que de paſſer les Alpes. Le ſéjour de ces Miniſtres dans une Cour qui avoit changé d'intereſt & d'inclination, leurs Conférences continuelles, les allées & venuës des Couriers que l'on dépêchoit à Paris, à Vienne, à Madrid, ces mouvemens donnoient l'allarme aux Hollandois, & leur faiſoient apprehender d'être les victimes de la Ligue, ſi l'Empereur & le Roy d'Eſpagne, l'Electeur de Baviere, & les autres Princes Catholiques venoient à s'en détacher.

<small>CAMPAGNE DE 1697.</small>

Pendant ces pourparlers, chacun redoubla ſes forces ; celles du Roy étoient plus grandes que jamais, & aprés neuf années de Guerre, il avoit plus d'argent, plus de Troupes & plus d'Officiers, qu'il n'en avoit en la commençant. On comptoit tant en

Garnifons, qu'en Troupes à mettre en Campagne, quatre cens vingt mille hommes; trois cens cinquante mille d'Infanterie, & foixante & dix mille Chevaux, fans y comprendre les autres Troupes deftinées à fervir fur l'Armée Navalle. Ses forces de Mer n'étoient pas moins confiderables. Il fit armer dans tous fes Ports, & prefque tous fes gros Vaiffeaux. Les Alliez, de leur côté, faifoient de derniers efforts. Le Prince d'Orange & les Hollandois firent une Ligue défenfive avec le Roy de Dannemark, qui devoit leur fournir des Troupes, & une Efcadre de Vaiffeaux. Parmi ce fracas & tous ces grands préparatifs, les Plenipotentiaires * de tous les Princes Intereffez dans une Guerre fi cruelle, ne laifferent pas de s'affembler. Delf & la Haye furent choifies pour le fejour de ces Miniftres, & le Château de Rifwick, qui eft entre ces deux Villes, pour y tenir les Conférences. Avant qu'elles s'ouvriffent, on avoit long-temps négocié à Turin, à Rome, à Madrid, dans l'efpérance de conclurre un Traité de Neutralité pour la Catalogne: Il n'eft point de conquête où l'Efpagnol

* Les Ambaffadeurs-Plenipotentiaires de France furent Nicolas-Augufte de Harlay-Bonneüil, Confeiller d'Etat ; Loüis Verjus, Comte de Crecy; François, Seigneur de Callieres.

soit plus fenfible qu'à celles que l'on fait fur lui, dans un Païs auffi voifin du centre de tous fes Etats, parce qu'elles font crier le Peuple, qu'on apprehende en Efpagne plus qu'on ne fait ailleurs. Le Roy d'Efpagne manquoit de fonds: il n'avoit pû tirer que peu de Troupes du Milanez, à caufe de la jaloufie que donnoit le Duc de Savoïe, qui demeuroit toûjours armé, ou de concert avec le Roy, ou pour être plus en état de profiter des conjonctures. Les Alliez n'avoient point de Flotte fur la Mer Mediterranée; ils ne pouvoient faire paffer de nouvelles Troupes en Catalogne; ces Troupes étrangeres y faifoient de plus grands ravages, que n'auroient fait des Ennemis: ainfi le Confeil d'Efpagne eût figné avec joïe un Traité de Neutralité, fi l'Empereur n'eût reprefenté que le Roy n'aïant plus de Guerre, ni du côté des Alpes, ni du côté des Pyrenées, deviendroit fi fort fuperieur en Troupes, en Chefs, en argent, qu'il faudroit neceffairement, ou que la Ligue fift avec lui une Paix honteufe, ou qu'enfin elle fuccombât. Ces motifs prévalurent. Il n'y eut point de Traité pour la Catalogne ; & l'Espagne, en cette occasion, sacrifia ses interests aux allarmes des Alliez. Les succés glorieux que la France avoit eus depuis neuf ou dix années, avoient aigri de plus en plus la jalousie de l'Empereur : La Guerre augmentoit son autorité dans l'Empire ; il craignoit toujours pour la santé du Roy d'Espagne, dont le temperament étoit foible & délicat : Il craignoit d'un autre côté, que s'il s'accordoit avec nous, les Princes d'Allemagne ne lui fournissent plus de secours pour se défendre en Hongrie. Ces raisons lui donnant peu d'inclination pour la Paix, il ne pensoit qu'à l'éloigner. Quoique le Prince d'Orange n'eût pas moins d'envie de voir continuer la Guerre, il n'avoit garde de s'opposer aux négociations de la Paix, dans la crainte de desesperer les Anglois & les Hollandois, en leur ôtant ouvertement l'espérance de l'obtenir. Les frequentes conspirations qui avoient éclaté depuis son élevation ; la décadence du négoce, la monnoïe fausse ou rognée, la rareté des bonnes especes, leur transport chez les Etrangers avoient mis toute l'Angleterre dans une confusion, d'où elle ne pouvoit sortir que par une prompte Paix : Cependant l'interest du Prince étoit, ou de n'en point faire, ou du moins de la differer le plus long-temps qu'il le pourroit, aïant tout à craindre, quand il ne seroit plus armé, & quand la force des conjonctures qui l'avoient porté sur le Trône, auroit changé avec le temps. Une conspiration y avoit élevé ce Prince; une autre pouvoit l'en ôter, avec d'autant moins de peine, que l'inclination du Païs est de changer souvent de Maître. Ce Prince étoit Étranger, & d'une Nation contre laquelle jusques-alors les Anglois avoient témoigné une si forte jalousie, que leur Ligue & leur amitié ne pouvoient long-temps subsister : Il n'avoit ni enfans ni freres, ni mêmes de proche parens, dont la valeur & le mérite pussent l'aider à soutenir sa nouvelle fortune. Les Anglois à son occasion, d'opulens qu'ils avoient été, étoient tombez dans l'indigence, tant par les prises continuelles qu'on avoit fait sur eux, que par les grandes sommes, qu'il en coûtoit à la Nation pour le maintenir sur le Trône. Il faloit qu'aprés le Traité, il quittât, pour toûjours,

toûjours, la qualité de *Stathouder*, qui le rendoit plus Maître des Provinces-Unies, qu'il ne l'étoit en Angleterre. Le Prince, dans ces circonstances, avoit d'autant plus à craindre, qu'il ne pouvoit, à la Paix, conserver de Troupes sur pied, en garder d'étrangeres, ni recevoir aucun secours de Hollande ou de l'Empereur, sans jetter les Anglois dans le soupçon & dans l'allarme. Ces réfléxions lui faisoient souhaiter, que la Guerre ne finît point; mais il manquoit d'argent pour la continuer, & le Peuple demandoit la Paix, en Hollande principalement, avec tant d'ardeur, que dans la crainte que les Etats ne traitassent en particulier, l'Empereur & le Prince furent obligez de consentir à l'ouverture des Conférences. Il y avoit long-temps qu'un Homme de confiance négocioit à la Haye de la part du Roy, & les points les plus importans étoient déja presque reglez avec les Etats. Pour faciliter le Traité, le Roy s'étoit tenu sur la défensive les deux dernieres Campagnes, pour ne point augmenter la jalousie des autres Princes par de nouvelles entreprises ; mais voïant que les uns ne

[marginal note:] François, Seigneur de Callieres, &c.

s'appliquoient qu'à traverser & à reculer la Paix, & que les autres differoient d'accepter ses propositions, dans la fausse espérance que plus ils formeroient d'obstacles, plus le Roy leur accorderoit de conditions avantageuses, il resolut, cette Campagne, de faire agir ses forces, & d'obliger les Alliez à recevoir la Paix. Dés la fin de l'Automne de l'année précédente, on avoit fait des Magazins de toutes sortes de provisions dans toutes nos Places sur le Rhin : L'Armée d'Italie avoit été distribuée en Alsace & aux environs, & pendant tout l'Hyver la plûpart des Troupes du Roy avoient été en mouvement & en marche de ce côté-là. Ces apprêts formidables allarmant les Princes voisins, ils firent des retranchemens, ils garnirent ces Lignes de batteries & de pallissades, & ils y bâtirent des Forts, comme s'ils avoient apprehendé d'avoir dans cette Campagne toutes nos forces à soutenir. Le bruit s'étant répandu, & tous nos mouvemens concourant à le confirmer, que le Roy auroit au Printemps deux Armées en Allemagne, l'une sur le Haut-Rhin pour faire diversion, & l'autre plus considerable sous le Maréchal de Catinat pour faire un Siége sur le Bas-Rhin, les Alliez fortifierent Mayence & leurs autres Places, & y jetterent leurs meilleures Troupes. Ces bruits continuerent jusques à la fin d'Avril, & les desseins du Roy furent conduits avec tant d'adresse, & tant de secret, que les Officiers Généraux qui devoient faire la Campagne sous le Maréchal de Catinat, étoient en route pour l'Allemagne dans la croïance d'y servir, quand ils reçurent un contre-ordre de se rendre au plûtôt en Flandre, où le Maréchal étoit allé pour y faire le Siége d'Ath. L'entreprise étoit glorieuse, la Place fortifiée de huit bastions, entourée d'un fossé plein d'eau, également large & profond. La Garnison étoit de trois mille six à sept cens hommes, quand cette Ville fut investie le seize de Mai. Jamais attaque ne fut conduite avec plus de précaution, ni poussée cependant avec plus de vigueur : le Roy avoit donné ordre au Maréchal de Catinat de ménager les Troupes, & d'augmenter en récompense le feu des batteries. La défense ne fut pas égale ; les Assiégez tirerent

Ath pris par le Maréchal de Catinat le 6. de Juin.

Qq ij

peu, ils ne firent aucune sortie ; ils s'enfuïrent du chemin couvert, sans faire presque de resistance, quand nos gens vinrent l'attaquer ; & aussi-tôt que le Canon eût fait deux bréches assez larges pour monter à l'assaut, cette importante Place, qui par le nombre de ses ouvrages devoit être si meurtriere, se rendit à composition, en treize jours de tranchée ouverte, sans qu'il nous en coûtât cent hommes. Comme les Alliez avoient en Flandre deux Armées si nombreuses qu'elles faisoient ensemble prés de cent vingt mille hommes, le Roy avoit commandé au Maréchal de Villeroy de s'avancer sur le chemin par où ils pouvoient approcher. Le Maréchal de Boufflers gardoit un autre côté, & trois Corps moins considerables commandez par des Lieutenans, campoient sur d'autres avenuës, toutes ces Troupes postées à portée de se secourir. Le Siége formé, l'Electeur de Baviere joignit le Prince d'Orange ; ces Princes marcherent au secours, & s'approcherent de nos Lignes ; mais soit qu'ils eussent sujet de craindre que leurs Troupes, étant mal païées, ne refusassent de combattre, ou qu'il n'en désertât beaucoup; soit qu'à la veille de la Paix ils n'osassent rien hazarder, de peur que les conditions ne fussent moins avantageuses s'ils venoient à perdre une Bataille, ces Princes se separerent pour couvrir celles de leurs Places qui étoient les plus exposées, & laisserent prendre Ath sans tenter de le secourir. Aprés la prise de cette Place, quoiqu'ils eussent reçû un secours de dix-huit mille hommes, ils ne songerent qu'à se retrancher, qu'à garnir ces retranchemens, de forts & de batteries, qu'à les accroître tous les jours, & qu'à les rendre inaccessibles. Les Armées Françoises camperent pendant tout l'Eté dans le Païs ennemi; elles y vêcurent à ses dépens, sans que les Alliez parussent vouloir hazarder, ni escarmouche, ni combat. Le reste de la Campagne se passa sans aucune action, ou parce que les Alliez ne pensoient qu'à nous empêcher de faire quelqu'autre entreprise, soit que de part & d'autre on attendît l'évenement du Siége de Barcelone, & de la Diette de Pologne, qui étoit assemblée pour élire un Successeur au Roy Jean III.

Le Prince de Conty élû Roy de Pologne par la protection du Roy.

* Touffaint Cardinal de Janfon, maintenant Evêque de Beauvais.

Jean Sobiefki, Grand Maréchal de Pologne, étoit monté fur le Trône, moins par fon crédit que par la protection du Roy, & par la fage dexterité de l'Evêque * de Marfeille, Ambaffadeur de France, Grand Politique, & de ces Hommes rares, qui font honneur à leur fiécle, en devenant par leurs fervices, également utiles à l'Eglife & à l'Etat. Huit ou neuf ans après, le Roy de Pologne s'étoit acquis une gloire immortelle, en quittant fon Roïaume pour vénir au fecours de Vienne affiégée par les Turcs en 1683. Depuis ce temps-là, loin de pourfuivre avec vigueur la Guerre commencée contre les Infideles, il étoit demeuré dans l'inaction & le repos, n'aïant plus d'autre paffion, que d'amaffer du bien pour mettre fes enfans, ou en état de parvenir à la Couronne après fa mort, ou en état de s'en paffer. Le plus grand tréfor que ce Prince eût pû leur laiffer, eut été l'amitié des Peuples, qui pillerent fes Terres pendant l'interregne, & qui firent voir plus d'une fois, de la haine pour fa memoire, & peu d'eftime pour fa famille. Ce Prince étant mort, la Diette fut convoquée pour lui choifir un

DE LOUIS LE GRAND. Liv. V. 311
Succeſſeur. Dans le temps d'une Guerre auſſi vive que celle qui regnoit alors entre les Princes de l'Europe, tous prenoient très grand'part à cette élection. Un Roy de Pologne, plus ou moins favorable à la France ou aux Alliez, pouvoit dans ces conjonctures accroître ou diminuer les eſpérances de la Ligue. Chacun fit ſa Brigue pour ou contre celui des Princes qu'on avoit intereſt d'élever ſur le Trône, ou de l'en exclure. Le Czar de Moſcovie étoit un des Prétendans. Son Empire s'étend depuis le Boriſthene juſqu'aux extrêmitez du Septentrion, & de l'autre côté depuis les frontiéres de la Suéde juſques au fleuve Tanaïs. Il étoit honorable pour les Polonois d'avoir un Roy qui commandât à un ſi grand Païs ; mais il étoit peu ſûr pour leur liberté, d'avoir un Maître ſi puiſſant, qui ſans les forces du Roïaume pût en avoir d'autres d'ailleurs capables de le ſubjuguer. Le jeune Prince de Lorraine, fils aîné du feu Prince Charles, demandoit auſſi la Couronne, moins dans la vûë de l'obtenir, que pour ſe faire honneur d'avoir été mis ſur les rangs dans un âge ſi peu avancé. On

Loüis, Prince de Bade. parla du Prince de Bade ; ce Prince fçavoit la Guerre ; il l'avoit faite en Hongrie avec fuccés ; il y avoit remporté deux Victoires fur les Infideles ; L'Empereur par reconnoiffance, le Prince d'Orange par eftime l'auroient fans doute foutenu, fi la Faction des Alliez n'eût crû devoir fe réünir pour porter avec plus de force le Prince *Jacques Sobiefki*, Beau-frere de l'Empereur & du Duc de Baviere. Tout fembloit concourir en faveur de ce Prétendant : Il étoit fils du dernier Roy, & l'aîné de tous fes enfans : Il avoit des Tréfors pour gagner les fuffrages & la protection des Grands ; les Princes d'Allemagne recommandoient fes interefts : Il étoit appuïé par les Hollandois ; l'Empereur & le Prince d'Orange y emploïerent tout leur crédit, rien ne fut épargné pour élever ce Prince à la Roïauté ; mais tous ces avantages qui paroiffoient d'abord des moïens pour y parvenir, furent peut-être les motifs qui fervirent à l'en éloigner. Ses liaifons étroites avec la Maifon d'Autriche faifoient craindre aux Grands de Pologne, que ce Prince devenant leur Roy, ne fe fervît du voifinage

&

& des forces de l'Empereur, pour opprimer leur liberté. L'ardeur des Allemans à solliciter pour le Prince, animoit contre lui l'esprit de la Populace, à cause de la jalousie & d'une certaine émulation qui regne ordinairement entre deux Nations voisines : Enfin quelques sommes qu'il promît pour païer, s'il étoit élû, les dettes de la Republique, & quelque argent qu'il répandît pour regagner les cœurs, il ne put jamais surmonter l'aversion qu'on avoit pour lui. Dans ces dispositions, les Alliez qui desesperoient que le sort tombât sur ce Prince, commencerent une nouvelle Brigue pour porter l'Electeur de Saxe. L'Electeur promettoit de se faire Catholique, & on assuroit même qu'il avoit fait abjuration un mois ou deux auparavant, quoique depuis ce temps-là il eût toûjours continué à faire profession publique du Lutheranisme. Il offroit jusques à dix Millions pour acquitter ce qui étoit dû aux Troupes de la République, qui s'étoient revoltées pendant l'interregne, faute d'avoir été païées : Il s'engageoit encore d'entretenir à ses dépens une Armée de quinze mille hommes, &

de ne jamais faire de Paix avec les Turcs, qu'ils ne rendissent à la Pologne ce qu'ils avoient conquis sur elle. Des offres si specieuses auroient peut-être ébloüi, si des avantages plus sûrs n'eussent tourné d'un autre côté les yeux & l'inclination de la Noblesse & du Peuple. L'Abbé de Polignac, Ambassadeur de France, leur avoit proposé *François-Loüis de Bourbon*, Prince de Conty, onziéme Prince du Sang de France, avec promesse de satisfaire les Troupes en argent comptant, & de reprendre Kaminiek, sans qu'il en coûtât rien à la République. Le Prince de Conty étoit estimé de toute l'Europe, non-seulement pour sa valeur, mais encore pour sa grandeur d'ame, & pour sa modération : Il avoit brillé dans la Guerre de Hongrie, & depuis son retour il s'étoit distingué dans toutes les occasions : Il fit voir à Steinkerque & à la journée de Nerwinde toute la science d'un Général, & toute l'intrepidité d'un des plus braves Hommes du monde. A un si grand mérite, qui faisoit beaucoup d'impression sur l'esprit d'un Peuple guerrier, le Roy joignit ses bons offices & sa recommanda-

<small>Melchior de Polignac.</small>

tion auprés des Grands de l'Etat ; mais cette négociation étoit d'autant plus difficile, qu'elle étoit traversée par tous les Princes de l'Europe. Les Ministres de ces Potentats représentoient aux Polonois, qu'élire un Prince François c'étoit jetter tous les Voisins dans des allarmes continuelles ; que ces allarmes, vraïes ou fausses, attirant la Guerre en Pologne, ce Roïaume d'heureux qu'il étoit par le calme dont il joüissoit, alloit être accablé de maux ; que ses richesses & ses forces ne serviroient dorénavant qu'aux vastes desseins de la France, le Prince de Conty, quoiqu'il portât une Couronne, n'en étant pas moins obligé, autant par interest que par reconnoissance, de faire en toute occasion ce que le Roy souhaiteroit de lui. A ces remontrances, ces Ministres joignoient des promesses & des menaces, néanmoins ces intrigues n'empêcherent point, que par le crédit du Roy, le Prince de Conty n'eût la pluralité des voix. De trente-deux Palatinats, qui concourent à l'Election, il eut la voix de vingt-huit : Il n'y en eut que quatre pour le Duc de Saxe. Le Prince, l'emportant d'un aussi grand nombre, fut proclamé dans le moment par l'Archevêque de Gnéfne, Primat de Pologne, qui gouverne pendant l'interregne, & qui feul a le droit de proclamer le nouveau Roy. L'Electeur de Saxe, contre toutes les Loix & les Ufages du Roïaume, fut auffi proclamé par l'Evêque de Cujavie, qui n'en avoit point le pouvoir. Ce parti excita de grands troubles dans le Païs pour maintenir leur entreprife par la force & la violence. Le plus prompt moïen de calmer cet orage, & de détourner les malheurs d'une Guerre Civile, fut de convoquer une Diette pour juger des deux Elections, & pour rendre plus folemnelle celle du Prince de Conty, en la faifant confirmer, ou par tous les Palatinats, ou du moins par le plus grand nombre.

Siége de Barcelone. Quelque attention qu'on eût fur cet évenement, on n'en avoit pas moins fur le Siége de Barcelone, qui continuoit depuis deux mois avec une extrême vigueur. Barcelone eft un Port de Mer des plus confidérables de toute l'Efpagne. C'eft une groffe Ville, riche, peuplée, Marchande, affez bien fortifiée du côté de terre, & défenduë par un Fort bâti à un quart de lieuë sur une Roche escarpée de toutes parts. Il y avoit dans la Ville toutes sortes de munitions : Il y en entroit sans cesse, n'étant point bloquée du côté du Fort. La Garnison étoit de onze mille hommes de Troupes d'élite, & de quatre mille de Milices. Le feu des Assiégez, soit de Bombes ou de Canon, de Grenades, de Pots à feu & de Mousqueterie fut prodigieux & continuel : ils faisoient des sorties quelquefois quatre en une nuit. Ils défendirent pied à pied tous les ouvrages attaquez : Ils en reprirent quelques-uns jusques à deux fois. Ensuite ils se barricaderent, & firent des retranchemens ; & malgré les cris du Bourgeois & les menaces de tout le Peuple, ils attendirent avec courage jusqu'aux dernieres extrêmitez. Le Comte de la Corsana, Gouverneur de la Place, & le Landgrave de Darmstat, qui commandoient en Chef, acquirent bien de l'honneur par une si belle défense. Quelle valeur ne faloit-il point pour vaincre de si braves hommes, pour les forcer par tout, pour fournir aux travaux d'un Siége aussi long, aussi vif & aussi cruel ? Le nombre des Assiégeans étoit moindre à proportion que celui de la Garnison. Le Duc de Vendôme n'avoit que trente mille hommes dans les commencemens du Siége, & il ne reçut pour renfort, que des Milices de Provence & de Languedoc, qui faisoient environ huit à neuf mille hommes : mais de quoi ne vient point à bout un Général brave & habile, quand il sçait ménager ses Troupes ; quand ces Troupes sont infatigables, & que loin de se rebuter, elles s'animent de jour en jour, plus elles trouvent de resistance ? Le Siége fut poussé avec vigueur, quoique faute de monde on n'eût pû enfermer toute l'enceinte de la Ville. Le chemin couvert fut attaqué par trois endroits : On se logea sur un des angles ; des deux autres on en fut chassé : On fit en vain, le jour d'aprés, une seconde tentative ; on n'en fut maître qu'à la troisiéme. Alors les batteries dressées sur la Contrescarpe commencerent à foudroïer. Les Bombes & les Boulets rouges abbattirent ou brûlerent les deux tiers des maisons. Les corps ensevelis sous tant de ruines exhaloient une puanteur qui infectoit toute la Ville. Il y eut bientôt brêche aux Baſtions & à la Courtine ; mais le Duc de Vendôme differa d'y donner aſſaut pour combattre le Viceroy, & pour ôter aux Aſſiégez toute eſpérance de ſecours : Ils n'en attendoient point par Mer. Les Alliez n'avoient point de Flotte, la nôtre étoit dans le Port forte de neuf Vaiſſeaux, d'un nombre de Frégates, & de trente Galeres. C'étoit le *a* Comte d'Eſtrées qui commandoit cet armement. Les Troupes qui étoient ſur la Flotte, & leurs Officiers ſe diſtinguerent à ce Siége. Ce fut *b* le Bailli de Noailles, Lieutenant Général des Galeres de France, qui reprit le chemin couvert à la troiſiéme fois. L'eſpérance des Aſſiégez étoit dans le Viceroy, qui tenoit la Campagne avec quatre à cinq mille hommes de Troupes reglées, & un grand nombre de Miquelets. Un autre petit Corps de ſept à huit cens Chevaux, & de mille Fantaſſins, occupoit les montagnes, & voltigeoit ſans ceſſe pour enlever nos Convois, couper le commerce avec nos Places, & empêcher les Païſans de porter des vivres à l'Armée Françoiſe. Les Ennemis ſe flattoient

a Jean Comte d'Eſtrées, Vice-Amiral de France, en ſurvivance de ſon pere le Maréchal.

b Jacques de Noailles, Grand-Croix de Malthe.

de forcer les Lignes, en les attaquant vivement par deux ou trois endroits, tandis que la Garnifon feroit dans le même temps une fortie générale. Le moïen le plus fûr de faire manquer cette entreprife, étoit de la prévenir. Le Duc de Vendôme, averti par fes Efpions, part deux heures avant le jour avec cinq à fix mille hommes pour furprendre le Viceroy, & envoïe d'un autre côté trois cens Chevaux, deux cens Dragons, avec mille Fufiliers fous la conduite d'un Lieutenant,* fondre en même temps fur les Troupes Efpagnoles, qui tenoient le haut des montagnes. Les Gardes tuées, ou mifes en fuïte, le Duc entre fans refiftance dans le quartier du Viceroy, où tout étoit dans un defordre, tel qu'on peut fe reprefenter en une occafion fi fubite. C'étoit à qui s'enfuïroit à l'exemple du Viceroy, qui fe fauva en chemife, fans pouvoir emporter, ni papiers, ni caffette, dans laquelle il fe trouva une fomme confidérable. On tailla en piéces deux ou trois cens des Ennemis, qui voulurent fe mettre en défenfe. Le refte fut difperfé en un moment, le Camp pillé, les Tentes brûlées,

* Le Comte d'Uffon.

lées, & tous les équipages pris. Le Soldat mit le feu à tout ce qu'il ne put emporter. Le Lieutenant du Duc de Vendôme aïant d'un autre côté chaſſé les Eſpagnols du ſommet des montagnes, on crut que ces deux ſuccés obligeroient les Aſſiégez à faire moins de réſiſtance ; mais ſans perdre courage ni le deſſein de ſe défendre juſqu'à l'extrêmité, ils ſoûtinrent avec bravoure l'aſſaut qu'on donna ſept ou huit jours aprés aux brêches des deux Baſtions. Ils reprirent un de ces Baſtions, & ne l'abandonnerent, aprés un ſanglant Combat, que pour ſe jetter tout bleſſez dans un retranchement. En cet endroit ſe preſenta un nouveau Siége. Derriere ces retranchemens étoit une vieille enceinte d'une muraille épaiſſe, & défenduë par des Tours. Nos Gens travaillerent auſſi-tôt aux mines, & diſpoſerent toutes choſes pour l'aſſaut général ; alors on fit ſommer les Aſſiégez. Ces Braves ſans s'allarmer du péril qui les menaçoit ſi les brêches étoient forcées, ni des cris de la Bourgeoiſie, répondirent avec fermeté, & ne capitulerent qu'aprés avoir examiné ſi la

Sſ

Place & la Garnison ne pourroient pas, sans tout risquer, soûtenir un premier assaut. Le Duc de Vendôme par estime pour ces vaillans hommes leur accorda des conditions tres honorables, comme de sortir par la brêche avec six Mortiers & trente Canons. Le Fort & la Ville se rendirent le même jour. On y trouva six autres Mortiers, & deux cens piéces de Canon. Ce Siége fut meurtrier. Il y perit, de nôtre part quatre à cinq mille hommes, & plus de six mille des Ennemis.

Le 10. d'Août.

Prise de Carthagene en May.

A peu prés en ce même temps on eut nouvelle que des François avoient pris & pillé Carthagene en Amerique. Les Espagnols sont si jaloux de ces riches & vastes Païs qu'ils possedent dans le nouveau monde, qu'ils n'y souffrent aucun Etranger. Il y avoit long-temps qu'on avoit proposé d'aller les y attaquer; ce projet toutefois ne s'étoit point exécuté, jusques à ce que le Sieur de Pointis obtint l'agrément du Roy pour risquer cette expédition. Le Roy prêta les Vaisseaux, & les Particuliers qui voulurent prendre part au succés de ce grand dessein, firent les frais de l'armement. Pointis étoit homme de teste & d'exécution. Il sçavoit la mer, & il avoit été heureux en deux ou trois occasions qui avoient fait bruit. Il partit au mois de Janvier avec sept Vaisseaux de Guerre, trois Frégates, deux Flûtes, & une Galiotte à Bombes. Sa navigation fut heureuse, & sans avoir essuïé aucune tempête ni combat, il moüilla au commencement de Mars devant un Port de Saint Domingue, où il prit pour Troupes auxiliaires quinze cens Flibustiers. * Avec ce renfort, Pointis arrive à Carthagene, où le bruit de son entreprise avoit déja donné l'allarme. C'est un Port célebre, & des plus importans que l'Espagne ait en Amerique. La Ville est grosse & peuplée, bâtie dans une presque-Isle, & défenduë par des Forts qui en gardent les avenuës. On distingue haute & basse Ville. La haute est entourée de Bastions, & la basse gardée par un Fort, dont les approches sont difficiles. Sur les remparts de ces deux Villes il y avoit en batterie plus de cent piéces de Canon. Ce fut presque la seule défense des Assiégez. Il y eut peu de coups de main.

* C'est ainsi qu'on appelle ces Avanturiers qui courent les Mers des Antilles & de l'Amerique.

Leurs Bombes & leurs Boulets tuérent huit à neuf cens hommes, les Troupes du débarquement ne se ménageant pas assez, & portant l'audace trop loin. Dans l'attaque de la premiere Forteresse les Flibustiers allérent au feu avec une intrépidité qui fit perdre courage à ceux qui la défendoient. Les Espagnols abandonnerent les autres Forts. Celui de la basse Ville fut emporté d'assaut, & la Ville haute fut battuë avec tant de furie pendant un jour ou deux, qu'elle capitula au troisiéme. Pointis entra dans la Ville. Il la mit à rançon, & en fit démolir les Forts & les Bastions. Le butin fut grand. Sans compter les richesses que chaque Officier ou Soldat put tirer de son Hoste en particulier, on apporta en France huit à neuf Millions, tant en especes qu'en lingots, un autre Million en Emeraudes, des Pierreries, des meubles d'or en quantité, & plus de cent Canons de fonte. Ces tresors embarquez, Pointis remit à la voile. Vingt Vaisseaux Anglois le cherchoient pour l'enveloper: il les trouva à cinquante lieuës de Carthagene. Ils le canonnerent deux jours; mais à la faveur d'un broüillard, il sçut si bien les éviter, qu'il continua sa route sans rien perdre de son butin. Cette expédition fit grand bruit dans le monde ancien & nouveau, & malgré le dépit & l'envie de nos Ennemis, ils ne pouvoient s'empêcher de loüer le courage & l'habileté de ces Avanturiers, qui avec peu de monde, & peu de Vaisseaux étoient enfin venus à bout d'une entreprise si difficile.

Ces nouvelles disgraces acheverent de déterminer les Confédérez à la Paix. Les causes de la Guerre avoient été la jalousie que les Alliez avoient conçuë de la prospérité du Roy ; les allarmes que leur donnoit sa trop grande puissance, & l'espérance de l'abbattre, ou du moins de la diminuer. Le succés de la Guerre aïant trompé leurs espérances, il ne restoit, pour rétablir une Paix sûre & durable qu'à trancher sur ce qu'il s'étoit fait depuis le Traité de Nimegue, qui devoit être le fondement & la baze de celui-ci. Dans cette conjoncture le Prince d'Orange en habile homme voulut se faire honneur de ce qu'il ne pouvoit empêcher ; & pour gagner le cœur

PAIX GENE-
RALE.

des Peuples qui faisoient voir de jour en jour de nouveaux desirs de la Paix, il fit la sienne le premier, & pressa les autres Alliez de conclurre la leur. Le Traité fut signé avec l'Espagne, l'Angleterre & la Hollande le vingtiéme du mois de Septembre, & avec l'Allemagne environ six semaines aprés. Une des conditions que le Roy avoit proposée pour la Paix d'Allemagne, étoit de garder Strasbourg en donnant un équivalent, ou de garder l'équivalent en rendant Strasbourg. L'Empereur & l'Empire ne s'étant point déterminez dans le temps marqué par le Roy, il leur fit declarer qu'il ne leur laissoit plus le choix de l'alternative. Qu'il vouloit conserver Strasbourg; & que si dans un certain terme ils ne signoient la Paix à cette condition, il seroit libre aprés ce terme d'y en ajoûter de nouvelles. Les Villes Impériales resistoient de tout leur pouvoir à la cession de Strasbourg. Les Electeurs de leur côté s'y opposoient par jalousie, l'Empereur devant profiter des Places que le Roy offroit de donner pour équivalent. Le Cercle de Suabe, & celui du haut Rhin se plaignoient qu'ils feroient contraints, fi Strafbourg demeuroit au Roy, d'entretenir en temps de Paix beaucoup de Troupes fur pied, pour n'être pas à la merci d'un fi puiffant Voifin. Pour lever ces difficultez, le Prince d'Orange pria le Roy d'accorder un nouveau délai, afin que dans cet intervalle, le Prince & les Hollandois puffent réfoudre les Allemans à ceder à la France par un Traité definitif Strafbourg & fon Territoire. La négociation réüffit. Cette importante Ville qui avoit le plus excité la jaloufie des Alliez, demeura pour toûjours au Roy. Il rendit à l'Efpagne ce qu'il avoit conquis fur elle depuis le Traité de Nimegue. Le jeune Duc de Lorraine fut mis en poffeffion de fon Duché à de certaines conditions. L'Electeur de Tréves rentra dans fa Capitale; & pour ôter à l'avenir tout fujet de conteftation avec les Princes d'Allemagne, on convint que le Rhin ferviroit de bornes à la France; Qu'elle conferveroit en toute Souveraineté ce qu'elle poffedoit en deça; Qu'elle rendroit, ou feroit rafer ce qu'elle tenoit au delà. Enfin le Roy Jacques II. aïant prié plus d'une fois, que pour fes interêts, le Roy ne differât point de donner la Paix à l'Europe, Guillaume III. Prince d'Orange, fut reconnu pour Roy de la Grande Bretagne par les Ambassadeurs-Plenipotentiaires de France. Qu'on remonte jusques aux premiers temps; qu'on life l'Hiſtoire des Nations; Dans quelle Hiſtoire trouve-t-on quelque autre Prince que le Roy, qui pendant dix années ait ſoutenu la Guerre contre tant d'Ennemis, avec de pareils fuccés ? La France jusques-là n'avoit point encore connu toute l'étenduë de ſes forces : la principale eſt dans le Prince qui fçait les mettre en œuvre.

FIN.

TABLE.

A

ABBEVILLE. Un Medecin de cette Ville guerit le Roy, Page 14
Abondance entretenuë dans la disette, 54. 261.
Academies de Sciences, de Peinture, de Sculpture, d'Architecture, & de Musique, établies à Paris par les liberalitez du Roy, 53
Agousta. Ville de Sicile prise, 139. A la vuë de ce Port se donna le sanglant combat où l'Amiral Ruïter fut blessé à mort, 140
Aire, sa prise, 137
Aleth, l'Evêque se plaint à Innocent XI. de l'extension de la Regale, 185
Alexandre VII. Pape. Son caractere avant & aprés son exaltation, 43. 44. sollicite l'Espagne de le secourir, 42. & *suiv.* ordonne la signature du Formulaire contre les cinq Propositions tirées du Livre de Jansenius, 75
Alger bombardé jusques à trois fois. Envoie demander pardon & la paix, 175
Allemagne, se declare contre le Roy, 107. & *suiv.* 209. & *suiv.*
Alliance entre le Roy d'Angleterre, le Roy de Suede & les Hollandois, appellée la Triple Alliance, 67. 96
Alost ouvre ses portes, 66
Alsace, le Vicomte de Turenne en chasse les Allemans, 129. cedée au Roy en toute souveraineté, 168
Ambassadeurs, & autres Ministres Etrangers se trouvent au nombre de trente à l'Audience solemnelle que le Roy donne au Marquis de la Fuente, 38
Ambassadeurs de Moscovie, de Guinée, &c. 79. 80.
Ambrun, petite Ville non fortifiée, ne se rend qu'au bout de six jours, 248

Angleterre, sujette à de grandes révolutions. Cause de ses révolutions, 213
Anjou, Philippe de France Duc d'Anjou, 297.
Appel interjetté au futur Concile, par le Procureur General du Parlement de Paris, 106
Argenterie, le Roy sacrifie aux besoins de l'Etat toute la grosse argenterie des Appartemens de Versailles, 79
Armentieres, 65
Arnheim ne tient qu'un jour de tranchée, 93.
Arts. Le Roy s'applique à les faire fleurir, 53
Asfeld (Baron d') deffend Bonne avec courage, 221. 222
Ath pris, 65. 307
Avaux, Antoine de Mesme, Comte d'Avaux, Ambassadeur de France à l'Assemblée de Nimegue, 170
d'*Aubusson* (Georges) ancien Archevêque d'Ambrun, ensuite Evêque de Metz, demande au Roy d'Espagne, & en obtient satisfaction de l'entreprise du Baron de Batteville, 36
d'*Aubusson* (François) Duc de la Feüillade, Pair & Maréchal de France, 165
d'*Aumont* (Antoine) Maréchal de France prend Bergues, Courtray, Dixmude, Furnes & Armentieres, 65
Ausbourg. Il s'y fait une Ligue contre la France, 197
d'*Autriche* (Anne) Reine de France, Mere du Roy, Regente aprés la mort de Loüis XIII. 2. Choisit le Cardinal Mazarin pour premier Ministre, *ibid.* Ses soins & son affliction pendant la maladie du Roy, 13. Elle travaille à le marier avec l'Infante d'Espagne, 15. & *suiv.* Elle presse les Espagnols de donner satisfaction au Roy sur les droits de la Reine.

Tt

TABLE.

64. Sa mort. Son éloge. *Ibid.*
d'*Autriche* (Marie Therese) Reine de France, épouse de Loüis le Grand, 18. Son entrée dans Paris, 20. Ses droits sur quelques Provinces des Païs-Bas, 60. Nullitez de sa renonciation à la succession d'Espagne, 61. & *suiv.* Ses enfans. Sa mort. Son éloge. 173

B

BADE. Loüis Prince de Bade commande sur le Rhin. Il se retranche dans des endroits inaccessibles à l'approche du Dauphin, 252. Il avoit remporté deux Victoires sur les Turcs, 312. Est proposé pour estre Roy de Pologne, *Ibid.*
Barcelone assiégée avec vigueur, défenduë de même, 316. & *suiv.*

BATAILLES
de Rocroy.
de Rotevil.
de Fribourg. } 3. 5.
de Nortlingue.
de Lens.
de Saint Antoine, 6. & *suiv.*
de Saint Godard, 57
de Senef, 119. & *suiv.*
de Sintzeim, 125
d'Ensheim, 127
de Turckein, 130
de Cassel, 148. & *suiv.*
d'Epoüilles, 152
de Fleurus, 223
de Saint Denis, 166
de Staffarde, 227
de la Boyne, 229
de Steinkerque, 244. & *suiv.*
de Nervvinde, 253. & *suiv.*
de la Marsaille, 256. & *suiv.*
du Ter, 265. & *suiv.*
Batailles Navales, 3. 59. 60. 96. 111. 124. 138. 139. 140. 224. 225. 226. 237.
Batteville. Entreprise de ce Baron Ambassadeur d'Espagne sur le Comte d'Estrades Ambassadeur de France, 33. & *suiv.*
Baviere, Marie Victoire de Baviere, épouse Loüis Dauphin de France, 174. Elle en a trois Princes. Sa mort. Son éloge, 297
Baviere, Charlotte-Elizabeth de Baviere,

Duchesse d'Orleans, ses droits sur la succession de l'Electeur Palatin son frere, 198
Maximilien II. Electeur & Duc de *Baviere* se declare pour les Alliez, 209. Il se trouve avec ses Troupes au Siége de Maïence, 219. assiste à la Haye au Conseil général qu'y tient le Prince d'Orange sur les progrés de la Ligue, 130. Va en Piedmont au secours du Duc de Savoïe, 235. Est fait Gouverneur à vie de ce qui reste à l'Espagne dans les Païs-Bas, 240. Commande l'Armée d'Espagne à la bataille de Steinkerque, 246. à celle de Nervinde, 254. & toutes les autres campagnes.
Baviere (le Prince Clement de) frere de l'Electeur est élû Archevêque de Cologne à l'âge de dix-sept ans, 204
Beauvilliers, Paul Duc de Beauvilliers-Saint-Agnan, Gouverneur des Enfans de France, 297
Beaumont, petite Ville sans défense prise par les Alliez, 233
Bellefonds-Bernardin de Gigaut Maréchal de France, 66
Berri, Charles Fils de France, Duc de Berri, 297
Besançon assiégé & pris par le Roy, 116. & *suiv.*
Boisseleau, François, Capitaine aux Gardes, défend Limeric en Irlande, 229
Bombardement de Tripoli, d'Alger, 174. de Genes, 175. de Pignerol, 157. de S. Malo, 259. 275. de Dieppe, 269. du Havre de Grace, *ibid.* de Calais, *ibid.* 277. 290. de Dunkerque, 269. 275. de Bruxelles, 282
Bonne, prise par les Alliez, 108. 221
Bossuet (Jacques Benigne) Evêque de Meaux, Precepteur du Dauphin, 174
Bouchain, pris par Philippe de France, Duc d'Orleans, Frere Unique du Roy, 136.
Boufflers, Loüis-François Duc de Boufflers, Pair & Maréchal de France, défend Namur, 279. & *suiv.* commande en Flandre une des Armées du Roy, 290. 308.
Boüillon, François de la Tour d'Auvergne, Duc de Boüillon, 133
Boüillon, Emmanuel Theodose, Cardinal

TABLE.

de Boüillon. *Ibid.*
Bourbon, Loüis Duc de Bourbon, fils d'Henry-Jules, Prince de Condé, se signale à la bataille de Steinkerque, 246. & à celle de Nervvinde, 254
Bourgogne, Loüis Duc de Bourgogne, fils aîné de Loüis Dauphin de France, 297. 298.
Bourgogne, le Roy oblige le Roy d'Espagne à ne plus prendre dans ses titres celui de Comte-Duc de Bourgogne, 181
Bournonville (Prince de) Général des Armées de l'Empereur, mis en fuite par le Vicomte de Turenne, 126
Brahe (Comte de) Ambassadeur de Suéde à Londres. Ce qui arriva à son entrée, 33. *& suiv.*
Brandebourg (Frederic Guillaume) Electeur, se met en campagne pour secourir les Hollandois, 99. repasse le Veser à l'approche de l'Armée de France, 100. demande la Paix, 102. reprend les armes, 127. *& suiv.* ses exploits contre les Suédois, 162. Le Roy le contraint de rendre à la Suéde ce qu'il avoit conquis sur elle, 169. *& suiv.*
Brandebourg, Frederic II. prend Keiservert, 219. & Bonne, 221. vient renforcer l'Armée des Alliez après la bataille de F'eurus, 223
Brisac, Conseil établi en cette Ville, 177
Bulles refusées par Innocent XI. aux Evêques nommez qui avoient été de l'Assemblée du Clergé de 1682. 190
Buric se rend, 88

C

*C*ADETS. Institution des Academies de Cadets, 172
Calais. Le Roy y tombe malade, 13. Bombardé. Voïez *Bombardement.*
Callieres (François Seigneur de) negocie à la Haïe, 305. Plenipotentiaire de France à l'Assemblée de Risvvic, 301
Calvinisme. Sa naissance, son progrés, son extinction. 75. 190. *& suiv.*
Calvo, (François Comte de) défend Mastricht, 137
Cambray. Ville & Citadelle prises par le Roy, 142. 147. 150.

CAMPAGNES

de 1667.	65.	
1672.	86.	*& suiv.*
1673.	102.	*& suiv.*
1674.	114.	*& suiv.*
1675.	130.	*& suiv.*
1676.	136.	*& suiv.*
1677.	141.	*& suiv.*
1678.	156.	*& suiv.*
1688.	207.	208
1689.	216.	*& suiv.*
1690.	222.	*& suiv.*
1691.	230.	*& suiv.*
1692.	236.	*& suiv.*
1693.	249.	*& suiv.*
1694.	260.	*& suiv.*
1695.	269.	*& suiv.*
1696.	287.	*& suiv.*
1697.	300.	*& suiv.*

Campredon pris par le Maréchal de Noailles, 218
Camps formez en temps de Paix pour entretenir la Discipline parmi les Troupes, 50. 173.
Caprara, (Comte de) General des Armées de l'Empereur, 125. 247
Carmagnole se rend, 235
Carousel, Ballets, Courses de Bagues, 26
Cartagene en Amerique, prise & pillée par des François, 322
Casal. Des Troupes Françoises prennent possession de la Citadelle, 178. Assiegé par les Alliez, 273. rasé, 274.
Castel-Follit, 272
Castille. Ce Roïaume avant l'an 1017. n'avoit le titre que de *Comté*, 33
Catinat (Nicolas de) Maréchal de France. Ses exploits en Savoïe & dans le Piedmont, 227. 228. 234. 235 236. 256. 257. 292. *& suiv.* gagne les Batailles de Stafarde & de la Marsaille. Voïez *Batailles.* Prend Ath en Flandre, 307
Cercles d'Allemagne. Tous se déclarent contre le Roy, 209. Celui de Suabe principalement s'oppose à ce que le Roy garde Strasbourg, 326
Cerdagne (Comté de) soûmis par le Duc de Noailles, 234
Chamilly (Marquis de) défend Grave avec bravoure, 122. 123
Charles II. Roy d'Espagne. Sa maladie, 299.

TABLE.

Charles II. Roy d'Angleterre, vend Dunkerque au Roy, 47. 48. fait la guerre aux Hollandois, 58. & *suiv*. se ligue avec eux, 67. leur déclare la guerre une seconde fois, 95. 96. s'accorde, 110. 111. fait une nouvelle Ligue contre la France, 155. devient Mediateur de la Paix, 161

Charles IV. Duc de Lorraine, son caractère, sa conduite à l'égard du Roy & des Espagnols, 80. 81. 82. défait le Maréchal de Crequy & le prend dans Treves, 135. 136

Charles V. dit le Prince Charles de Lorraine, contraint de repasser le Rhin, 154. refuse l'alternative que le Roy lui offre à la Paix de Nimegue, 169. Charles Leopold son fils aîné, est mis en possession de son Duché, 327

Charleroy, 65. 101. 152. 258.

Chartres (Philippe Duc de) fils unique de Philippe de France Duc d'Orleans, blessé à Steinkerque, 146. se signale à Nervinde, 254

Chiaoux Turc, 79

Chigi, Cardinal-Legat, vient en France desavouer l'action des Corses, & faire satisfaction, 46

Chio, 174

Choiseul (Claude Comte de) Maréchal France, 291

Christine, Reine de Suede, son éloge, ses voïages. vient en France pour voir le Roy, 10. & *suiv*.

Clergé. Assemblée du Clergé en 1682. 188. & *suiv*.

Clermont. Grands-Jours, 53

Coaslin (Armand du Cambout Duc de) Pair de France, blessé au passage du Rhin, 92

Code-Loüis, 52

Colbert (Jean Baptiste) Ministre & Secretaire d'Etat, Controlleur General des Finances, son caractère, 29

Colbert (Charles) Marquis de Croissi, Plenipotentiaire à la Paix de Nimegue, 170.

Cologne. Affaires de Cologne, 202. & *suiv*.

Commerce. 55

Comté, Franche-Comté conquise, 63 rendue, 69. reconquise, 118

Condé, ville, pris par le Roy, 156

Condé (Loüis de Bourbon II. Prince de) ses victoires, son caractère, 5. & *suiv*. commande une Armée du Roy en Hollande, 88. & *suiv*. Défait les Alliez à Senef, 119. fait lever le Siége de Saverne, & de Haguenau, 134

Condé (Henry-Jule Prince de) assiege & prend Limbourg, 131

Coni. Siége levé, 235.

Conty (Loüis-François Prince de) se signale à Steinkerque & à Nervinde, 246. 254. Est élu Roy de Pologne, 315

Corsaires d'Afrique châtiez, 174

Corses, Soldats Corses, 39

Crequy (Duc de) est insulté à Rome par des Soldats Corses de la Garde du Pape, 39. & *suiv*.

Crequy (François de) Maréchal de France, commande un Camp volant, 65. défait Marcin, 66. Est défait par les Ducs de Lorraine & de Zell, 135. & *suiv*. oblige le Prince Charles de Lorraine de repasser le Rhin, 154. prend Fribourg, *ibid*.

Czaar. Voïez *Moscovie*.

D

Dannemark (le Roy de) se declare contre la France, 107. & *suiv*. fait des conquêtes sur la Suéde, 162. les rend, 169. fait une Ligue deffensive avec le Prince d'Orange & les Hollandois, 301

Darmstat (Landgrave de) se signale à la défense de Barcelone, 317

Dauphin. Loüis Dauphin de France, fils unique de Loüis le Grand. Sa naissance. Son éducation, 173. Assiege & prend Philisbourg, 207. Sa conduite & sa valeur, 208. Commande en Allemagne, 228. Passe le Rhin. A son arrivée, le Prince de Bade se retranche dans des endroits inaccessibles, 252. Il commande en Flandre, 262. Marche au secours des Lignes, & previent les Ennemis, 263. & *suiv*.

Dauphine. Voïez *Baviere*.

Dauphiné. Irruption des Alliez dans cette Province, 247

Deins ouvre ses portes aux Troupes Françoises, 280

Descente

TABLE.

Deſcente des Anglois à Camaret, 268. des Hollandois dans une petite Iſle, 114
Dieppe. Voïez *Bombardement.*
Diette de Ratiſbonne, 177. & *ſuiv.*
Diette de Pologne convoquée pour élire un Roy, 310
Differend entre la France & l'Eſpagne pour la préſéance, 34. Du Duc de Crequy avec les Neveux d'Alexandre VII. 41. 42. Entre deux Ordres Religieux ſur les matieres de la Grace, 70. Entre la France & l'Empire pour les limites, 176. Entre la France & l'Eſpagne pour les limites de la Flandre, 180. Differend pour la ſucceſſion Palatine, 198. Pour la franchiſe des Quartiers des Ambaſſadeurs à Rome, 199
Dinand, pris par le Maréchal de Crequy, 130
Diſcipline rétablie parmi les Troupes, 49. & *ſuiv.*
Diſette, 260. 261
Dixmude ſe rend, 182. 280
Doetekum, 88
Doesbourg ne tient qu'un jour de tranchée, 93.
Doge. Voïez *Genes.*
Dole aſſiegée par le Roy, 117. priſe, 118
Doüay ne tient que deux jours, 66
Droits de la Reine ſur quelques Provinces des Païs-Bas, 60
Duels ſeverement chaſtiez, 52
Dunkerque pris, 12. livré aux Anglois, 47. racheté par le Roy, *ibid.* & *ſuiv.* Bombardé. Voïez *bombardement.*
Duqueſne, Lieutenant Général des Armées navales du Roy. Son origine, 139. Le Roy l'oppoſe à Ruïter. Fait fuïr Ruïter, *ibid.* & *ſuiv.* Brûle huit Vaiſſeaux Tripolins dans le Port de Chio, 174
Duras. Jacques-Henry de Durasfort, Duc de Duras, Pair & Maréchal de France, 219

E

Edits de Nantes & de Niſmes, 191. 195.
Empereur. Voïez *Leopold.*
Electeurs de l'Empire, tous ſe declarent contre le Roy, 209
Entrée du Roy & de la Reine dans Paris, 20. & *ſuiv.*
Entrevuë des Cours de France & d'Eſpagne, 18
Eſpagne, ſa grandeur & ſes forces ſous Philippe ſecond, 33. cede à la France le pas & la préſéance, 32. & *ſuiv.* refuſe ſatisfaction au Roy ſur les droits de la Reine, 64. 65. Entre dans toutes les Ligues faites contre lui, 107. 156. 197. 209.
Eſtrades (Comte d') dans la ſuite Maréchal de France. Son differend à Londres avec le Baron de Batteville Ambaſſadeur d'Eſpagne, 33. & *ſuiv.* eſt Plenipotentiaire-Ambaſſadeur de France à la Paix de Nimegue, 170
Eſtrées (François-Annibal I. Duc d') Pair & Maréchal de France, 187
Eſtrées (François-Annibal II. Duc d') Pair de France, Ambaſſadeur à Rome. Le Pape n'abolit les franchiſes qu'aprés ſa mort, 200
Eſtrées (Jean-Comte d') Maréchal, & Vice-Amiral de France, 174
Eſtrées (Ceſar-Cardinal d') envoïé à Rome pour appaiſer Innocent XI. 187
Eſtrées (Marie-Victor, Comte d') Vice-Amiral de France, fils aîné de Jean Maréchal d'Eſtrées, 319

F

Fariau défend Maſtricht, 104. & *ſuiv.*
Fenelon, François de Salignac Fenelon, Archevêque - Duc de Cambray, Precepteur des Enfans de France, 298
Finances. Le bon ordre rétabli dans les Finances, 27
Flandre. Guerre de Flandre en 1667. 65. eſt la proïe de l'Ami & de l'Ennemi, 214
Flibuſtiers font voir beaucoup de valeur au Siége de Cartagene, 323
Flottes. Voïez *Batailles navales.*
Formulaire contre les cinq Propoſitions tirées du Livre de Janſenius. Sa ſouſcription ordonnée. 74. & *ſuiv.*
Fortifications. On compte plus de 220. Places, Citadelles, Ports, & Havres fortifiez par ordre du Roy depuis 1660. 172.
France. Sa preéminence ſur les autres Couronnes, 31. ſa fertilité, 261

Vu

TABLE.

Franchise du Quartier des Ambassadeurs à Rome, abolie par Innocent XI. 199. *& suiv.*
Frankendal, sa prise, 208
Fribourg pris par le Maréchal de Crequy, 154. cedé au Roy par la Paix de Nimegue, 168
Fuente (Marquis de la) Ambassadeur d'Espagne, declare au nom de son Maître, que ses Ministres ne disputeront plus le rang & la préséance à ceux du Roy Tres-Chrétien, 37. 38.
Furnes, sa prise, 250
Furstemberg (Guillaume-Egon de) est arrêté dans Cologne par ordre de l'Empereur, conduit prisonnier à Vienne, 113. est postulé pour Coadjuteur de Cologne. Innocent XI. ne veut point confirmer cette postulation, quoi qu'il l'eût fait Cardinal, 203. *& suiv.*

G

*G*AND assiegé & pris par le Roy, 157. *& suiv.*
Gap abandonné, 248
Genois s'attirent l'indignation du Roy, 175. leur ville capitale bombardée. Voïez *Bombardement*. Envoïent leur Doge & quatre Sénateurs pour faire leurs soumissions au Roy, 176
Gigery pris, abandonné trois mois aprés, 56
Gnesne (L'Archevêque de) à lui seul appartient de convoquer les Diettes, & de nommer le Roy de Pologne, 316
Gnesne (l'Archevêque de) Primat de Pologne, proclame le Prince de Conty pour Roy de Pologne, *ibid.*
Grace, disputes sur la Grace, 69
Grave, Siége de cette Place, 122. se rend au Prince d'Orange, *ibid.*
Gray, petite Place de Franche-Comté, prise, 115
Gregoire VII. Pape, a été le premier qui ait entrepris de déposer un Empereur, 189
Grooll, Place forte, prise, 94
Guerre civile, ses causes, 3
Guillaume III. Roy d'Angleterre, &c. Voïez *Orange*.

Guillestre en Dauphiné, 248
Gustave adolphe, Roy de Suéde, son éloge, 10

H

*H*AGUENAU. Le Comte de Montecuculli en fait le Siége, & le leve, 134.
Harlay (Nicolas-Auguste de) Comte de Celi, Plenipotentiaire de France aux Conferences de Francfort, 178. & à la Paix generale, 301
de *Haro* (Dom Loüis) premier Ministre d'Espagne, 18
la *Haye*, centre de la Ligue, 199. 301
Havre de Grace. Voïez *Bombardement*.
Heidelberg, Capitale du Palatinat, prise par le Maréchal de Lorges, 252
Hesse (Landgrave de) leve le Siége d'Ebernbourg, 249
Hollande, Republique. Ses commencemens, son progrés, sa reputation, sa vanité, 83. perd en une campagne plus de quarante de ses Places, 86. *& suiv.*
Hollandois secourus par le Roy contre l'Evêque de Munster & contre le Roy d'Angleterre, 58. 59. principaux auteurs de toutes les Ligues faites contre le Roy. Voïez *Ligne*. Battus en plusieurs occasions. Voïez *Bataille*.
d'*Humieres* (Maréchal) prend Aire, 137. est repoussé à Valcourt, 218
Huy pris par les François, 130. repris par les Alliez, 264

I

*J*ACQUES II. Roy d'Angleterre se sauve en France, 213. *& suiv.* passe en Irlande, 217. revient en France aprés la perte de la bataille de la Boyne, 229. se rend sur les Côtes dans l'espérance de pouvoir faire une descente en Angleterre, 236. 237. 288. le Roy lui fait rendre & à la Reine son Epouse tous les honneurs imaginables, 217
Jansenisme. Sa naissance, ses progrés, sa condamnation, 69. *& suiv.*
Janson (Toussaints Cardinal de) Evêque & Comte de Beauvais, 310
Imperiale-Cardinal Gouverneur de Rome

vient en France se justifier, 41. 46
Innocent XI. Pape. Son caractere. Ecrit trois Brefs au Roy contre l'extension de la Regale, 185. *& suiv.* casse les Actes de l'Assemblée du Clergé de 1682. 188. refuse des Bulles aux Evêques nommez qui avoient été de cette Assemblée, 190. Est choisi par le Roy pour Arbitre de la succession Palatine, 198. Abolit les Franchises, 200. Accorde au Prince Clement de Baviere âgé de dix-sept ans une Dispense pour être élu Archevêque de Cologne, & confirme cette élection, 204. *& suiv.*
Insulte faite au Duc de Crequy, Ambassadeur de France à Rome, par des Soldats Corses, 37
Invalides. Hôtel Royal bâti à Paris, 172
Ipres pris par le Roy, 159. 160
Irlande. Le Roy y envoïe du secours, 217
l'Isle. Le Roy l'assiege, elle se rend, 66
Justice. Le Roy veille à ce que la Justice soit bien renduë à ses Sujets, 51
Justice (Chambre de) établie à Paris pour informer des malversations qui s'étoient faites dans les Finances, & pour les punir, 30

K

KEISERVERT pris par l'Electeur de Brandebourg, 219
Kenoque. Fort. Les Alliez y perdent plus de deux mille hommes sans le prendre, 278.

L

LADENBOURG. Le Vicomte de Turenne y défait l'arriere-garde des Imperiaux, 126
Lagos. Plus de quatre-vingt Vaisseaux Marchands pris, brûlez ou coulez à fonds par le Maréchal de Tourville, entre Lagos & Cadix, 251. 252
Lavardin (Marquis de) Ambassadeur du Roy à Rome, 200. Le Pape lui refuse Audience, 201
Leopold-Ignace Empereur d'Allemagne. Demande du secours au Roy, 57. Entre en Ligue contre la France, 107. *& suiv.* fait prendre prisonnier le Prince Guillaume de Furstemberg, 113. fait sa Paix avec le Roy, 168. Signe une Tréve de vingt années, 180. Se ligue de nouveau contre lui, 197. favorise l'élection du Prince Clement de Baviere à l'Archevêché de Cologne, 204. *& suiv.* Empêche l'Espagne d'accepter la neutralité pour la Catalogne, 302. fait sa Paix. 327
Leuve, petite Place de Flandre, 165
Leuze (combat de) où vingt-huit Escadrons François en défirent soixante & quinze des Ennemis, 233
Lignes, ce que c'est, 256
nouvelles *Lignes* de l'Escaut à la Lis, & de Courtray jusques à la mer, 277
Ligue. L'Empereur, l'Espagne, le Dannemark, la Hollande & toute l'Allemagne, hors les Ducs de Baviere & d'Hannovre se liguent contre le Roy, 107. *& suiv.*
Ligue de l'Angleterre avec la Hollande contre le Roy, 156
Ligue d'Ausbourg, 197
Ligue de toute l'Allemagne, de l'Espagne, de l'Angleterre, de la Hollande, & de la Savoïe contre le Roy, 209. *& suiv.*
Limbourg pris par Henry-Jule, Prince de Condé, 130. 131
Limeric en Irlande défendu par les François, 229. le Prince d'Orange est contraint d'en lever le Siége, *ibid.*
Limites. Voïez *Differend.*
Longueville (Duc de) tué, 92
Lorges. Alphonse de Durasfort, Comte, ensuite Duc de Lorges, Pair & Maréchal de France, repousse les Imperiaux aprés la mort du Vicomte de Turenne, 134. commande en Allemagne, 234. 248. force Heidelberg, 254
S. *Loüis*, Paroisse des François à Rome interdite. A quel sujet, 200
Loüis XIII. se saisit de la Lorraine pour punir la malice & la legereté du Duc, 80. fait la Guerre aux Huguenots, 191. 192.
Loüis XIV. dit le Grand. Sa naissance, 1. Troubles de sa minorité, 2. 3. Heureux presages de sa jeunesse, 4. Voit la Bataille de Saint-Antoine, 4. 7. Va à

l'Armée, 9. La Reine Christine de Suéde vient en France pour le voir,10. Il tombe malade à Calais, 12. Sa fermeté dans la maladie, 12. 195. Epouse l'Infante d'Espagne, 15. Entre en triomphe dans Paris, 10. & *suiv.*

Loüis le Grand gouverne sans premier Ministre, 24. S'applique aux affaires, 25. Ses divertissemens, 26. Il rétablit le bon ordre dans les Finances, 27. Oblige le Roy d'Espagne à lui ceder la préséance, 33. 36. Se fait faire reparation de l'insulte faite à Rome à son Ambassadeur, 39. & *suiv.* Retire Dunkerque des mains des Anglois, 46

Loüis le Grand rétablit la discipline Militaire, 48. 49. veille à faire rendre la justice. fait faire un nouveau Code, tient lui-même le Sceau aprés la mort du Chancelier, 51. 52. fait fleurir les Sciences & les Arts, 52. & *suiv.* Etablit le commerce, 54. & *suiv.* Donne secours à l'Empereur, 57. Aux Hollandois contre l'Evêque de Munster, 58. Aux mêmes contre les Anglois, 59

Loüis le Grand se fait justice des droits de la Reine, 65. & *suiv.* Assiége l'Isle & la prend, 66. Se rend maître de la Franche-Comté en huit jours, 68. Eteint le Jansenisme dans son Roïaume, 69. & *suiv.* fait bâtir Versailles, 78. Se saisit de la Lorraine, 80. & *suiv.*

Loüis le Grand declare la Guerre aux Hollandois, 86. Ses premieres conquêtes, 87. & *suiv.* Description du passage du Rhin, 89. & *suiv.* Nouvelles conquêtes, 92. Engage le Roy d'Angleterre à rompre avec les Etats, 98. & *suiv.* Il regle les évenemens de chaque campagne. Voïez *Campagne.* Assiége & prend Mastricht, 103. & *suiv.* Donne ses ordres pour mettre ses frontieres en sureté, 107. & *suiv.*

Loüis le Grand assiége & prend Besançon, 115. & *suiv.* Se rend maître en un mois de toute la Franche-Comté, 118. fait faire des Obseques magnifiques au Vicomte de Turenne, & comble sa famille de biens & d'honneurs, 133

Loüis le Grand prend Condé, 136. Envoïe secourir Messine, 138. Prend Valenciennes, 142. & *suiv.* Cambray Ville & Citadelle, 147. 150. Gand, 157. Ipres, 159. Donne la Paix à l'Europe, 160. & *suiv.* Ses occupations dans la Paix, 171. Il établit des Academies de Cadets, 172. fait bâtir les Invalides, *ibid.* fonde à Saint-Cyr une Communauté de trois cens jeunes Demoiselles, *ibid.* Visite ses frontieres, 173. fait camper ses Troupes, *ibid.*

Loüis le Grand châtie les Corsaires d'Afrique, 174. Les Genois, 175. fait sommer tous les Vassaux qui relevent de l'Alsace de lui rendre foy & hommage, 176. Va à Strasbourg recevoir lui-même le serment de fidelité, 178. fait avec l'Empereur une Tréve de 20. années.

Loüis le Grand oblige le Roy d'Espagne à ne plus prendre le titre de Comte-Duc de Bourgogne, 181. fait bloquer Luxembourg, 181. Assiéger Courtray, 182. Couvre le siége de Luxembourg, *ibid.* Signe avec l'Espagne une Tréve de vingt années, 183

Loüis le Grand. Ses differens avec la Cour de Rome, 183. & *suiv.* Il éteint le Calvinisme dans son Roïaume, 190. & *suiv.* Tout le Roïaume fait des vœux pour sa santé, 195. Sa fermeté dans sa maladie, *ibid.* Motifs qui l'obligent à reprendre les armes, 196. & *suiv.* fait prendre Philisbourg & toutes les Villes du Palatinat, 207. 208

Loüis le Grand ne s'étonne point du nombre ni des forces de ses Ennemis, mais se prepare à les attaquer avec vigueur, 209. & *suiv.* 216. reçoit le Roy & la Reine d'Angleterre avec une generosité sans égale, *ibid.* envoïe du secours en Irlande, *ibid.*

Loüis le grand assiége & prend Mons, 230. & *suiv.* Namur Ville & Citadelle, 238. & *suiv.* se fait porter, aïant la goute, dans tous les endroits où sa presence est necessaire, 241. pourvoit aux besoins de Paris & des Provinces du Roïaume pendant la disette, 261. Par sa protection le Prince de Conty est élu Roy de Pologne, 310. & *suiv.* donne la Paix à l'Europe, 325

Louvois. Voïez *Tellier.*

Louvre.

Louvre. Le Roy y fait travailler, 54
Luxembourg bloqué, 181. affiegé, 182. pris, 183
Luxembourg. François Henry de Montmorency Duc de Piney-Luxembourg, Pair & Maréchal de France, prend Grooll, Deventer, & toutes les Places de l'Overiffel, 94. fait lever le Siége de Vorde au Prince d'Orange, 97. & *suiv.* repouffe.ce Prince à Saint-Denis, 166. défait les Alliez à Fleurus, 223. à Leuze, 233. à Steinkerque, 244. à Nervinde, 253. fa mort, fon éloge, 279.

M

MACHINE inventée par les Anglois pour abîmer S. Malo, 259
Maine. Loüis-Augufte legitimé de France, Duc du Maine, commande la Cavalerie à la bataille de Steinkerque, 246. Se fignale à celle de Nerwinde, 254
S. Malo. Voïez *Bombardement.*
Manheim, place forte du Palatinat, 208
Manufactures, 55
Marcin (Comte de) Général des Troupes, d'Efpagne. Tente de fecourir l'Ifle, 66. Eft défait, *ibid.*
Mardic, Fort, 12
*Marie-*Therefe Reine de France. Voïez *Auftriche.*
*Marie-*Adelaide, Ducheffe de Bourgogne. Voïez *Savoie.*
Marine. Le foin qu'en prend le Roy, 224
Marfal cedé au Roy, 81
Maftricht affiegé par le Roy, 102. & *suiv.* Pris 107. Affiegé par le Prince d'Orange, 137
Mayence. Son Siége, 219. Sa prife, 221
*Mazarin-*Jules Cardinal, Premier Miniftre pendant la Regence, 2. Ses Conférences avec Dom Loüis de Haro, Premier Miniftre d'Efpagne, 18. Sa mort, 23.
Mehagne, petite Riviere fur les bords de laquelle l'Armée de France d'un côté, & celle des Alliez de l'autre furent en prefence pendant un mois fans en venir aux mains, 241
Meffine fecouë le joug des Efpagnols, 138. fecouruë par le Roy, *ibid.* & *suiv.*

Metz (Chambre établie à) pour la réünion des dépendances des trois Evêchez, Metz, Toul & Verdun, 177
Meubles. Magnificence du Roy dans fes meubles & dans fes bâtimens, 54.79
Mirecourt, féjour ordinaire de Charles I V. Duc de Lorraine, 82
Miffionnaires envoïez prêcher la Controverfe dans les lieux les plus peuplez de Calviniftes, 193
Mons affiegé & pris par le Roy, 230. & *suiv.*
Montaufier, Charles de Sainte Maure, Duc de Montaufier, Pair de France, Gouverneur de Loüis Dauphin de France, 173.
Montmelian. Sa prife, 235. 236
Montecuculli (Comte de) fon caractere, 131. & *suiv.* fait deux Sieges qu'il eft obligé de lever, 134
Mofcovie (Czar de) un des pretendans à la Couronne de Pologne, 311
Muiden, petite Place d'où on peut foudroïer tous les Vaiffeaux qui vont à Amfterdam, 94
Munfter (Bernard Van-Galen Evêque de) attaque les Hollandois, 58. fe joint au Roy dans la Guerre de Hollande, 94. Se declare contre lui, 112

N

NAMUR affiegé & pris par le Roy, 238. & *suiv.* Siege de cette Place par les Alliez, 279. & *suiv.*
Nancy. Le Roy le fait fortifier, 107
Narden. Petite Ville de Hollande, 109
Navailles. Philippe de Montaut, Duc de Navailles, Maréchal de France, taille en pieces les Efpagnols en repaffant les Pirenées, 152
Neubourg (Duc de) fon caractere. Ses cabales contre la France, 196. Preffe l'Empereur de faire la Paix avec la Porte, 202. Ses efforts pour faire un de fes enfans Coadjuteur de Cologne, 203
Neutralité propofée pour la Franche-Comté, 114. Pour la Catalogne, 301 & *suiv.* refufée par les Alliez, acceptée pour l'Italie, 296
Nice. Sa prife, 235

X x

Niéces du Roy, l'aînée mariée au Roy d'Espagne, la seconde au Duc de Savoïe, 249
Nimegue prise, 95. choisie pour y tenir les conférences de la Paix, 161. 163
Noailles (Anne-Jule, Duc de) Pair & Maréchal de France, commande en Catalogne. Il prend Campredon, 218. La Seu-d'Urgel, 234. Roses, 251. Palamos, 266. Gironne, 267. Gagne la bataille du Ter, 265. *& suiv.*
Noailles, Loüis-Antoine Archevêque de Paris, Duc & Pair de France, 218
Noailles (Jacques) Grand-Croix de Malte, Lieutenant Général des Galeres de France se signale au Siége de Barcelone, 319

O

ORANGE (Guillaume III. Prince d') garde les bords de l'Issel, 89. assiege Vorde, 97. Charleroy deux fois, 101. 152. Oudenarde, 121. Mastricht, 137. Limeric, 229. sans prendre ces Places. Il est défait à Vorde, 97. à Senef, 119. à Cassel, 148. à Steinkerque, 244. à Nerwinde, 253. repoussé à Saint-Denis, 166
Orange (Prince d') ses exploits. Prend Narden à la deuxiéme tentative, 109. Bohne, 108. Grave 123. Namur, 179. Gagne la bataille de la Boyne, 229
Orange (Prince d') commande en chef la grande Armée des Alliez pendant la derniere Guerre. Voïez *campagnes*. fait descente en Angleterre. y est reçu avec acclamation, 214. y est couronné, est reconnu Roy legitime par l'Empereur, par le Roy d'Espagne, par ceux des Princes Catholiques qui étoient entrez dans la Ligue, & généralement par tous les Princes Protestans, 215. Il tient à la Haye un Conseil général de toute la Ligue, où se trouverent deux Electeurs, trois Ducs, & plus de trente autres Princes, 230. Son courage & sa fermeté dans les perils qui le menacent, 269. *& suiv.* 287. *& suiv.* A la fin de la Guerre il fait sa Paix le premier, & presse les autres Alliez à conclurre la leur, 326. La France le reconnoît pour Roy d'Angleterre, d'Ecosse & d'Irlande, 328
Orleans (Philippe de France Duc d') prend Orsoy, 88. Assiege Saint-Omer, 147. le prend, 150. défait le Prince d'Orange à Cassel, 148. *& suiv.*
Oudenarde. Siége levé par les Ennemis à l'approche du Prince de Condé, 121
Oudewater, petite Place de Hollande, 93

P

PAIX. Voïez *Traité.*
Palamos pris, 266
Palatinat conquis par le Dauphin, 108
Palatin. Voïez *Neubourg.*
Palerme, 140. Voïez *Bataille* navale.
Pamiers (l'Evêque de) se plaint à Innocent XI. de l'extension de la Regale, 185
Paris embelli, 54
Philippe II. Roy d'Espagne dispute le premier la préséance à la France, 32
Philippe IV. Roy d'Espagne conduit jusqu'à Saint-Jean-de-Luz l'Infante sa fille, qui devoit épouser le Roy, 18. cede la préséance au Roy, 38
Philisbourg pris par les Ennemis, 141. repris par le Dauphin, 267
Piedmont, conquêtes en Piedmont, 235
Pignerol bombardé par les Alliez, 257. razé, 295
Pimentel (Dom Antoine de) emploïé à conclure le mariage du Roy, 18
Piramide. A quelle occasion élevée dans Rome, 46
Pise. Voïez *Traité.*
Plenipotentiaires s'assemblent à Nimegue, 163. à Francfort, 178. à Riswic, 301
Pointis (le sieur de) prend Carthagene en Amerique, 322
Polignac (Melchior de) Ambassadeur de France en Pologne, 314
Pologne. Diette pour y élire un nouveau Roy, 311
Préséance disputée à la séance par les Espagnols, 31. cedée, 38
Prises faites sur les Ennemis par nos Armateurs, 287
Propositions. Les cinq tirées du Livre de Jansenius condamnées par Innocent X.

TABLE.

& par Alexandre VII. 53. *& suiv.*
Provinces-Unies. Voïez *Hollande & Hollandois.*
Puiterdu, 165

R

RATISBONNE. Voïez *Diette.*
Ravensperg, Comté, ravagé, 102
Rées. Place forte, prise, 88
Regale, En quoi elle consiste. Declaration du Roy sur son étenduë, 184. *& suiv.*
Reine. Voïez *Austriche.*
Renonciation. Nullitez de la renonciation de la Reine à la succession d'Espagne, 61. *& suiv.*
Reünions des dépendances de l'Alsace & des trois Evêchez faites par le Conseil de Brisac, & par la Chambre de Metz, 177.
Révolution d'Angleterre, 213
Rhimbergue se rend, 88
Rhin. Description du passage de cette Riviere, 89
Richelieu (Cardinal de) 2
Risvvic. Château entre Delf & la Haye, où se tinrent les Conférences de la Paix générale, 301
Rome. Affaires de Rome, 183. *& suiv.*
Roses, prise, 251
Ruiter, Amiral de Hollande repoussé de la Martinique, 124. battu par Duquesne, 139. blessé à mort, 140

S

SALINS pris, 118
Salusse, ouvre ses portes, 228
Saint André fort, 93
Sainte Anne forteresse, 118
Sainte Brigite, fort, 257
Saint Cir, Communauté de trois cens jeunes Demoiselles, 172
Saint Guillain, pris, 154
Saint Jean de Luz, 18
Saint Malo. Voïez *Bombardement.*
Saint Omer assiegé par le Duc d'Orleans, 147. se rend, 150
Saverne. Les Ennemis en font le Siége & le levent, 134
Savoïe (Victor-Amé II. Duc de) se joint aux Alliez, 211. son Armée est défaite. Voïez *Bataille.* Entre en Dauphiné. Y tombe malade, 247. *& suiv.* Assiege Casal, 272. *& suiv.* fait la Paix avec le Roy, 293. *& suiv.* assiege Valence dans le Milanez, 296
Savoïe (Marie-Adelaide Princesse de) Duchesse de Bourgogne, est conduite en France en attendant son mariage, 297
Savoïe, Duché, soumise au Roy, 228
Saxe. Frederic-Auguste Electeur de Saxe, est proclamé Roy de Pologne par l'Evêque de Cujavie, 316
Saxe. Duc de Saxe-Eisenac commandant les Troupes des Cercles, se sauve dans une des Isles du Rhin. Demande un Passe-port pour se retirer avec ses Troupes, 153
Schelestat, 107
Schomberg (Maréchal Duc de) ses exploits, 124. secoure Maltricht, 137. tué à la bataille de la Boyne, 229
Skink, fort, 93
Sobieski. Jean III. son élevation à la Couronne de Pologne. Vient au secours de Vienne, 319
Sobieski (Prince Jacques) un des prétendans à la Couronne de Pologne, 312
Spire, 208
Strasbourg se soumet au Roy, 177
Succession. Differend pour la succession Palatine, 198
Suéde. Sa médiation pour la Paix, 113. le Roy lui fait rendre toutes les Places conquises sur elle, 169
Suisses refusent d'entrer dans la Ligue, 211

T

TELLIER (Michel le) Chancelier de France, 51
Tellier (Michel-François le) Marquis de Louvois, Ministre & Secretaire d'Etat, son caractere, 51
Tellier (Charles-Maurice le) Archevêque Duc de Rheims, Premier Pair de France, *ibid.*
Tessé (René de Froulay Comte de) 300
Toulouse, Loüis Alexandre legitimé de France, Comte de Toulouse, blessé à côté du Roy au Siége de Namur, 241. se signale à la bataille de Nerwinde, 254

TABLE.

Tournay se rend, 66
Tourville (Anne Hilarion de Costantin Comte de) Vice-Amiral, ensuite Maréchal de France. Bat ses Flottes d'Angleterre & de Hollande jointes ensemble, les attaque avec desavantage. Voïez *Bataille* navalle. Brûle, prend, ou coule à fond plus de quatre-vingt Vaisseaux Marchands, 251
Traitans. Le Roy établit une Chambre de Justice pour informer de leurs malversations, & pour les punir, 30

TRAITEZ

des Pirenées, 18
de Pise, 45
de Breda, 60
de Cleves, 50
d'Aix la Chapelle, 69
de Nimegue, 166. & *suiv.*
de la Paix de Savoïe, 295
de Riswic, 301

Treve de vingt années, 183
Treves. Le Roy s'en saisit, 108. prise par les Alliez, 134. & *suiv.* reprise par les François, 208
Tripoli. Voïez *Bombardement*.
Tromp, Amiral de Hollande, 114
Turcs défaits par les François à la bataille de Saint-Godard, 57
Turenne (Henry de la Tour d'Auvergne Vicomte de) gagne la bataille de Saint-Antoine. Voïez *Bataille*. commande en Flandre sous le Roy en 1667. Ses Victoires en Allemagne. Voïez *Campagnes*. Son éloge, 132. & *suiv.* tué d'un coup de canon. Le Roy lui fait faire des Obseques magnifiques, *ibid.*

V

Vaisseaux. Quinze Vaisseaux du Roy brûlez, 238

Valcourt. Echec reçu devant cette Place, 218
Valdec (Comte de) General de l'Armée des Alliez, 222. battu à Fleurus. Voïez *Bataille*,
Valence. Son Siége, 296
Valenciennes prise d'assaut, 145
Vaudemont (Prince de) sa retraite, 180
Vendôme (Loüis-Joseph Duc de) se signale à la bataille de Steinkerque, 246. commande en Catalogne. ses exploits, 292. met en fuite le Vice-Roy, 320. assiege & prend Barcelone, 316. & *suiv.*
Vermandois, Loüis legitimé de France, Comte de Vermandois Amiral, 182
Verjus, Comte de Crecy. Voïez *Plenipotentiaires*.
Versailles, 78
Vesel se rend, 88
Ville-Franche pris, 235
Villeroy commande la grande Armée du Roy en Flandre. Voïez *Campagnes* de 1695. 96. & 97. Bombarde Bruxelles. Voïez *Bombardement*.
Vivonne (Loüis-Victor de Rochechoüard Duc de) Pair & Maréchal de France, bat la Flotte des Alliez, 139. 140. secoure Messine, *ibid.*
Vœux, Tout le Roïaume fait des Vœux pour la santé du Roy, 195
Uxelles (Marquis d') défend Mayence avec vigueur, 221
Vuittemberg, Duché, ravagé, 219
Vuittemberg, Duc, fait prisonnier par le Maréchal de Lorges, 249

Z

Zwol, 94
Zutphen, 95
Zell (Duc de) défait le Maréchal de Crequy, 134. prend Tréves, *ibid.*

Fin de la Table.

De l'Imprimerie de Jean Baptiste Cusson, ruë Saint Jacques, au Nom de Jesus.

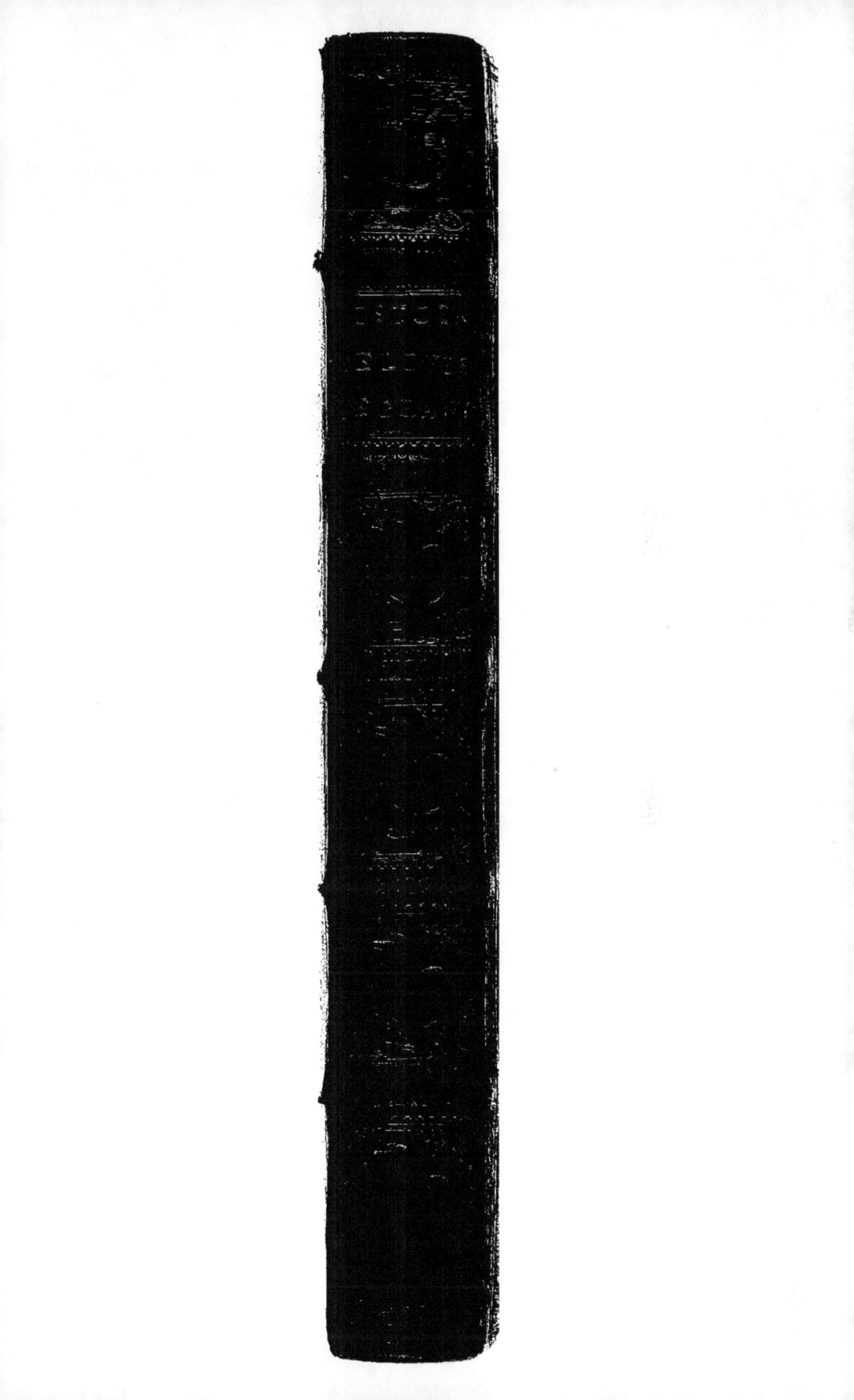

www.ingramcontent.com/pod-product-compliance
Lightning Source LLC
Chambersburg PA
CBHW070849170426
43202CB00012B/2006